税理士のための
不動産鑑定評価の考え方・使い方

税理士・不動産鑑定士
井上幹康【著】
MIKIYASU INOUE

中央経済社

まえがき

税理士が日々行う業務に関連して，不動産鑑定評価が必要となる場面としては以下のような場面が挙げられます。

① 相続税申告や贈与税申告において，財産評価基本通達に基づく通達評価額によらず不動産鑑定評価額（通達評価額より低い）を用いる場面
② 遺留分や遺産分割で揉めた場合に，遺産である不動産の時価を求めるために不動産鑑定評価額を用いる場面
③ 同族関係者間での不動産の売買価格の参考に不動産鑑定評価額を用いる場面
④ 土地建物一体の取得価額について，資産計上にあたりその内訳価格（土地価格と建物価格）を不動産鑑定評価で求める場面
⑤ 中小企業のM&A等で，買収ターゲットの時価純資産評価において固定資産として保有する不動産の時価評価のために不動産鑑定評価額を用いる場面

不動産鑑定評価には，価格評価と賃料評価（家賃と地代の評価）があり，税務上，賃料評価のニーズもあり得ますが，本書では価格評価の場面にフォーカスしています。

上記いずれの場面でも，実際に不動産鑑定評価をとる場合には，関与税理士としては，クライアントの鑑定評価の依頼目的，取引背景，および税務上の留意事項等を不動産鑑定士に的確に伝える必要があります。また，税務のフィールドで鑑定評価額を採用する以上，不動産鑑定士の作成した不動産鑑定評価書を読んで，なぜそのような鑑定評価額が導かれたのかをある程度理解しておく必要があるでしょう。

さらに，①の場面では，相続税の税務調査等において，税務署から不動産鑑定評価書の合理性が問われる場合が多くみられます。不動産鑑定評価書の個別具体的な内容は，作成した不動産鑑定士に説明してもらう必要がありますが，

税理士自身も鑑定評価額を採用して相続税申告を行う以上，事前にクライアントに通達評価額と鑑定評価額の違いや鑑定評価額を使うリスク等を十分に説明し，鑑定評価額を使うか否か等の意思決定を行う必要があります。

そこで，本書では特に①の場面において，税理士が財産評価基本通達と不動産鑑定評価基準の異同点を理解した上で，不動産鑑定士に鑑定評価を的確に依頼できるようになること，および税理士が不動産鑑定士の作成した不動産鑑定評価書を読めるようになることの２点をコンセプトとしています。不動産鑑定評価書の説明は不動産鑑定士に丸投げというスタイルではなく，クライアントと不動産鑑定士の橋渡し役として，税理士自身が不動産鑑定評価基準の基本的な考え方を知り，不動産鑑定評価書を読めるようになるのは非常に有意義なことだと考えます。

本書は，大きく「基礎編」と「応用編」の２部構成です。

「基礎編」では，各章ごとに税務評価の財産評価基本通達の取扱いと鑑定評価の不動産鑑定評価基準の取扱いをそれぞれ解説し，その異同点について言及しています。両者の異同点を知ることで税理士が相続税申告で鑑定評価をとるか検討したり，不動産鑑定士と打ち合わせしたりする際に役立ちます。

「応用編」では，納税者が通達評価額によらず鑑定評価額（一部売却価額）で相続税申告や贈与税申告を行い，その是非が争われた裁決例や裁判例を紹介しています。各事例において，審判所や裁判所が納税者の鑑定評価書をどのような観点でチェックしているのかを知ることで，税理士が鑑定評価書を読む際に役立ちます。なお，各事例を踏まえた税理士への助言として，僭越ながら私見でコメントを入れております。

最後に，本書執筆にあたり，不動産鑑定士の高橋信也先生や税理士の高田祐一郎先生にはご意見・ご指摘等を本書の草稿段階からいただきました。この場を借りて厚く御礼申し上げます。

税理士・不動産鑑定士　**井上 幹康**

【略語一覧表】

正式名称	本書での略称
不動産鑑定評価基準（平成26年５月１日一部改正）	基準
不動産鑑定評価基準運用上の留意事項（平成26年５月１日一部改正）	基準留意事項
公益社団法人日本不動産鑑定士協会連合会監修『要説 不動産鑑定評価基準と価格等調査ガイドライン』（住宅新報社 2015年）	要説
公益社団法人日本不動産鑑定士協会連合会HP「不動産鑑定評価基準に関する実務指針―平成26年不動産鑑定評価基準改正部分について―」（平成26年９月16日制定，平成29年５月一部改正）	H26改正実務指針
公益社団法人日本不動産鑑定士協会連合会HP「証券化対象不動産の鑑定評価に関する実務指針」（平成26年11月26日）	証券化実務指針
財産評価基本通達（昭和39年４月25日直資56）	評価通達
個別通達「相当の地代を支払っている場合等の借地権等についての相続税及び贈与税の取扱いについて」（昭和60年６月５日課資２－58，直評９）	相当地代通達
個別通達「一般定期借地権の目的となっている宅地の評価に関する取扱いについて」（平成10年８月25日付課評２－８・課資１－13）	平成10年個別通達
国税庁HP文書回答事例「定期借地権の賃料の一部又は全部を前払いとして一括して授受した場合における相続税の財産評価及び所得税の経済的利益に係る課税等の取扱いについて」（平成17年７月７日付）	平成17年文書回答事例
宇野沢貴司編『令和２年版　財産評価基本通達逐条解説』（一般財団法人　大蔵財務協会）	逐条解説
飯田隆一編『令和２年版　土地評価の実務』（一般財産法人 大蔵財務協会）	土地評価実務

目　次

第 I 部
【基礎編①】税務評価と鑑定評価に関する異同点

第III部
【応用編】裁判例・裁決例に学ぶ「鑑定評価」の読み方・使い方

第Ⅰ部

【基礎編①】
税務評価と鑑定評価に関する異同点

第１章

不動産の評価手順（フロー）

1　税務評価の取扱い

評価通達には，土地の評価手順や建物の評価手順について特に何も定められていません。そのため相続税の不動産評価の実務経験を積みながら評価手順を身につけていく感がありますが，この章では筆者が実践している評価手順をご紹介します。

(1)　土地の評価手順

筆者が行っている土地の評価手順のイメージは**図表１－１**のとおりです。

図表１－１　土地の評価手順イメージ

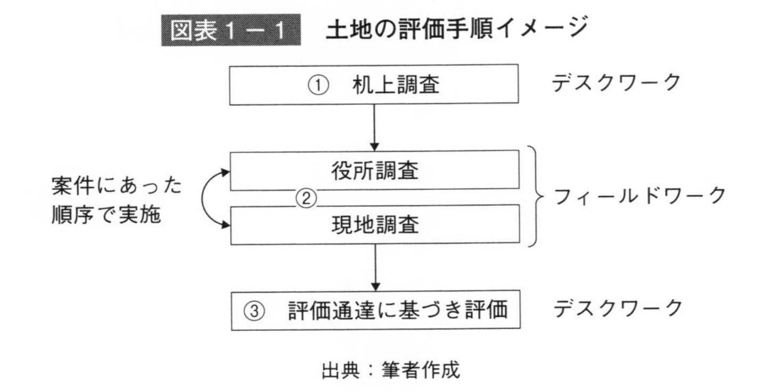

出典：筆者作成

①　机上調査

まず，机上調査を行います。この机上調査では，固定資産税課税明細書，登記簿謄本，公図，地積測量図，住宅地図，土地賃貸借契約書等，Google mapの航空写真やストリートビュー，相続税路線価図（または倍率表），役所ウェブサイトで公開されている都市計画図等の机上で入手可能なものを入手し確認することを通じ，評価対象地の概要を把握します。

机上調査で意外と漏れやすいのが土地賃貸借契約書等の確認です。被相続人が土地を貸している場合もあれば借りている場合もありますが，土地賃貸借契約書等で権利関係を確認しないと貸宅地や借地権の評価漏れにつながりますので，必ず机上調査の段階で依頼者から賃貸借契約書等を入手して権利関係を確認する必要があります。

なお，この机上調査をせずにいきなり役所調査や現地調査に行ってしまうと，事務所に戻ってきていざ評価を始めたら，役所で確認しなければならない事項を聞き漏れていたとか，現地で確認しておくべきところを確認し忘れていたというような手戻りが生じやすいので，役所調査や現地調査に行く前に必ず机上調査を行い，役所調査や現地調査で何を確認すべきか大まかな目的をもっておくことをオススメします。

②　役所調査および現地調査

筆者自身，役所調査と現地調査の順番は，適宜その案件にあった順序で行っています。役所調査に関して，最近では役所ウェブサイトで都市計画図，道路台帳，埋蔵文化財包蔵地の位置図，ハザードマップ等の各種資料の閲覧が可能なところも増えてきており，机上調査である程度の資料や情報が入手可能ですが，都心から離れた地方ほどWeb上での開示が進んでおらず，実際に役所に訪問しなければこれらの資料を確認できない場合が多いです。

現地調査に関しても，Google mapの航空写真やストリートビューで机上調査することで，ある程度現地の状況は把握できますが，これらは撮影時点が古く，また，現地調査しないと確認できない事項もあります。たとえば，接面街路との高低差，騒音，周辺嫌悪施設（墓地，高圧線等）等は現地調査しないとわからないことが多いでしょう。

役所や現地がかなり遠方で，時間と旅費交通費等のコストがかかる場合でも簡単に調査を断念せず，調査コスト，調査の必要性，調査を省略した場合の過大評価のリスク等を依頼者に説明し，具体的な調査方針を決定する必要があるでしょう。

③　評価通達の適用

最後に，机上調査，役所調査，および現地調査で収集した各種資料等をもとに，評価通達を適用して土地の評価額を求めていきます（**図表１－２**）。これら３つの調査を漏れなく的確に行うことが，評価通達に定められている各種減価補正の適用漏れ防止（過大評価防止）につながります。

図表１－２　３つの調査と評価通達の適用イメージ

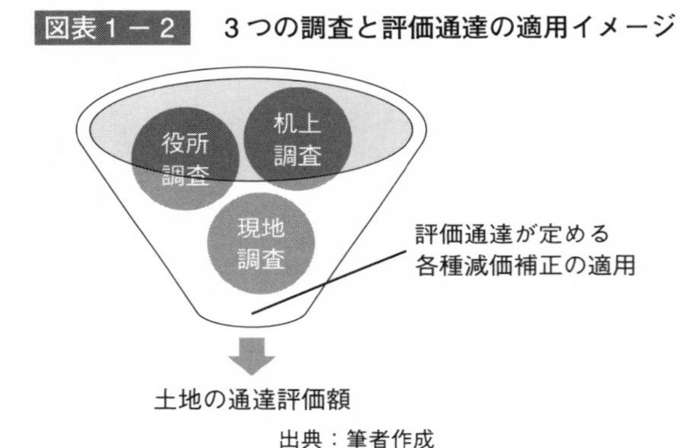

出典：筆者作成

(2)　建物の評価手順

建物の評価手順についても基本的には土地と同様，３つの調査（机上調査，現地調査，役所調査）を行います。ただし，建物に関する評価通達の取扱いは土地に比べてシンプルで，適用にあたり検討が必要な事項が多くないので，調査で確認すべき事項は土地よりも少ないです。

①　机上調査

まず机上調査では，固定資産税課税明細書，登記簿，建物図面，建物賃貸借契約書等を入手して確認し，評価対象建物の概要を把握します。自用の建物の通達評価額は，基準年度の固定資産税評価額ですので，固定資産税課税明細書（または名寄帳）の確認は必須です。貸家の場合には，評価通達93（貸家の評価）および評価通達26（貸家建付地の評価）の適用にあたり相続開始日において契約中の賃貸借契約書等を入手して賃貸割合を把握する必要があります。

なお，評価対象建物の敷地についても，所有権，借地権，使用借権等の権利関係を確認する必要があります。土地の机上調査でも解説したとおり，特に借地権の把握が漏れやすいので注意が必要です。

②　役所調査および現地調査

役所調査では，必ず建築計画概要書および確認済書，検査済書の有無とその内容を確認します。基本的には遵法性の確認が目的ですが，建築計画概要書には，建物に関する情報に加え，その建物の敷地の図面も添付されており，土地の評価に活用できる場合が多いです。

現地調査では，未登記，かつ，固定資産税の課税が漏れている違法増改築等の有無について特によく確認します。なお，可能であれば依頼者立ち合いのもと，評価対象建物の内覧もするとよいでしょう。室内の維持管理の状態やリノベーションの有無等をチェックするのが内覧の主目的になります。

③　評価通達に基づき評価額を決定

最後に，机上調査，役所調査，および現地調査で収集した各種資料等をもとに，評価通達を適用して家屋の評価額を求めます。固定資産税評価額に反映されていない違法増改築やリノベーションについては，再建築価額から償却費相当額を控除した額の７割相当で評価しますので，当初建築コストのわかる資料（請負工事契約書等）を依頼者から入手する必要があります。被相続人の事業用の不動産の場合，所得税確定申告書に添付する減価償却資産の明細等で資本的支出として資産計上されているものがないか確認するのも一法です。

2　鑑定評価の取扱い

鑑定評価の手順に関しては，基準に以下のとおり定められています（基準総論第８章「鑑定評価の手順」より。ただし，(1)〜(10)は筆者加筆）。

> 鑑定評価を行うためには，合理的かつ現実的な認識と判断に基づいた一定の秩序的な手順を必要とする。この手順は，一般に(1)鑑定評価の基本的事項の確定，(2)依頼者，提出先等及び利害関係等の確認，(3)処理計画の策定，(4)対象不動産

の確認，(5)資料の収集及び整理，(6)資料の検討及び価格形成要因の分析，(7)鑑定評価の手法の適用，(8)試算価格又は試算賃料の調整，(9)鑑定評価額の決定並びに(10)鑑定評価報告書の作成の作業から成っており，不動産の鑑定評価に当たっては，これらを秩序的に実施すべきである。

ただし，これら手順はあまり硬直的に捉えるべきではなく，適宜その事例に合った順序で行っても問題ないとされています。鑑定評価の手順とそのポイントを示せば**図表１－３**のとおりです。

図表１－３　鑑定評価の手順のイメージ

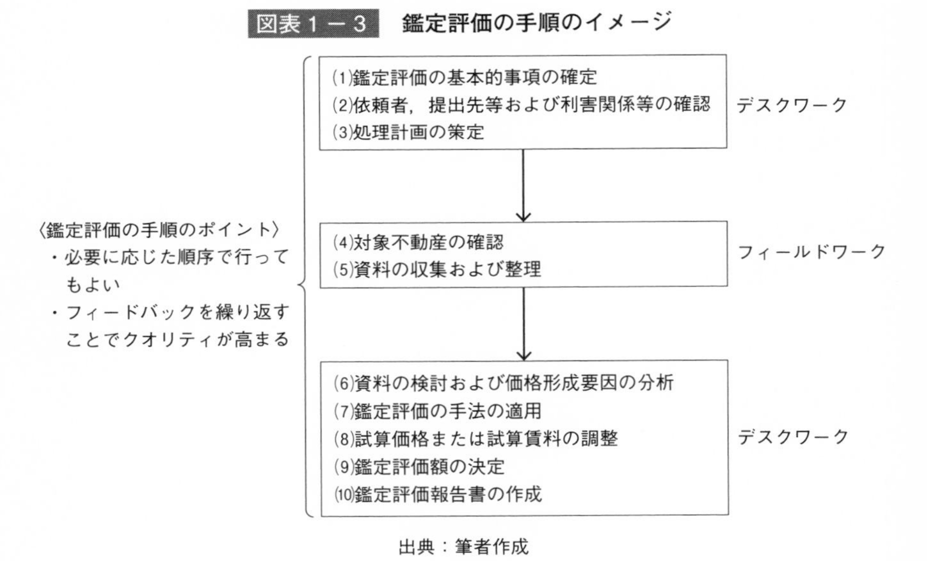

出典：筆者作成

(1)　鑑定評価の基本的事項の確定

鑑定評価にあたってはその基本的事項として，どんな地域のどんな不動産として評価するか（対象不動産の「種別」・「類型」），いつ時点の価格を求めるのか（価格時点），どんな種類の価格を求めるのか（価格の種類）を明確にする必要があります（詳細は，第２章～第５章参照）。

(2) 依頼者，提出先等および利害関係等の確認

不動産鑑定士は，依頼者に対して鑑定評価の依頼目的や依頼が必要となった背景についても確認しますが，さらに以下のような事項も合わせて確認します。

- 依頼者はだれなのか
- 依頼者以外の者に鑑定評価書が提出されるか
- 依頼者以外の者に鑑定評価書が開示されるか
- 関与不動産鑑定士等に係る利害関係等はあるか
- 鑑定評価額の公表の有無

たとえば，相続税申告で鑑定評価を採用し，鑑定評価書を税務署に提出する場合，依頼者以外の提出先は「税務署」となり，不動産鑑定評価書にも記載されます。

(3) 処理計画の策定

不動産鑑定士は，(1)で確定された基本的事項に基づき，(4)以降の作業スケジュールを策定します。特にこの処理計画の策定にあたり，不動産鑑定士は**図表１－４**の事項を依頼者に確認して処理計画に反映することとされています。

図表１－４　処理計画の策定における確認事項

確認事項	内　容
対象不動産の実地調査の範囲	実地調査では，建物の内覧の実施が原則ですが，入居者の許可が得られず内覧ができない場合，内覧できない部分を客観的に推定するためにどのような資料が入手可能か等を検討します。
他の専門家による調査結果等の活用の要否	たとえば，土壌汚染やアスベスト等，不動産鑑定士の専門外の価格形成要因について，他の専門家による調査を実施してその結果を活用するか否か，依頼者に確認します。

出典：筆者作成

(4) 対象不動産の確認

対象不動産の確認とは，(1)で確定した対象不動産が，現実にそのとおり存在しているかどうかを不動産鑑定士が実際に目で見て確認する作業です。

この対象不動産の確認の作業は，対象不動産の物的確認と権利の態様の確認に分けられ，実地調査，聴聞，公的資料の確認等により的確に行う必要があるとされており，いかなる場合においてもこの作業を省略してはならないとされています。

また，対象不動産に建物が含まれる場合には，原則として内覧の実施も行う必要がありますが，一定の要件を満たす場合には内覧の全部または一部の実施を省略できることとされています（基準留意事項Ⅵ３．⑴対象不動産の物的確認について)。ただし，省略できるのはあくまでも内覧だけであり，実地調査(外部観察等）は省略できません。

> 対象不動産の確認に当たっては，原則として内覧の実施を含めた実地調査を行うものとする。
> なお，同一の不動産の再評価を行う場合において，過去に自ら内覧の実施を含めた実地調査を行ったことがあり，かつ，当該不動産の個別的要因について，直近に行った鑑定評価の価格時点と比較して重要な変化がないと客観的に認められる場合は，内覧の全部又は一部の実施について省略することができる。

⑸ 資料の収集および整理

鑑定評価に必要な資料は，確認資料，要因資料および事例資料の３つに大別されています。それぞれ使う場面とその具体例を示せば**図表１－５**のとおりです。鑑定実務ではこれら資料は，実地調査の前に収集できるものはあらかじめ収集しておき，確認資料は実地調査の際に活用されることとなります。

図表１－５　鑑定評価に必要な３種類の資料の使用場面と具体例

資料の種類		使用場面	具体例
確認資料		対象不動産の物的確認及び権利の態様の確認	登記事項証明書，公図，地積測量図，開発登記簿，建物図面，建築計画概要書，確認済書，検査済書，設計図書，建築請負契約書，売買契約書，賃貸借契約書，固定資産税課税明細書，土地建物の写真等。
要因資料	一般資料	一般的要因の分析	月例経済報告，人口動態統計，景気動向指数，消費者物価指数，建築着工統計等。
	地域資料	地域要因の分析（地域分析）	都市計画図，住宅地図，路線価図，開発指導要綱等。
	個別資料	個別的要因の分析（個別分析）	確認資料に挙げたもの以外に，土壌調査資料（古地図，閉鎖登記簿，旧土地台帳），建物調査資料（耐震性，耐火性，有害物質の使用の有無），レントロール等。
事例資料		鑑定評価の手法の適用	現実に市場で行われた取引価格や賃料等の資料（取引事例，建設事例，収益事例，賃貸借等の事例等）。

出典：筆者作成

(6)　資料の検討および価格形成要因の分析

不動産の価格形成に影響を与える要因（価格形成要因）は，一般的要因，地域要因および個別的要因の３つに大別されます。不動産鑑定士は，(5)で収集した要因資料を検討し，これら３つの価格形成要因の分析を行い，最終的に対象不動産の典型的な需要者および最有効使用を判定します（詳細は第６章参照）。

(7)　鑑定評価の手法の適用

価格形成要因の分析により把握した対象不動産に係る市場分析の結果，典型的な市場参加者の視点，および最有効使用を踏まえ，鑑定評価の手法を適用して試算価格を求めます。基準各論で対象不動産の類型ごとに定められている複数の鑑定評価の手法を適用するのが原則ですが，ある手法の適用にあたり必要な資料収集が困難な場合等，どうしても複数の手法の適用が困難な場合や，市場分析の結果や最有効使用を踏まえて，例外的に一部手法の適用が省略できる場合もあります（詳細は，第７章および第Ⅱ部参照）。

(8) 試算価格の調整，(9)鑑定評価額の決定

不動産鑑定士が，対象不動産の典型的な需要者の視点に立ち，(7)で複数の鑑定評価の手法により求めた各試算価格のうち，どれを最も重視するか，どれをどの程度重視するか等の判断（重み付け）を行い，最終的に１つの鑑定評価額を決定します（詳細は，第７章および第Ⅱ部参照）。

(10) 鑑定評価報告書の作成

手順の最後が，鑑定評価報告書の作成になります。ちなみに，鑑定評価報告書とは，鑑定評価書の素案となるもので，不動産鑑定士が所属する不動産鑑定業者に報告するための文書（内部資料）のことをいいます。一方，鑑定評価書とは，不動産鑑定業者から依頼者に交付されるものをいいます。

鑑定評価のすべての手順を経て作成される成果物である鑑定評価書の全体像（記載される主要項目）を示せば**図表１－６**のとおりです。鑑定業者ごとにフォーマットが若干異なりますので必ずこの図のとおりの順序で項目立てて記載されているとは限りませんが，記載される主要項目はほぼ共通しています。図中のかっこ書きは，各項目でどんなことが書かれているかを筆者がコメントしたものになります。

図表１－６　不動産鑑定評価書の全体像

【不動産鑑定評価書の全体像】

Ⅰ．対象不動産の表示（対象不動産の所在・地番・地目・地積等，登記はどうなっているか）

Ⅱ．鑑定評価の基本的事項
　　対象不動産の種別・類型（どんな地域のどんな不動産として評価するか）
　　鑑定評価の条件（どんな条件で評価するか）
　　価格時点（いつ時点の価格を求めるか）
　　価格の種類（どんな種類の価格を求めるか）

Ⅲ．鑑定評価の依頼目的等（なぜ鑑定評価が必要になったのか）

Ⅳ．対象不動産の確認
　　物的確認（実地調査・内覧の結果，登記と実際の不動産は一致するか）
　　権利の態様の確認（登記・賃貸借契約書等の確認の結果，所有権および所有権以外の権利関係はどういう状態か）

Ⅴ．鑑定評価額の決定の理由の要旨
　価格形成要因の分析
　　一般的要因の分析（不動産価格に影響する広域的・マクロ的要因は何か）
　　地域分析（対象不動産の市場の範囲，市場参加者の属性，近隣地域の標準的使用は何か）
　　個別分析（対象不動産の典型的な需要者，最有効使用は何か）
　鑑定評価の手法の適用（最有効使用の判定結果を踏まえてどんな手法を使って評価するか）
　試算価格の調整
　　試算価格の再吟味（各手法の適用過程に計算誤りや理論矛盾はないか）
　　試算価格の説得力に係る判断（典型的な需要者の意思決定過程を踏まえ，どの手法が説得力が高いか）
　鑑定評価額の決定（どの手法の試算価格をどの程度重視して鑑定評価額を決定したか）

出典：筆者作成

3　税務評価と鑑定評価の異同点

税務評価では，評価通達において特に不動産の評価手順は明記されていません。

鑑定評価では，基準において所定の評価手順が定められています。

税務評価の取扱いで解説した３つの調査（机上調査，役所調査，現地調査）は，鑑定評価手順のうち主に(4)対象不動産の確認および(5)資料の収集および整理の作業に相当するものです。

税務評価では建物の評価額は固定資産税評価額で簡単に求められるので，建物の内覧の実施の重要性・必要性について評価通達では全く触れられていません。一方，鑑定評価では，建物の評価にあたっては，内覧の実施を含めた実地調査を行うのが原則であり，その重要性・必要性が改めて強調されています。

第2章

評価対象となる不動産の確定方法

1　税務評価の取扱い

(1)　評価対象となる土地の確定方法

①　現況地目判定

評価通達7（土地の評価上の区分）では，土地の価格は，地目の別に評価すると定められています。そして，肝心の地目に関しては，課税時期の現況で判定することとされており，不動産登記事務取扱準則第68条および第69条に準じて以下9種類に区分されています（**図表2－1**）。

図表2－1　**評価通達における9つの地目区分**

評価通達上の地目区分	不動産登記事務取扱準則第68条（地目）の定義
宅地	建物の敷地及びその維持若しくは効用を果たすために必要な土地
田	農耕地で用水を利用して耕作する土地
畑	農耕地で用水を利用しないで耕作する土地
山林	耕作の方法によらないで竹木の生育する土地 同準則第68条の「(20) 保安林」を含む。
原野	耕作の方法によらないで雑草，かん木類の生育する土地
牧場	家畜を放牧する土地
池沼	かんがい用水でない水の貯留池
鉱泉地	鉱泉（温泉を含む）の湧出口及びその維持に必要な土地
雑種地	以上のいずれにも該当しない土地 同準則第68条の「(12) 墓地」から「(23) 雑種地」まで（「(20) 保安林」を除く。）を含む。

出典：筆者作成

なお，異なる地目の土地が一体利用されている場合には，それぞれ別々に評価するのではなく，そのうち主たる地目からなるものとして一団の土地を評価することとされています。１つ具体例を示すと，**図表２－２**のような幹線道路沿いのスーパーマーケットとその買い物客用の駐車場は，原則的には駐車場部分の地目は「雑種地」，スーパーマーケットの敷地の地目は「宅地」となりますが，一体利用されており，主目的はスーパーマーケットですので駐車場部分も含めて主たる地目である「宅地」として一団の土地を評価することになります。

図表２－２　異なる地目の土地が一体利用されている場合の地目判定

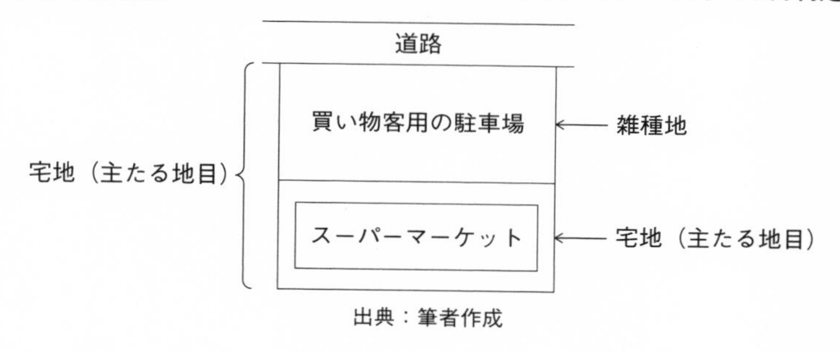

出典：筆者作成

②　評価単位の確定

さらに，評価通達７－２（評価単位）において，先に判定した地目ごとに土地の評価単位が定められています。ここでは，実務上登場頻度が高い宅地の評価単位について，評価通達７－２（評価単位）の取扱いを以下に示します。

> 宅地は，１画地の宅地（利用の単位となっている１区画の宅地をいう。以下同じ。）を評価単位とする。
> （注）　贈与，遺産分割等による宅地の分割が親族間等で行われた場合において，例えば，分割後の画地が宅地として通常の用途に供することができないなど，その分割が著しく不合理であると認められるときは，その分割前の画地を「１画地の宅地」とする。

すなわち，現況地目が宅地と判定された土地については，さらにその利用単位ごとに区分してそれぞれ１画地の宅地として評価することとされています。必ずしも１筆ごとに評価するわけではないので注意が必要です。

具体的には，「①宅地の所有権者による自由な使用収益を制約する他者の権利（原則として使用貸借による使用借権を除きます。）の存在の有無により区分し，②他者の権利が存在する場合には，その権利の種類及び権利者の異なるごとに区分する」（土地評価実務26項）ことになります。他者の権利としては，たとえば借地権や借家権等が挙げられます。

また，評価通達７－２注書きの不合理分割の場合を除き，原則として，分割後の宅地を１画地の宅地として評価します。すなわち，③相続等による取得者ごとに評価単位を分けることになります。

詳しくは，国税庁ウェブサイトタックスアンサー（財産の評価No.4603「宅地の評価単位」）が参考になります（https://www.nta.go.jp/taxes/shiraberu/taxanswer/hyoka/4603.htm）。

(2)　評価対象となる建物の確定方法

①　評価単位の原則

評価通達88（評価単位）において，「家屋の価額は，原則として，１棟の家屋ごとに評価する。」とだけ定められており，通常は登記簿に登記されている建物ごとに評価対象として確定します。

②　附属設備等の取扱い

評価通達92（附属設備等の評価）において，附属設備等については**図表２－３**のように区分され，門，塀等の設備および庭園設備は家屋と別に評価することとされています。財産価値があるような豪華な門構えや庭園設備はないという場合も多いでしょうが，依頼者へのヒアリングや，現地調査で確認する必要があります。

図表２－３　評価通達92（附属設備等の評価）の取扱い

附属設備等	具体例	評価単位
家屋と構造上一体となっている設備	電気設備，ガス設備，衛生設備，給排水設備，温湿度調整設備，消化設備，避雷針設備，昇降設備，じんかい処理設備等，固定資産税の評価上「建築設備」として家屋の評価額に算入されているもの	家屋の価額に含めて一体として評価
門，塀等の設備	門，塀，外井戸，屋外じんかい設備等	家屋とは別に評価
庭園設備	庭木，庭石，あずまや，庭池等	家屋とは別に評価

出典：筆者作成

③　固定資産税評価額が付されていない増改築部分の取扱い

国税庁ウェブサイトの質疑応答事例によれば，被相続人が亡くなる直前に行った増改築部分，および数年前に工事が行われているが未登記のままになっている増改築部分について，固定資産税評価額が付されていないときは，当該増改築等に係る部分の再建築価額から償却費相当額を控除した額の７割相当で評価して建物の評価額に加算することとされています。

したがって，依頼者へのヒアリングや現地調査時に建物図面等と現物を見比べて，そうした増改築部分の有無を確認する必要があります。被相続人の事業用の不動産の場合，所得税確定申告書に添付する減価償却資産の明細等で資本的支出として資産計上されているものがないか確認するのも一法です。また，非上場株式の純資産価額の算定にあたっては，法人の固定資産台帳で建物本体と資本的支出の確認は必須になります。

2　鑑定評価の取扱い

不動産鑑定評価書の全体像のうち，第２章で解説するのは対象不動産の「種別」・「類型」および鑑定評価の条件に関する部分です（**図表２－４**）。

図表２－４ 不動産鑑定評価書の全体像における第２章での解説

【不動産鑑定評価書の全体像】

Ⅰ．対象不動産の表示（対象不動産の所在・地番・地目・地積等，登記はどうなっているか）

Ⅱ．鑑定評価の基本的事項
　対象不動産の種別・類型（どんな地域のどんな不動産として評価するか） **第２章**
　鑑定評価の条件（どんな条件で評価するか）
　価格時点（いつ時点の価格を求めるか）
　価格の種類（どんな種類の価格を求めるか）

Ⅲ．鑑定評価の依頼目的等（なぜ鑑定評価が必要になったのか）

Ⅳ．対象不動産の確認 **第２章**
　物的確認（実地調査・内覧の結果，登記と実際の不動産は一致するか）
　権利の態様の確認（登記・賃貸借契約書等の確認の結果，所有権および所有権以外の権利関係はどういう状態か）

Ⅴ．鑑定評価額の決定の理由の要旨
　価格形成要因の分析
　　一般的要因の分析（不動産価格に影響する広域的・マクロ的要因は何か）
　　地域分析（対象不動産の市場の範囲，市場参加者の属性，近隣地域の標準的使用は何か）
　　個別分析（対象不動産の典型的な需要者，最有効使用は何か）
　鑑定評価の手法の適用（最有効使用の判定結果を踏まえてどんな手法を使って評価するか）
　試算価格の調整
　　試算価格の再吟味（各手法の適用過程に計算誤りや理論矛盾はないか）
　　試算価格の説得力に係る判断（典型的な需要者の意思決定過程を踏まえ，どの手法が説得力が高いか）
　鑑定評価額の決定（どの手法の試算価格をどの程度重視して鑑定評価額を決定したか）

出典：筆者作成

(1) 不動産の「種別」および「類型」の確定の必要性

鑑定評価を行うには，基本的事項として対象不動産の「種別」および「類型」（簡単に言えば，どんな地域のどんな不動産として評価するか）を確定する必要があります。基準では，この「種別」と「類型」が不動産の経済価値を本質的に決定するものであるとされており，基準各論において，「種別」と「類型」ごとに鑑定評価の手法の適用方法が定められています。

① 不動産の「種別」（土地の「種別」）

不動産の「種別」とは，用途的観点から区別される地域（以下，「用途的地域」という）に応じた不動産の分類をいいます。鑑定評価では，まず対象不動産の属する地域の「種別」を確定し，その確定された地域の「種別」に応じて対象不動産の土地の「種別」が定まります。土地の「種別」は，現況地目で一義的に定まるものではなく，あくまでも地域の「種別」の判定結果を通じて判定されます。基準で定められている主な地域の「種別」の意義は**図表２－５**のとおりです。また，地域の「種別」と土地の「種別」との関係は**図表２－６**のとおりです。

図表２－５　基準が定める主な地域の「種別」の意義

地域の「種別」	意　　義
宅地地域	居住，商業活動，工業生産活動等の用に供される建物，構築物等の敷地の用に供されることが，自然的，社会的，経済的及び行政的観点からみて合理的と判断される地域（住宅地域，商業地域，工業地域等に細分される）
農地地域	農地地域とは，農業生産活動のうち耕作の用に供されることが，自然的，社会的，経済的及び行政的観点からみて合理的と判断される地域
林地地域	林地地域とは，林業生産活動のうち木竹又は特用林産物の生育の用に供されることが，自然的，社会的，経済的及び行政的観点からみて合理的と判断される地域
見込地地域	宅地地域，農地地域，林地地域等の相互間において，ある種別の地域から他の種別の地域へと転換しつつある地域
移行地地域	宅地地域，農地地域等のうちにあって，細分されたある種別の地域から，その地域の他の細分された地域へと移行しつつある地域

出典：基準総論第２章第１節Ｉ地域の種別

図表２－６　地域の「種別」と土地の「種別」の対応関係

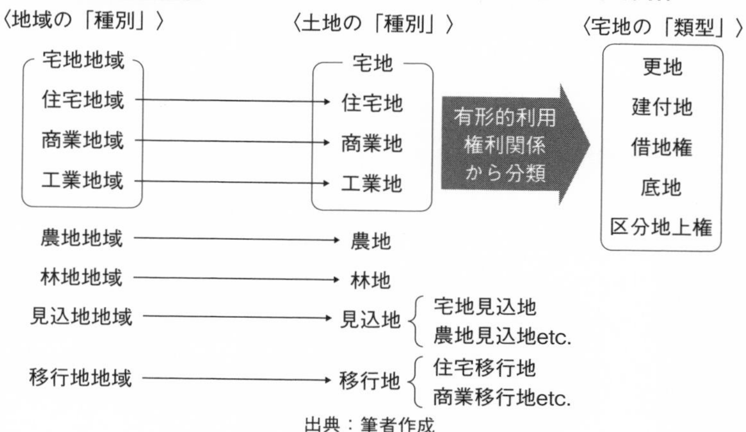

出典：筆者作成

鑑定評価における用途的観点に基づく地域の「種別」と行政的観点に基づく都市計画法上の用途地域は完全に一対一対応するものではありませんが，鵜野和夫先生の書籍で鑑定評価上の地域の「種別」と都市計画法上の用途的地域の一応の対応関係についてわかりやすくまとめられていますのでご紹介します（**図表２－７**）。

図表２－７　鑑定評価基準上の地域分類と都市計画法上の用途地域等の対照表

鑑定評価基準上の地域分類			都市計画法上の用途地域等
宅地地域	住宅地域	優良住宅地域	第１種低層住居専用地域
		標準住宅地域	第１種・第２種低層（または中高層）住居専用地域 第１種・第２種住居地域または準住居地域
		混在住宅地域	住居地域，準住居地域または準工業地域
		農家集落地域	（市街化調整区域が多い）
		別荘地域	（都市計画区域等外が多い）
	商業地域	高度商業地域	商業地域
		準高度商業地域	
		普通商業地域	近隣商業地域，準住居地域または第１種・第２種住居地域 （第１種・第２種低層（または中高層）住居専用地域，準工業地域にもある）
		近隣商業地域	
		郊外路線商業地域	
	工業地域	大工場地域	工業地域または工業専用地域
		中小工場地域	準工業地域
農地地域			（市街化調整区域または都市計画区域等外）
林地地域			（都市計画区域等外がほとんどであるが，市街化調整区域にもみられる）

出典：鵜野和夫『例解・不動産鑑定評価書の読み方』（清文社，平成20年９月）175頁

なお，都市計画法上，平成30年４月１日に施行された新たな用途地域である田園住居地域に関しては，現時点でまだ指定されている地域が少ない状況ですが，住居系用途地域の一類型として位置づけされていますので，上記鑑定評価基準上の地域分類でいうと，住宅地域と対応すると考えられます。

土地の「種別」は，地域の「種別」に応じて定まるものですが，中でもやや難解な「見込地」と「移行地」について少し補足しておきます。

まず見込地とは，見込地地域（宅地地域，農地地域，林地地域等の相互間において，ある「種別」の地域から他の「種別」の地域へと転換しつつある地域）のうちにある土地をいい，宅地見込地，農地見込地等に分けられます。たとえば，宅地見込地は，宅地見込地地域（農地地域，林地地域等の宅地地域以外の地域から宅地地域へと転換しつつある地域）のうちにある土地のうち，まだ宅地化されていない土地を意味します（**図表２－８**）。

図表２－８　宅地見込地のイメージ

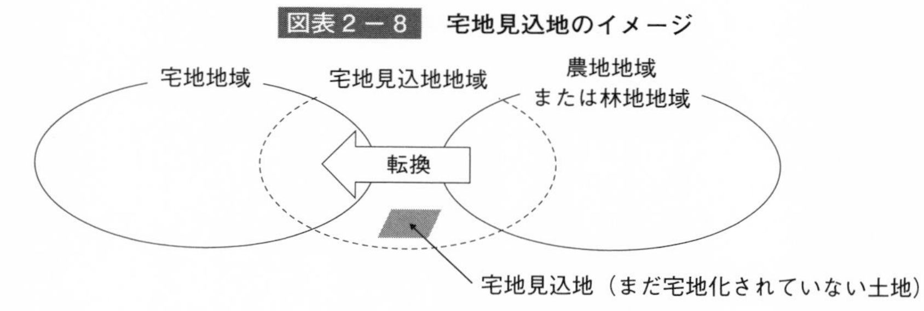

出典：筆者作成

次に移行地とは，移行地地域（宅地地域，農地地域等のうちにあって，細分されたある「種別」の地域から他の「種別」の地域へと移行しつつある地域）のうちにある土地をいいます。移行地は，工業地域や商業地域から住宅地域へ移行しつつある地域に存する住宅移行地，住宅地域や工業地域から商業地域へ移行しつつある地域に存する商業移行地等に分けられます（**図表２－９**）。

図表２－９　住宅移行地のイメージ

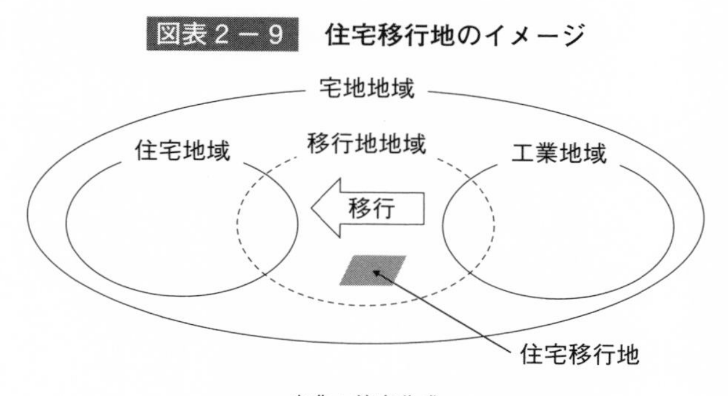

出典：筆者作成

②　不動産の「類型」

次に，不動産の「類型」とは，その有形的利用および権利関係の態様に応じて区分される不動産の分類をいいます。基準では，不動産の「類型」について宅地の「類型」と土地建物一体の複合不動産である建物およびその敷地の「類型」に分けてそれぞれ定義されています。

〈宅地の「類型」〉

まず，宅地の「類型」は，更地，建付地，借地権，底地，区分地上権等に分類され，それぞれ以下のとおり定義されています。

• 更地の定義（基準総論第２章第２節Ⅰ宅地）

> 更地とは，建物等の定着物がなく，かつ，使用収益を制約する権利の付着していない宅地をいう。

図表２－10　更地のイメージ

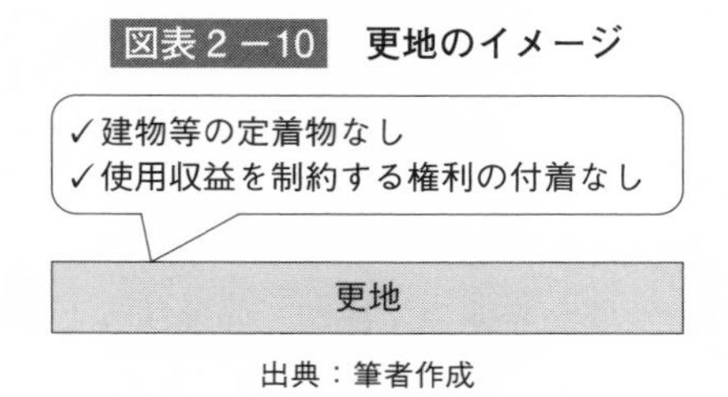

出典：筆者作成

• 建付地の定義（基準総論第２章第２節Ⅰ宅地）

> 建付地とは，建物等の用に供されている敷地で建物等及びその敷地が同一の所有者に属している宅地をいう。

図表２－11　建付地のイメージ

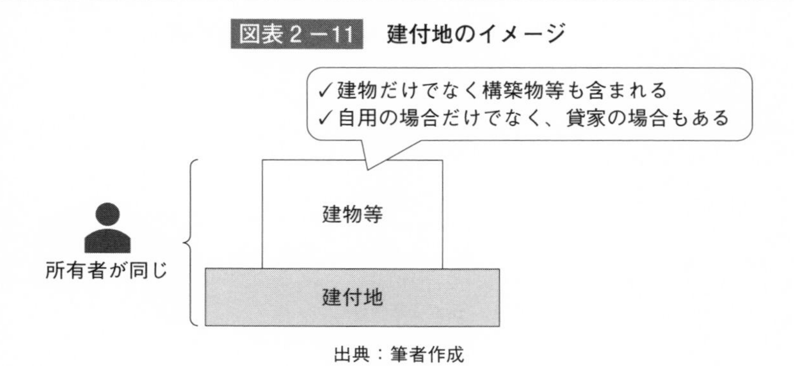

出典：筆者作成

• 借地権および底地の定義（基準総論第２章第２節Ⅰ宅地）

> 借地権とは，借地借家法（廃止前の借地法を含む。）に基づく借地権（建物の所有を目的とする地上権又は土地の賃借権）をいう。
> 底地とは，宅地について借地権の付着している場合における当該宅地の所有権をいう。

図表２－12　借地権・底地のイメージ

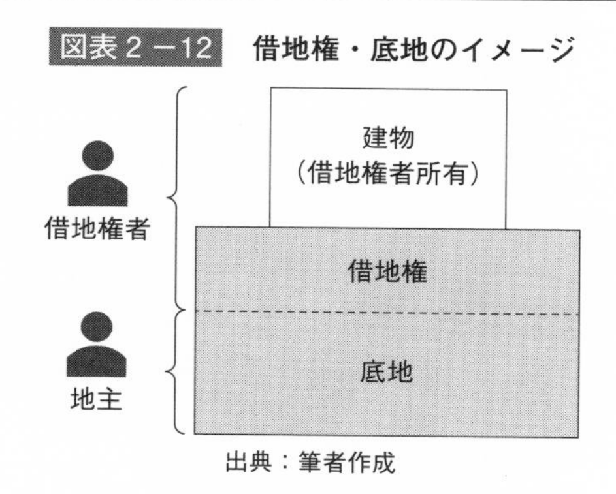

出典：筆者作成

• 区分地上権の定義（基準総論第２章第２節Ⅰ宅地）

> 区分地上権とは，工作物を所有するため，地下又は空間に上下の範囲を定めて設定された地上権をいう。

〈複合不動産（建物及びその敷地）の類型〉

次に，建物及びその敷地の類型は，自用の建物及びその敷地，貸家及びその敷地，借地権付建物，区分所有建物及びその敷地等に分類され，それぞれ以下のとおり定義されています。

• 自用の建物及びその敷地（基準総論第２章第２節Ⅱ建物及びその敷地）

> 自用の建物及びその敷地とは，建物所有者とその敷地の所有者とが同一人であり，その所有者による使用収益を制約する権利の付着していない場合における当該建物及びその敷地をいう。

図表２－13　自用の建物及びその敷地のイメージ

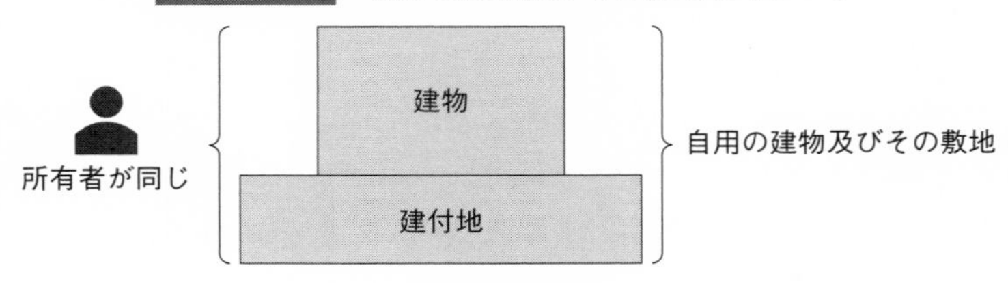

出典：筆者作成

・貸家及びその敷地（基準総論第２章第２節Ⅱ建物及びその敷地）

> 貸家及びその敷地とは，建物所有者とその敷地の所有者とが同一人であるが，建物が賃貸借に供されている場合における当該建物及びその敷地をいう。

図表２－14　貸家及びその敷地のイメージ

出典：筆者作成

・借地権付建物（基準総論第２章第２節Ⅱ建物及びその敷地）

> 借地権付建物とは，借地権を権原とする建物が存する場合における当該建物及び借地権をいう。

なお，借地権付建物は，建物が自用か貸家かでさらに細分類化されます。

図表２－15　借地権付建物のイメージ

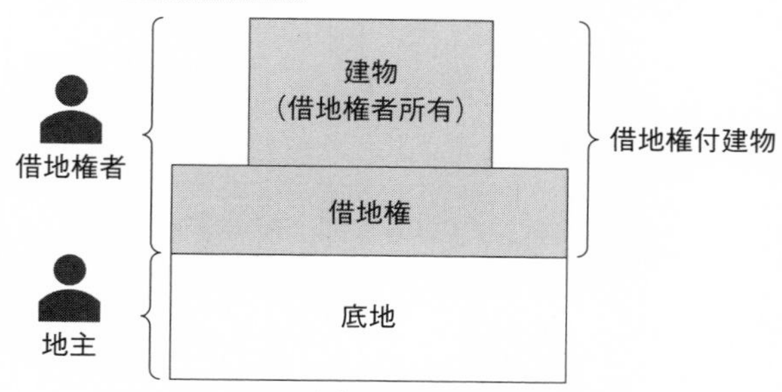

出典：筆者作成

• 区分所有建物及びその敷地（基準総論第２章第２節Ⅱ建物及びその敷地）

> 区分所有建物及びその敷地とは，建物の区分所有等に関する法律第２条第３項に規定する専有部分並びに当該専有部分に係る同条第４項に規定する共用部分の共有持分及び同条第６項に規定する敷地利用権をいう。

なお，区分所有建物及びその敷地は，専有部分が自用か貸家か，敷地利用権が所有権か借地権か等によりさらに細分類化されます。

図表２－16　区分所有建物及びその敷地のイメージ

出典：筆者作成

(2)　対象確定条件

対象不動産の確定に関して，基準では以下のとおり定められています（基準総論第５章第１節対象不動産の確定より。ただし，下線部は筆者加筆）。

> 不動産の鑑定評価を行うに当たっては，まず，鑑定評価の対象となる土地又は建物等を物的に確定することのみならず，鑑定評価の対象となる所有権及び所有権以外の権利を確定する必要がある。
> 対象不動産の確定は，鑑定評価の対象を明確に他の不動産と区別し，特定することであり，それは不動産鑑定士が鑑定評価の依頼目的及び条件に照応する対象不動産と当該不動産の現実の利用状況とを照合して確認するという実践行為（対象不動産の確定）を経て最終的に確定されるべきものである。

基準の前段では，まず評価する不動産がどこにあるのか，どの程度の規模なのかを依頼者からのヒアリングや登記簿，公図，住宅地図等を用いて物的に確定し，さらに評価する不動産の権利の種類（所有権，賃借権等）は何かを依頼者からのヒアリングや賃貸借契約書等を用いて確認する必要がある点が定められています。

基準の後段では，対象不動産の最終的な確定には，対象不動産の確認（実地調査等）の作業が必要不可欠である点が改めて強調されています。また，下線部について，現実の対象不動産の「類型」を前提とし，依頼目的に応じて実際に鑑定評価の対象とするのはどの「類型」か等を確定するのに必要な条件を対象確定条件といいます。対象不動産の現実の状態を所与として鑑定評価するのが原則ですが，たとえば，古家付きの土地で建物の取壊し前提での売買を予定しているので，建物はないものとして土地だけ更地として鑑定評価してほしいという依頼もあります。このような多種多様なニーズに応じるために，基準では以下のような６つの対象確定条件が定められています。ただし，対象不動産の現実の利用状況と異なる対象確定条件を設定する場合には，鑑定評価書の利用者の利益を害するおそれがないことがその設定にあたっての要件となります。

①　現実の状態を所与とする鑑定評価（基準総論第５章第１節Ⅰ対象確定条件）

> 不動産が土地のみの場合又は土地及び建物等の結合により構成されている場合において，その状態を所与として鑑定評価の対象とすること。

たとえば，対象不動産の現状の「類型」が更地であればそのまま更地として，自用の建物およびその敷地であればそのまま自用の建物およびその敷地として鑑定評価するのが，現実の状態を所与とする鑑定評価です。依頼者から特に条件が付されない場合には，原則として現実の状態を所与として鑑定評価を行うことになります。評価通達では課税時期の現況で評価するのが原則とされていますが，鑑定評価の対象確定条件で言えばこの現実の状態を所与とする場合が同一概念になります。

②　独立鑑定評価（基準総論第５章第１節Ⅰ対象確定条件）

> 不動産が土地及び建物等の結合により構成されている場合において，その土地のみを建物等が存しない独立のもの（更地）として鑑定評価の対象とすること。

独立鑑定評価の具体例としては，古家付きの土地で建物の取壊し前提での売買を予定しているので，建物はないものとして土地だけ更地として鑑定評価する場合のほか，たとえば，地価公示の標準地価格および公共用地の取得に伴う損失補償の対価としての土地価格を求める場合等も挙げられます。

図表２－17　独立鑑定評価のイメージ

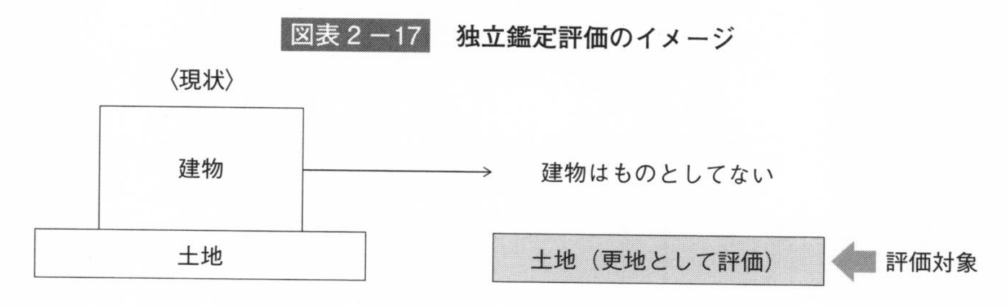

出典：筆者作成

③　部分鑑定評価（基準総論第５章第１節Ⅰ対象確定条件）

不動産が土地及び建物等の結合により構成されている場合において，その状態を所与として，その不動産の構成部分を鑑定評価の対象とすること。

部分鑑定評価の具体例としては，以下２つが挙げられます。

- 現況建物の利用継続が最有効使用の複合不動産の建物部分の評価，またはその敷地部分の評価
- 土地付き建物の売買契約上，土地と建物の内訳価格が不明である場合において，会計・税務上の資産計上・消費税処理の必要性からその内訳価格の算定を依頼されるとき

なお，部分鑑定評価で求める敷地部分の「類型」は更地ではなく建付地となります。更地と異なり，現況建物が存在する建付地の場合，当該建物によって使用方法等が制約を受けるので，建物が敷地の最有効使用に適応していない場合には建付地の価格は更地価格よりも低くなります。また，逆に建付地の価格が更地価格を上回ることもあります（詳細は第９章３．「鑑定評価の取扱い」参照）。

図表２－18　部分鑑定評価のイメージ

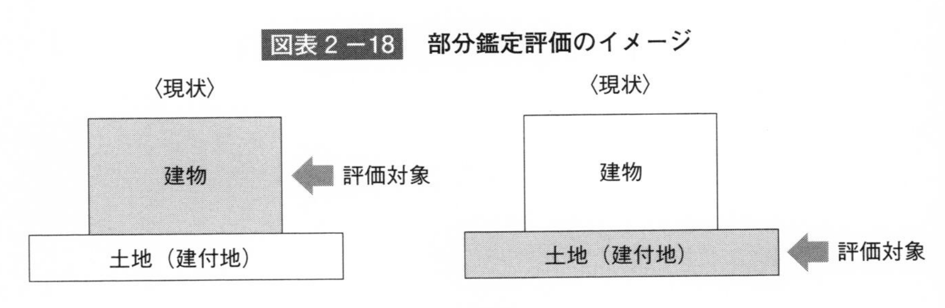

出典：筆者作成

④　併合鑑定評価（基準総論第５章第１節Ⅰ対象確定条件）

不動産の併合を前提として，併合後の不動産を単独のものとして鑑定評価の対象とすること。

併合鑑定評価の具体例としては，たとえば，下記A土地の所有者Aが隣接地であるB土地をその所有者Bから買収して併合する前提で，併合後の一体地の価格を併合前に評価する場合が挙げられます。

図表２－19　併合鑑定評価のイメージ

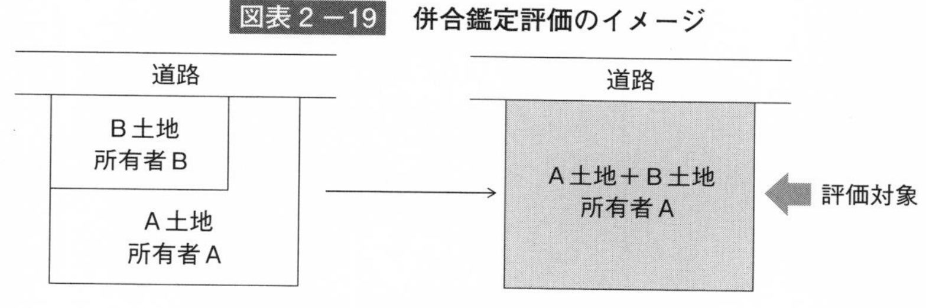

出典：筆者作成

⑤　分割鑑定評価（基準総論第５章第１節Ⅰ対象確定条件）

> 不動産の分割を前提として，分割後の不動産を単独のものとして鑑定評価の対象とすること。

分割鑑定評価は，ちょうど併合鑑定評価の逆です。具体的には，一体利用されている土地の一部を分割して単独利用する前提で，分割後の分割地の価格を分割前に評価する場合が挙げられます。

図表２－20　分割鑑定評価のイメージ

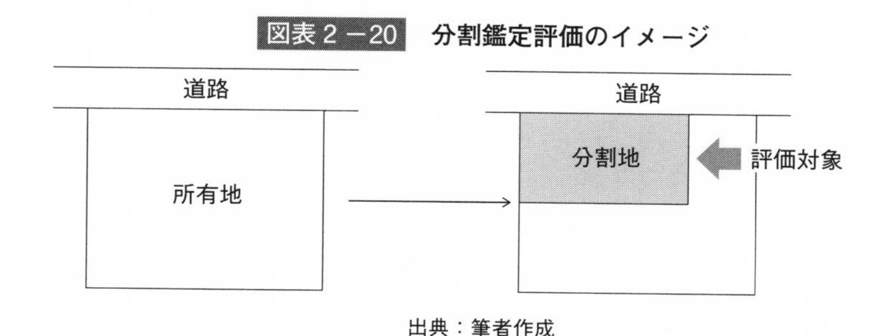

出典：筆者作成

⑥　未竣工建物等鑑定評価（基準総論第５章第１節Ⅰ対象確定条件）

> 造成に関する工事が完了していない土地又は建築に係る工事（建物を新築するもののほか，増改築等を含む。）が完了していない建物について，当該工事の完了を前提として鑑定評価の対象とすること。

未竣工建物等鑑定評価は，平成26年基準改正で新設された対象確定条件であり，具体的には，工事完了前に完了後の状態を想定して評価するため，その実現性や合法性等のより厳格な要件をクリアしなければ当該条件を設定することはできないこととされています。

3　税務評価と鑑定評価の異同点

(1)　税務評価の現況地目と鑑定評価の土地の「種別」の違い

鑑定評価における土地の「種別」の判定は，税務評価と異なり，いきなり対象不動産の現況地目をみて判定するものではありません。まず不動産鑑定士が対象不動産の属する地域の「種別」は何かを確定し，それに応じて対象不動産の土地の「種別」が判定されます。やや細かい部分ですが，鑑定評価における土地の「種別」と税務評価における現況地目とは一見すると類似しており，結果一致する場合もありますが，その判定に至るアプローチが異なり，完全に軌を一にする概念ではありません。

たとえば，現況が農地であれば，税務評価の現況地目は「農地（田または畑）」となります。一方で，鑑定評価ではその土地が属する用途的地域が宅地地域と判定されれば，鑑定評価上の土地の「種別」は「宅地」となります（**図表２－21**）。なお，鑑定評価では，このような現況農地は価格形成要因の分析を宅地の観点から行い，鑑定評価額の決定にあたっては，宅地の評価額から宅地化に必要な造成費用等を控除することになるでしょう。評価方法だけ見れば，評価通達の市街地農地の宅地比準方式による評価に近いイメージです。

図表２－21　**税務評価の現況地目と鑑定評価の土地の「種別」が異なる例**

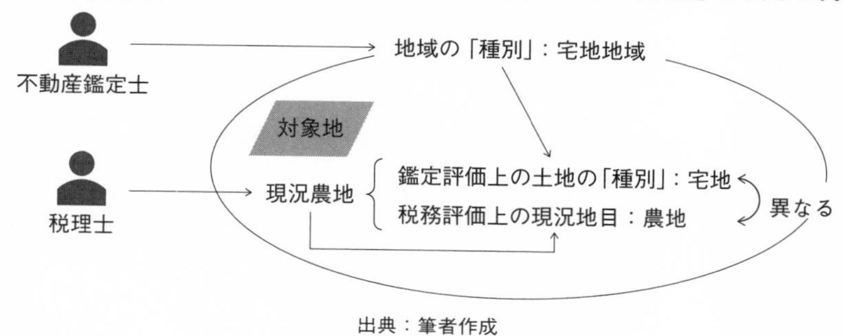

出典：筆者作成

また，税務評価における現況地目の１つである雑種地は，鑑定評価の土地の「種別」にはありません。税務評価の雑種地の概念と鑑定評価上の土地の「種別」の対応関係として，黒沢泰先生の書籍より**図表２－22**を紹介します。

図表２－22　**評価通達の雑種地と鑑定評価の「土地の種別」との対応関係**

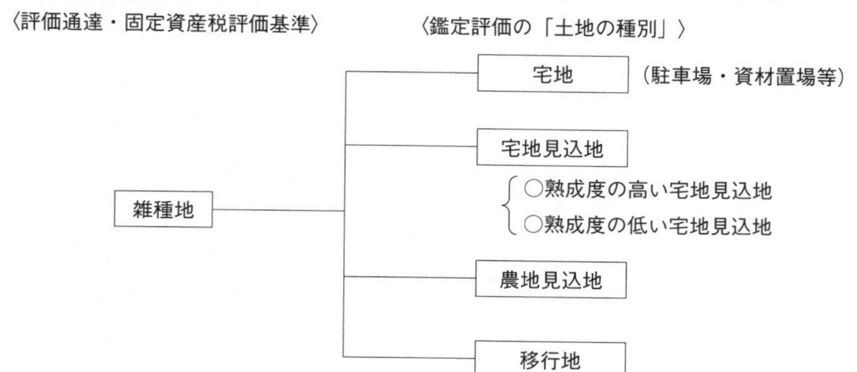

出典：黒沢泰『雑種地の評価　裁決事例・裁判例から読み取る雑種地評価の留意点』（プログレス，平成30年12月）126頁

すなわち，現況地目が雑種地でも，鑑定評価上の地域の「種別」としては，宅地地域，宅地見込地地域，農地見込地地域，または，移行地地域等と判定される可能性が考えられ，判定された地域の「種別」に応じて土地の「種別」も宅地，宅地見込地，農地見込地，または，移行地等と判定されます。もっとも，雑種地の税務評価は原則として近傍にある状況が類似する土地の評価額から比

準する方式（評価通達82）とされていますので，評価方式を確定するために対象地の周辺地域の土地使用状況を把握分析する必要がある点は鑑定評価と同じです。

(2)　建物及びその敷地の「類型」は税務評価にはない概念

鑑定評価には建物及びその敷地という土地建物を一体として評価する「類型」がありますが，税務評価には土地建物を一体として評価する概念がなく，土地と建物は別々に評価方法が定められています。

(3)　税務評価の評価単位は鑑定評価にはない税務独自の概念

税務評価における土地の評価単位の概念は鑑定評価にはない税務独特の概念です。これに関して，１つ具体例を示します。

たとえば，**図表２－23**のように，土地所有者Aの所有する居宅と店舗（貸店舗ではない自用店舗）がある場合，一見すると居宅の敷地と店舗の敷地で利用単位が異なるように見えますが，この場合，土地所有者Aの自由な使用収益を制約する他者の権利が存在しないので，税務評価における評価単位は２つではなく，１つになります。

図表２－23　税務評価における宅地の評価単位の具体例

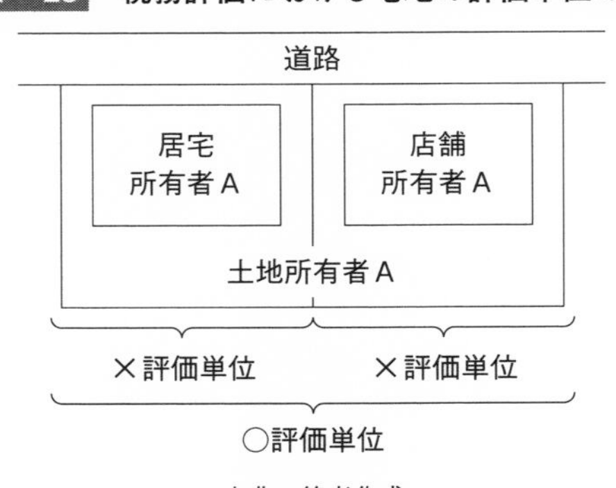

出典：筆者作成

これに対して，鑑定評価では，居宅の敷地部分と店舗の敷地部分で対象不動産２つとして別々に評価してほしいという依頼もあれば，まとめて１つの対象不動産として評価してほしいという依頼もあり得るでしょう。また，鑑定評価では依頼目的に応じた対象確定条件を設定することで対象不動産の確定に種々のパターンが生じ得ます。相続税申告のために鑑定評価を依頼する場合，特に税務評価における土地の評価単位の概念（評価する土地の物理的な範囲）は無視できませんので，この点，依頼目的に含めて不動産鑑定士にしっかり伝える必要があるでしょう。もしくは税務評価に精通した不動産鑑定士に依頼する必要があるでしょう。

第3章

評価上の条件設定

1 税務評価の取扱い

評価通達では，財産評価にあたって，その財産の価額に影響を及ぼすべきすべての事情を考慮する（評価通達1（評価の原則）(3)）と定められています。この点，不動産の価格に影響を及ぼす事情について，納税者からの依頼目的に応じて現実の状況と異なる評価上の条件を設定することは認められていません。

2 鑑定評価の取扱い

不動産鑑定評価書の全体像のうち，第3章で解説するのは鑑定評価の条件（第2章で解説した対象確定条件以外の条件）に関する部分です（**図表3－1**）。

図表3－1 不動産鑑定評価書の全体像における第3章での解説

【不動産鑑定評価書の全体像】

Ⅰ．対象不動産の表示（対象不動産の所在・地番・地目・地積等，登記はどうなっているか）

Ⅱ．鑑定評価の基本的事項
　対象不動産の種別・類型（どんな地域のどんな不動産として評価するか）
　鑑定評価の条件（どんな条件で評価するか） **第3章**
　価格時点（いつ時点の価格を求めるか）
　価格の種類（どんな種類の価格を求めるか）

Ⅲ．鑑定評価の依頼目的等（なぜ鑑定評価が必要になったのか）

Ⅳ．対象不動産の確認
　物的確認（実地調査・内覧の結果，登記と実際の不動産は一致するか）
　権利の態様の確認（登記・賃貸借契約書等の確認の結果，所有権および所有権以外の権利関係はどういう状態か）

Ⅴ．鑑定評価額の決定の理由の要旨
　価格形成要因の分析
　　一般的要因の分析（不動産価格に影響する広域的・マクロ的要因は何か）
　　地域分析（対象不動産の市場の範囲，市場参加者の属性，近隣地域の標準的使用は何か）
　　個別分析（対象不動産の典型的な需要者，最有効使用は何か）
　鑑定評価の手法の適用（最有効使用の判定結果を踏まえてどんな手法を使って評価するか）
　試算価格の調整
　　試算価格の再吟味（各手法の適用過程に計算誤りや理論矛盾はないか）
　　試算価格の説得力に係る判断（典型的な需要者の意思決定過程を踏まえ，どの手法が説得力が高いか）
　鑑定評価額の決定（どの手法の試算価格をどの程度重視して鑑定評価額を決定したか）

出典：筆者作成

(1)　条件設定の必要性

鑑定評価の依頼者は，不動産を相続して相続税の申告が必要な方だけとは限りません。不動産取引の多種多様なニーズに応じるために，鑑定評価にあたっては条件設定の必要性が生じてきます。そこで，基準では，鑑定評価の条件として，①対象確定条件，②地域要因または個別的要因についての想定上の条件および③調査範囲等条件の３つが設けられています。このうち，①対象確定条件は，すでに第２章で解説していますので，ここでは残りの２つの条件について解説します。

(2)　地域要因または個別的要因についての想定上の条件

不動産の価格形成要因は，一般的要因，地域要因，および個別的要因の３つに大別されます（詳細は第６章参照）。このうち，地域要因または個別的要因について想定上の条件を設定する場合があり，基準では以下のとおり定められています（①②③は筆者加筆）。

対象不動産について，依頼目的に応じ対象不動産に係る価格形成要因のうち地域要因又は個別的要因について想定上の条件を設定する場合がある。この場合には，①設定する想定上の条件が鑑定評価書の利用者の利益を害するおそれがないかどうかの観点に加え，特に②実現性及び③合法性の観点から妥当なものでなければならない。

> 一般に，地域要因について想定上の条件を設定することが妥当と認められる場合は，計画及び諸規制の変更，改廃に権能を持つ公的機関の設定する事項に主として限られる。

出典：基準総論第５章第１節Ⅱ地域要因又は個別的要因についての想定上の条件

想定上の条件の具体例を挙げれば以下のとおりです。

〈地域要因についての想定上の条件の具体例（要説102項より抜粋）〉

- 用途地域が第一種住居地域から商業地域へ変更されたものとして
- 汚水処理施設等の嫌悪施設が移転したものとして

〈個別的要因についての想定上の条件の具体例（要説102項より抜粋）〉

- 土壌汚染が存する土地であるが汚染が除去されたものとして

想定上の条件は，依頼目的に応じて自由に設定できるわけではなく，基準が定める要件①②③を満たして初めて設定が可能となります。特に，具体例にも示したように，地域要因についての想定上の条件として「用途地域が変更されたものとして」等の条件を設定するには，公的機関（役所）の担当部局から当該条件が実現する確実性について直接確認する必要があり，通常このような条件が設定できるのは，依頼者自体が役所のような場合に限られます。なお，想定上の条件が設定できるのは，価格形成要因のうち地域要因と個別的要因だけとされており，一般的要因についての想定上の条件は定められていません。これは，広域的（マクロ的）な価格形成要因である一般的要因についての想定上の条件はその実現性が乏しいためです。

(3) 調査範囲等条件

不動産の価格形成要因の中には，不動産鑑定士の専門外の特殊な要因が存在します。こうした要因について，一定の要件を満たす場合には価格形成要因から除外して鑑定評価を行うことができる取扱いが，調査範囲等条件の設定になります。調査範囲等条件は，平成26年基準改正で新設された取扱いで，基準では以下のとおり定められています。

不動産鑑定士の通常の調査の範囲では，対象不動産の価格への影響の程度を判断するための事実の確認が困難な特定の価格形成要因が存する場合，当該価格形成要因について調査の範囲に係る条件（以下「調査範囲等条件」という。）を設定することができる。
ただし，調査範囲等条件を設定することができるのは，調査範囲等条件を設定しても鑑定評価書の利用者の利益を害するおそれがないと判断される場合に限る。

出典：基準総論第５章第１節Ⅲ調査範囲等条件

基準留意事項に例示されている調査範囲等条件が設定できる価格形成要因の具体例は以下のとおりです。

不動産鑑定士の通常の調査の範囲では，対象不動産の価格への影響の程度を判断するための事実の確認が困難な特定の価格形成要因を例示すれば，次のとおりである。
（ア）土壌汚染の有無及びその状態
（イ）建物に関する有害な物質の使用の有無及びその状態
（ウ）埋蔵文化財及び地下埋設物の有無並びにその状態
（エ）隣接不動産との境界が不分明な部分が存する場合における対象不動産の範囲

出典：基準留意事項Ⅲ１．⑵③調査範囲等条件の設定について

⑷　想定上の条件と調査範囲等条件の相違点

たとえば，土壌汚染に関して，「土壌汚染が除去されたものとして」という想定上の条件を設定する場合と「土壌汚染は価格形成要因から除外して」という調査範囲等条件を設定する場合が考えられます。どちらも一見すると同じような条件に見えますが，「土壌汚染が除去されたものとして」という想定上の条件の場合，土壌汚染が除去された後も残る心理的嫌悪感は考慮して鑑定評価する必要がありますが，「土壌汚染は価格形成要因から除外して」という調査範囲等条件の場合は心理的嫌悪感の考慮も不要であるという違いがあります。

なお，想定上の条件と調査範囲等条件について，具体的に鑑定評価上どう使い分けるのかについて，H26改正実務指針に記載されているフローチャートを参考までにご紹介します（**図表３－２**）。

図表３－２　不動産の価格形成要因に重大な影響を与える要因が調査上十分に判明しない場合の対応

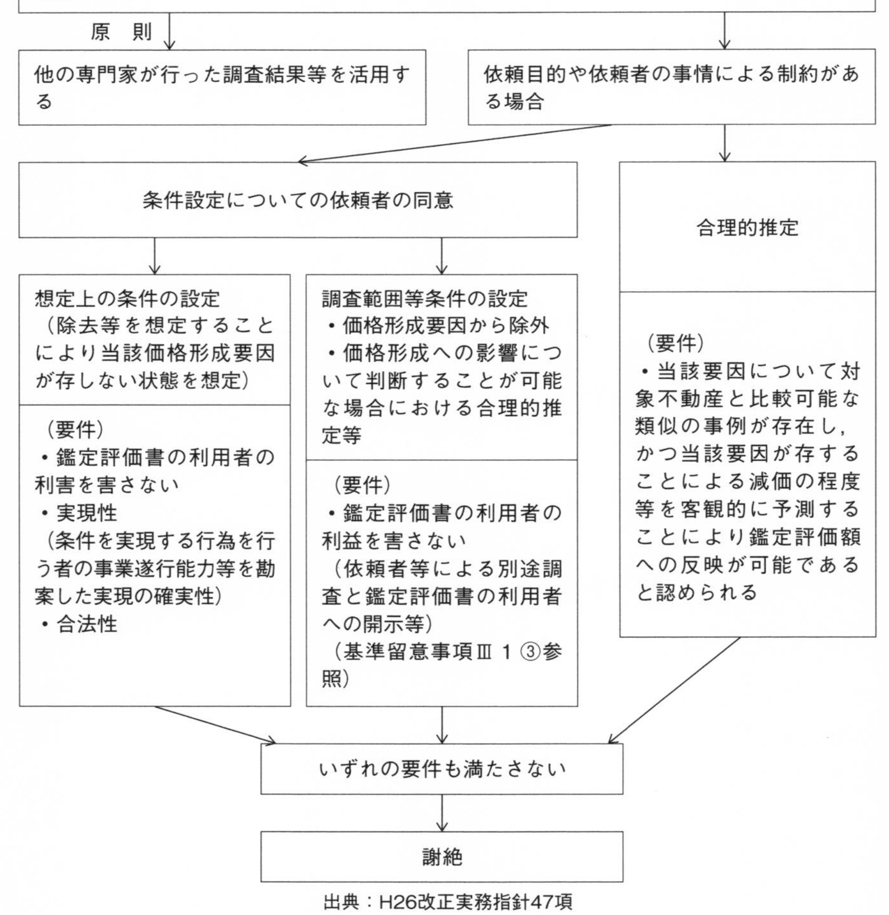

出典：H26改正実務指針47項

3　税務評価と鑑定評価の異同点

(1)　評価上の条件設定の可否

税務評価では，不動産の現実の利用状況と異なる評価上の条件設定は認められていません。課税時期の現況に基づき評価することとなります。

鑑定評価は，不動産取引における多種多様なニーズに応じる必要性がありますので，一定の要件のもとで依頼目的に応じた条件設定が認められています。

ただし，相続税申告を通達評価額によらず鑑定評価額で行う場合，評価上の条件設定が認められていない税務評価の趣旨を踏まえ，鑑定評価でも想定上の条件や調査範囲等条件を設定しないのが一般的かと思われます。

(2)　特殊な価格形成要因の取扱い

土壌汚染，埋蔵文化財，地下埋設物等の専門性の高い価格形成要因に基づく土地価格の減価の程度を的確に評価に反映するには，税務評価であれ鑑定評価であれ，原則として他の専門家による調査が必要不可欠となります。当該調査結果を踏まえて，それぞれどのように評価に反映するのか以下解説します。

①　土壌汚染の取扱い

〈税務評価では〉

土壌汚染地の評価方法は評価通達には定められていませんが，資産評価企画官情報「土壌汚染地の評価等の考え方について（情報）」（平成16年７月５日，TAINS）では**図表３－３**のとおり解説されています。

図表3－3　土壌汚染地の評価方法

土壌汚染地の評価額	＝	汚染がないものとした場合の評価額	－	浄化・改善費用に相当する金額	－	使用収益制限による減価に相当する金額	－	心理的要因による減価に相当する金額

(注)１「浄化・改善費用」とは，土壌汚染対策として，土壌汚染の除去，遮水工封じ込め等の措置を実施するための費用をいう。汚染がないものとした場合の評価額が地価公示価格レベルの80％相当額（相続税評価額）となることから，控除すべき浄化・改善費用についても見積額の80％相当額を浄化・改善費用とするのが相当である。

２「使用収益制限による減価」とは，上記１の措置のうち土壌汚染の除去以外の措置を実施した場合に，その措置の機能を維持するための利用制限に伴い生ずる減価をいう。

３「心理的要因による減価（「スティグマ」ともいう。）」とは，土壌汚染の存在（あるいは過去に存在した）に起因する心理的な嫌悪感から生ずる減価要因をいう。

４　汚染の浄化の措置等については，評価時期において最も合理的と認められる措置によることとする。なお，各控除額の合計額が汚染がないものとした場合の評価額を超えるときには，その価額（汚染がないものとした場合の評価額）を限度とするのが相当である。

出典：資産評価企画官情報「土壌汚染地の評価等の考え方について（情報）」
（平成16年７月５日，TAINS）

なお，同情報では以下の点にも留意が必要とされています。

- 相続税等の財産評価において，土壌汚染地として評価する土地は，「課税時期において，評価対象地の土壌汚染の状況が判明している土地」であり，土壌汚染の可能性があるなどの潜在的な段階では土壌汚染地として評価することはできない。
- 課税時期において，①評価対象地について都道府県知事から汚染の除去等の命令が出され，それに要する費用の額が確定している場合や②浄化・改善の措置中の土地ですでに浄化・改善費用の額が確定している場合には，その浄化・改善費用の額（課税時期において未払いになっている金額に限る。）は，その土地の評価額から控除するのではなく，相続税法第14条に規定する「確実な債務」として，課税価格から控除すべき債務に計上し，他方，評価対象地は浄化・改善措置を了したものとして評価するのが相当である。

実務上は，心理的要因による減価の査定が困難であることから，汚染がないものとした場合の土地の評価額から専門業者による浄化・改善費用見積額の80%相当額を控除する方法が用いられています。

なお，評価対象地はマンション適地と認められることから広大地には該当しないが，当該土地の評価にあたり控除すべき土壌汚染の浄化費用に相当する金額は土壌汚染対策工事見積金額の80%とするのが相当である，と判断した裁決例も参考になります（国税不服審判所ホームページ令和元年11月12日公表裁決）。

〈鑑定評価〉

土壌汚染地の評価方法として，証券化実務指針25項の解説が参考になるので，以下引用します。

(i)　独自調査により価格に対する影響が大きくないと判断できる場合

エンジニアリング・レポートのフェーズⅠレベルの調査と不動産鑑定士による独自調査の結果を受けて，価格に対する影響が大きくないと判断できる場合には，土壌汚染を価格形成要因から除外できる。この場合には，土壌汚染がないことが判明している場合の鑑定評価と同様の評価をすることになるが，その場合であっても，エンジニアリング・レポート及び独自調査の内容を受けて価格に対する影響が大きくない旨の鑑定評価報告書への記載が必要である。

(ii)　土壌汚染があることが判明している場合

土壌汚染の存在が専門調査機関によるフェーズⅡレベル以上の調査に基づいて判明しており，専門調査機関による対策費用の見積書がある場合には，除去費用を考量した鑑定評価が可能となる。なお，心理的嫌悪感等による価格形成への影響を考慮しなければならない場合があることに留意する。

(iii)　土壌汚染がないことが判明している場合

フェーズⅡレベルの調査の結果，環境基準をすべて満たしていた場合は，鑑定評価においては，土壌汚染がないことが判明している場合に該当する。このような場合には，当該調査結果の概要を鑑定評価報告書へ記載し，土壌汚染を価格形成要因から除外して鑑定評価を実施することになる。

専門業者による土壌調査は，まずフェーズⅠ調査（資料等調査）が行われ，その結果さらに進んだ調査としてフェーズⅡ調査（サンプリング調査を伴う平面的な調査）およびフェーズⅢ調査（ボーリング調査を伴う垂直的な調査）が行われます。鑑定評価では，これら専門業者による土壌調査に加え，不動産鑑定士自身による地積調査（閉鎖登記簿，古地図等の資料調査）の結果を踏まえて価格形成要因（減価要因）として考慮する場合と考慮外とする場合があります。

②　埋蔵文化財の取扱い

〈税務評価〉

評価対象地が文化財保護法の周知の埋蔵文化財包蔵地に該当する場合の評価方法は評価通達では定められていませんが，実務上参考になる裁決例は以下のとおり存在します。

- 評価対象地は，周知の埋蔵文化財包蔵地に所在し，かつ，実際にその一部に貝塚が存在していることから，宅地開発に係る土木工事等を行う場合には，文化財保護法第93条の規定に基づき，埋蔵文化財の発掘調査を行わなければならないことが明らかであるとして，事業者が負担する発掘調査費用の80%相当額を控除して評価することが相当であるとした裁決例があります（国税不服審判所ホームページ平成20年9月25日公表裁決）。

- 評価対象地は，周知の埋蔵文化財包蔵地に所在するものの，必ずしも試掘・確認調査や本発掘調査が行われるとは限らず，現に付近の地域で発掘が行われたことは一度もなく，本件土地について遺跡が存在することは確認されていないとして特段減価要因として考慮不要とした裁決例があります（国税不服審判所ホームページ令和元年5月29日公表裁決）。

- 評価対象地は，周知の埋蔵文化財包蔵地に所在するものの，埋蔵文化財に関する調査がされておらず，周辺でも埋蔵文化財が包蔵されていることをうかがわせるような具体的な事実も認められず，埋蔵文化財が包蔵されている蓋然性は低いものと推認され，また，現に事務所等として利用されており，特段減価要因として考慮不要とした裁決例があります（平成30年２月27日非公開裁決 TAINS：F０－３－600）。

これら３つの裁決例および以下鑑定評価の取扱いを踏まえ，周知の埋蔵文化財包蔵地に所在する点を考慮して発掘調査費用の見積額の80%相当額を控除するためには，以下２つの要件をいずれも満たすかどうか十分に検討する必要があると考えます。単に，周知の埋蔵文化財包蔵地に所在するというだけでは足りないので注意が必要です。

〈発掘調査費用の見積額の80%相当額を控除するための要件〉

要件１：相続開始日時点で埋蔵文化財が現に埋まっている事実が明らかであること

要件２：その不動産の最有効使用の観点から土地の掘削工事を行う必要があり，発掘調査費用の負担が避けられないこと

要件１はわかりやすいですが，要件２を満たさないケースとしては以下のようなケースが挙げられます。

- 市街化調整区域内の現況資材置き場や駐車場について，宅地化が困難で最有効使用が資材置き場や駐車場と判定されるような場合には，埋蔵文化財が現に埋まっていてもその価格に影響を及ぼさず，発掘調査費用の控除も不要となる。
- 現に建物が建っており，現況の建物利用の継続が最有効使用の場合には，あえて掘削工事を行う必要性は乏しく，発掘調査費用の控除も不要となる。

〈鑑定評価〉

対象不動産が文化財保護法の周知の埋蔵文化財包蔵地に該当する場合の評価方法として，証券化実務指針26項の解説が参考になるので，以下引用します。

> 「周知の埋蔵文化財包蔵地」であっても，土地を掘削する予定がなければ，試掘調査及び発掘調査に係わる費用が生じる危険性はない。したがって，建物の残存耐用年数が長く建替えの予定がない場合を含め，建物の新設，増築等の予定がないと合理的に判断できる場合など，埋蔵文化財包蔵地等（隣接地等が埋蔵文化財包蔵地である場合を含む。以下同じ）という個別的要因が，価格形成に大きな影響を与えることがないと判断できれば価格形成要因から除外して鑑定評価を行うことができる。一方，開発型証券化等の場合で対象不動産が周知の埋蔵文化財包蔵地等に該当する場合には，試掘調査及び発掘調査に係る期間，費用等が合理的に見積もることができる場合には鑑定評価を行うことができる。

③　地下埋設物の取扱い

〈税務評価〉

評価対象地に地下埋設物（従前建物の基礎杭，地下室等の地下施設，地下タンク，防空壕，廃棄物，人骨等）が埋まっている場合の評価方法は評価通達では定められていませんが，東京国税局課税第一部　資産課税課　資産評価官「資産税審理研修資料」（平成17年7月作成）において，土壌汚染地の評価方法に準じて除去費用の80%相当額を控除する方法が示されています。

ただし，埋蔵文化財と同様，地下埋設物の除去費用の80%相当額を控除するためには，以下2つの要件をいずれも満たすかどうか十分に検討する必要があると考えます。

〈地下埋設物の除去費用の80%相当額を控除するための要件〉

要件1：現に地下埋設物が埋まっている事実が明らかであること

要件2：その不動産の最有効使用の観点から地下埋設物を除去する必要があり，除去費用の負担が避けられないこと

特に要件2に関して，現に地下埋設物が埋まっていても最有効使用の観点からの要件2を満たさず，除去費用の控除は認められないとした以下のような事例が存在します。

- 評価対象土地について，現に地下埋設物が埋まっていることは認められるものの，現況稼働中の貸家（鉄骨造２階建の車庫付き事務所兼倉庫）が建てられており，地下埋設物の存在が土地価格を一般的に減額させるものであるか否かが明らかでないといわざるを得ないとして，養成費用の控除は認められないとした裁判例があります（東京地裁 平成15年２月26日判決 TAINS：Z253-9292）（一部取り消し/確定）。

- 評価対象土地に現に地下タンクが埋まっているものの，この地下タンクは，本件会社が，本件土地をガソリンスタンドの敷地として利用するにあたり，当該各土地を，その目的に従って有効に利用するために設置している構築物であると認められ，現に，当該各土地は有効に利用されているとして，地下タンクの撤去費用相当額の控除は認められないとした裁決例があります（平成28年７月４日非公開裁決 TAINS：Ｆ０－３－493）。

単に地下埋設物が埋まっているというだけで安易に除去費用の80%相当額を控除できると判断しないように注意が必要です。

〈鑑定評価〉

対象不動産に地下埋設物が埋まっている場合の評価方法として，証券化実務指針27項の解説が参考になるので，以下引用します。

> 地下埋設物の存在が予想される場合でも，土地を掘削する予定がなければ，通常，地下埋設物のリスクが顕在化することはない。したがって，建物の残存耐用年数が長く建替えの予定がない場合を含め，建物の新設，増築等の予定がないと合理的に判断できる場合など，価格形成に大きな影響を与えることがないと判断できれば価格形成要因から除外して鑑定評価を行うことができる。
> 開発型証券化で地下埋設物の存在が確認された場合には，地下埋設物に係る措置費用について査定し，その金額が価格に影響を与える程度に大きい場合には，これを適切に減価することが必要となる。なお，地下埋設物に係る措置費用を適切に査定するには，一般的には他の専門家による調査及び見積りが必要となる。

第4章

不動産の評価時点

1 税務評価の取扱い

税務評価では，いつの時点で不動産を評価するのかという評価時点について以下のとおり，課税時期と定められています（評価通達1（評価の原則）⑵）。

> 財産の価額は，時価によるものとし，時価とは，課税時期（相続，遺贈若しくは贈与により財産を取得した日若しくは相続税法の規定により相続，遺贈若しくは贈与により取得したものとみなされた財産のその取得の日又は地価税法第2条《定義》第4号に規定する課税時期をいう。以下同じ。）において，それぞれの財産の現況に応じ，不特定多数の当事者間で自由な取引が行われる場合に通常成立すると認められる価額をいい，その価額は，この通達の定めによって評価した価額による。

2 鑑定評価の取扱い

不動産鑑定評価書の全体像のうち，第4章で解説するのは価格時点に関する項目です（**図表4－1**）。

図表4－1 不動産鑑定評価書の全体像における第4章での解説

【不動産鑑定評価書の全体像】

Ⅰ．対象不動産の表示（対象不動産の所在・地番・地目・地積等，登記はどうなっているか）

Ⅱ．鑑定評価の基本的事項
　対象不動産の種別・類型（どんな地域のどんな不動産として評価するか）
　鑑定評価の条件（どんな条件で評価するか）
　価格時点（いつ時点の価格を求めるか）
　価格の種類（どんな種類の価格を求めるか）　**第４章**

Ⅲ．鑑定評価の依頼目的等（なぜ鑑定評価が必要になったのか）

Ⅳ．対象不動産の確認
　物的確認（実地調査・内覧の結果，登記と実際の不動産は一致するか）
　権利の態様の確認（登記・賃貸借契約書等の確認の結果，所有権および所有権以外の権利関係はどういう状態か）

Ⅴ．鑑定評価額の決定の理由の要旨
　価格形成要因の分析
　　一般的要因の分析（不動産価格に影響する広域的・マクロ的要因は何か）
　　地域分析（対象不動産の市場の範囲，市場参加者の属性，近隣地域の標準的使用は何か）
　　個別分析（対象不動産の典型的な需要者，最有効使用は何か）
　鑑定評価の手法の適用（最有効使用の判定結果を踏まえてどんな手法を使って評価するか）
　試算価格の調整
　　試算価格の再吟味（各手法の適用過程に計算誤りや理論矛盾はないか）
　　試算価格の説得力に係る判断（典型的な需要者の意思決定過程を踏まえ，どの手法が説得力が高いか）
　鑑定評価額の決定（どの手法の試算価格をどの程度重視して鑑定評価額を決定したか）

出典：筆者作成

(1)　価格時点確定の必要性

鑑定評価にあたっては基本的事項として，価格時点（いつ時点の価格を求めるのか）を確定する必要があります。基準では，価格時点確定の必要性について以下のとおり定めています（基準総論第５章第２節価格時点の確定）。

> 価格形成要因は，時の経過により変動するものであるから，不動産の価格はその判定の基準となった日においてのみ妥当するものである。したがって，不動産の鑑定評価を行うに当たっては，不動産の価格の判定の基準日を確定する必要があり，この日を価格時点という。

不動産の価格形成要因（一般的要因，地域要因および個別的要因）は時の経過により変動しており，それに伴い不動産の価格も常に変動していますので，いつの時点の価格を求めるのかを確定する必要があり，その時点を価格時点と定義しています。

(2)　3種類の価格時点

価格時点は，依頼者からの依頼目的等を踏まえて不動産鑑定士が決定します。鑑定実務上，特段依頼者から価格時点の希望等がない場合には，依頼を受けた日の属する月の1日としたり，不動産鑑定士が実地調査により対象不動産を確認した年月日とすることが多いです。

なお，価格時点を確定したらそれで終わりではなく，鑑定評価にあたってはもう一歩踏み込んで留意する事項があります。基準では，価格時点について，鑑定評価を行った年月日を基準として現在の場合（現在時点），過去の場合（過去時点）および将来の場合（将来時点）に分類しています（**図表4－2**）。

図表4－2　3種類の価格時点のイメージ

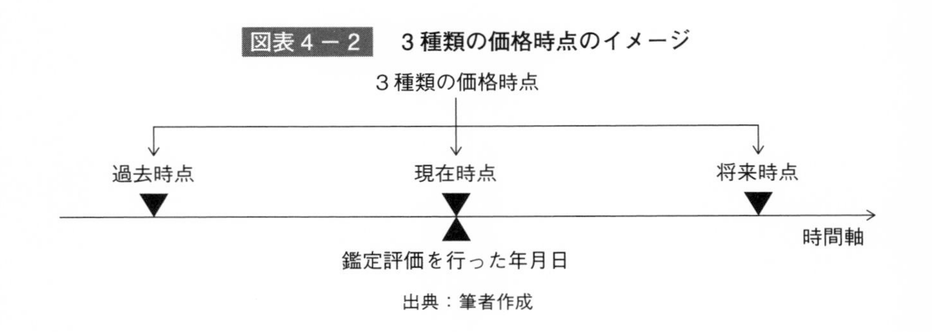

出典：筆者作成

「鑑定評価を行った年月日とは，不動産鑑定士が鑑定評価の手順を完了した日，すなわち鑑定評価報告書を作成し，これに鑑定評価額を表示した日（要説306項）」を指します。現在時点が原則で，過去時点と将来時点が例外的な取扱いになります。

図表4－2では，形式的に鑑定評価を行った年月日と価格時点（現在時点）を完全に一致させて表示していますが，たとえば，価格時点を実地調査と同じ年月日とした場合，実地調査後にその結果を踏まえて鑑定評価の手法を適用して鑑定評価額が決定されますので，鑑定評価を行った年月日は価格時点よりも後になりますが，実地調査から鑑定評価額決定までの期間程度の乖離であれば，価格時点の種類は現在時点となります。

過去時点の鑑定評価の例としては，訴訟案件で過去の取引時点での価格評価の依頼などが挙げられます。過去時点の鑑定評価を行う場合，タイムマシンで過去に遡って当時の対象不動産の実地調査ができないので，当時の対象不動産の状況を依頼者に確認し，鑑定評価に必要な各種資料も当時のものをできる限り収集して確認しなければならないという点に留意が必要になります（以下，基準留意事項Ⅲ２．⑵「過去時点の鑑定評価について」を参照）。当時の状況を把握できる情報が全くない場合や対象不動産の現況が当時とかなり異なる場合等には，不動産鑑定士としても過去時点の鑑定評価は受けられません。

> 過去時点の鑑定評価は，対象不動産の確認等が可能であり，かつ，鑑定評価に必要な要因資料及び事例資料の収集が可能な場合に限り行うことができる。また，時の経過により対象不動産及びその近隣地域等が価格時点から鑑定評価を行う時点までの間に変化している場合もあるので，このような事情変更のある場合の価格時点における対象不動産の確認等については，価格時点に近い時点の確認資料等をできる限り収集し，それを基礎に判断すべきである。

なお，鑑定評価の依頼の中には将来時点の価格を求めたいという依頼もあり得ます。ただし，将来時点の鑑定評価では，想定・予測する事項が多く，不確実性が高いため，原則的には行うべきではないとされています。

3　税務評価と鑑定評価の異同点

⑴　評価時点の選択の余地

税務評価では，評価時点は課税時期（相続の場合，被相続人の死亡日）となります。

鑑定評価では，価格時点について，鑑定評価を行った年月日を基準として現在の場合（現在時点），過去の場合（過去時点）および将来の場合（将来時点）に分類しています。

相続税申告を通達評価額によらず鑑定評価額で行う場合，鑑定評価の価格時点は，被相続人の死亡日となりますが，死後かなりの月日が経過したのちの鑑定依頼の場合，価格時点の種類は過去時点となる場合もあり，当時の状況を把握できる情報が乏しい場合や対象不動産の現況が当時と異なる場合等には，不動産鑑定士として鑑定評価の依頼を受けられない場合もあり得ます。

⇒応用編の事例［A］もチェック

(2)　税務評価における過去時点の評価の留意点

評価通達には，鑑定評価の取扱いでいうところの過去時点の鑑定評価の留意事項に相当するものは定められていません。ただし，鑑定評価の取扱いで解説した過去時点の鑑定評価の留意事項は，評価通達に基づく税務評価の場合にも同様に留意すべきものです。

たとえば，「本来相続税の申告が必要だったが相続人がそれを失念しており，被相続人の死亡日から１年以上経った後に税理士に相談しに来た場合」，「相続税の当初申告で不動産を過大評価していたのに気が付き，更正の請求を行う場合」など，被相続人の死亡日から何年も経った後に税理士が申告業務を行う場合，評価通達に基づき不動産の評価を行うために，過去の時点である被相続人の死亡日の属する年度の路線価図や倍率表を確認し，被相続人の死亡当時から依頼日現在までに対象不動産の状況に大きな変化がないか等を実査で確認したり，相続人にヒアリングしたりして，可能な限り被相続人の死亡当時の対象不動産の状況をイメージしながら評価作業を進める必要があります。

第5章

不動産の価格概念

1　税務評価の取扱い

相続税法22条は，同法3章で特別の定めのあるもの（地上権及び永小作権（同法23条），配偶者居住権等（同法23条の2），定期金に関する権利（同法24条），立木（同法26条））を除くほか，相続，遺贈または贈与により取得した財産の価額は，当該財産の取得の時における時価により算定すると規定しています。この時価とは，相続開始時における当該財産の客観的交換価値をいうものと解されています（最高裁平成22年7月16日第二小法廷判決・裁判集民事234号263頁）。

実務上は，財産が多種多様であり，時価評価が必ずしも容易なことではなく，評価に関与する者次第で個人差があり得るため，納税者間の公平の確保，納税者および課税庁双方の便宜，経費の節減等の観点から，全国一律で画一的な評価方法として評価通達が国税庁によって定められており，原則としてこの評価通達に基づく通達評価額が税務評価における不動産の時価とされています。

ただし，評価通達の定めによって評価することが著しく不適当と認められる場合には，評価通達以外の方法（たとえば，不動産の場合には不動産鑑定評価基準による方法）によることも認められています（評価通達6（この通達の定めにより難い場合の評価））。

2　鑑定評価の取扱い

不動産鑑定評価書の全体像のうち第5章で解説するのは，鑑定評価で求める価格の種類に関する部分です（**図表5－1**参照）。

図表5－1 不動産鑑定評価書の全体像における第5章での解説

【不動産鑑定評価書の全体像】

Ⅰ．対象不動産の表示（対象不動産の所在・地番・地目・地積等，登記はどうなっているか）

Ⅱ．鑑定評価の基本的事項
　対象不動産の種別・類型（どんな地域のどんな不動産として評価するか）
　鑑定評価の条件（どんな条件で評価するか）
　価格時点（いつ時点の価格を求めるか）
　価格の種類（どんな種類の価格を求めるか） **第5章**

Ⅲ．鑑定評価の依頼目的等（なぜ鑑定評価が必要になったのか）

Ⅳ．対象不動産の確認
　物的確認（実地調査・内覧の結果，登記と実際の不動産は一致するか）
　権利の態様の確認（登記・賃貸借契約書等の確認の結果，所有権および所有権以外の権利関係はどういう状態か）

Ⅴ．鑑定評価額の決定の理由の要旨
　価格形成要因の分析
　　一般的要因の分析（不動産価格に影響する広域的・マクロ的要因は何か）
　　地域分析（対象不動産の市場の範囲，市場参加者の属性，近隣地域の標準的使用は何か）
　　個別分析（対象不動産の典型的な需要者，最有効使用は何か）
　鑑定評価の手法の適用（最有効使用の判定結果を踏まえてどんな手法を使って評価するか）
　試算価格の調整
　　試算価格の再吟味（各手法の適用過程に計算誤りや理論矛盾はないか）
　　試算価格の説得力に係る判断（典型的な需要者の意思決定過程を踏まえ，どの手法が説得力が高いか）
　鑑定評価額の決定（どの手法の試算価格をどの程度重視して鑑定評価額を決定したか）

出典：筆者作成

(1) 4種類の価格概念

鑑定評価を行うには，基本的事項として鑑定評価で求める価格の種類（どんな種類の価格を求めるか）を確定する必要があります。基準では，鑑定評価で求める価格の種類として，以下のとおり4種類を定めています（出典は基準総論第5章第3節Ⅰ価格。ただし，下線部は筆者加筆）。

> 不動産の鑑定評価によって求める価格は，基本的には<u>正常価格</u>であるが，鑑定評価の依頼目的に対応した条件により<u>限定価格，特定価格又は特殊価格</u>を求める場合があるので，依頼目的に対応した条件を踏まえて価格の種類を適切に判断し，明確にすべきである。なお，評価目的に応じ，特定価格として求めなけ

ればならない場合があることに留意しなければならない。

全く同じ対象不動産でも，求める価格の種類が異なると鑑定評価額も異なりますので，鑑定評価書を読む税理士としても価格の種類についてある程度知っておく必要があります。ただし，税理士が実務上目にする鑑定評価書の価格の種類のほとんどが正常価格であり，たまに売買の場面で限定価格が登場する程度かと思慮されます。したがって，本書ではこの２つに絞って解説します。

図表５－２　基準が規定する４つの価格概念

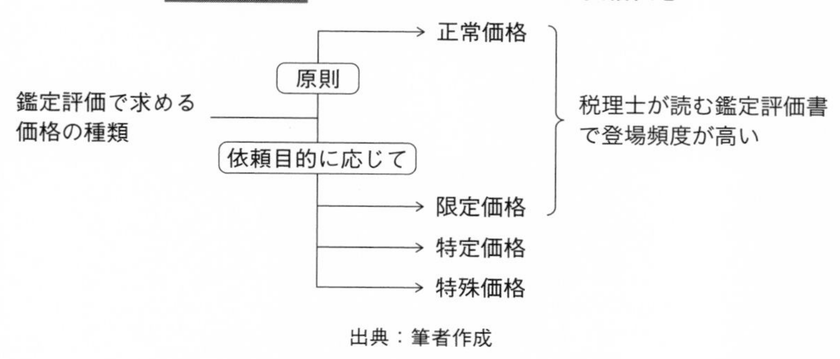

出典：筆者作成

(2)　正常価格の定義とその前提条件

基準では正常価格の定義について以下のとおり定めています（出典は基準総論第５章第３節Ⅰ１．正常価格。ただし，下線部は筆者加筆）。

> 正常価格とは，市場性を有する不動産について，現実の社会経済情勢の下で合理的と考えられる条件を満たす市場で形成されるであろう市場価値を表示する適正な価格をいう。

①　市場性を有する不動産であること

正常価格とは，市場性を有する不動産について成立する価格概念です。したがって，市場性を有しない不動産については正常価格を求めることができません。この市場性を有しない不動産としては，歴史的文化財，宗教建築物，および現況による管理を継続する公共公益施設（道路，公園，鉄道等）等が挙げられます。これら市場性を有しない不動産の価格を鑑定評価で求める場合，価格の種類は正常価格ではなく特殊価格となります。

②　合理的な市場の要件

正常価格を求める前提となる市場に関して，現実の社会経済情勢の下で合理的と考えられる条件を満たす市場とされていますが，この市場が満たすべき3つの条件（(1)市場参加者の合理性，(2)取引形態の合理性，(3)相当の市場公開期間）は以下のとおり基準で定められています（基準総論第5章第3節Ⅰ(1)）。

> (1)　市場参加者が自由意思に基づいて市場に参加し，参入，退出が自由であること。なお，ここでいう市場参加者は，自己の利益を最大化するため次のような要件を満たすとともに，慎重かつ賢明に予測し，行動するものとする。
> ①　売り急ぎ，買い進み等をもたらす特別な動機のないこと。
> ②　対象不動産及び対象不動産が属する市場について取引を成立させるために必要となる通常の知識や情報を得ていること。
> ③　取引を成立させるために通常必要と認められる労力，費用を費やしていること。
> ④　対象不動産の最有効使用を前提とした価値判断を行うこと。
> ⑤　買主が通常の資金調達能力を有していること。
> (2)　取引形態が，市場参加者が制約されたり，売り急ぎ，買い進み等を誘引したりするような特別なものではないこと。
> (3)　対象不動産が相当の期間市場に公開されていること。

③　正常価格と現実の取引価格の異同点

鑑定評価の正常価格の概念は現実の市場で実際に成立した取引価格と同じように思いがちですが，両者は必ずしも同じものではなく，**図表5－3**のような違いがありますので誤解のないように注意してください。

図表５－３　鑑定評価の正常価格と現実の市場で成立した取引価格の異同点

項目	鑑定評価の正常価格	現実の市場で成立した取引価格
共通点	ともに不動産の市場価値を表すものであり，市場を前提としている。	
相違点① 前提となる市場概念の違い	現実の社会経済情勢の下で基準が定める合理的と考えられる条件を満たす市場を前提とする。	取引当事者の個別事情等が介在する現実の市場を前提とする。
相違点② 妥当する範囲の違い	個人的，主観的な特殊な事情が捨象された，社会一般にとって妥当する価格である。	取引当事者間でのみ妥当する価格である。
相違点③ だれがどのように決定するかの違い	不動産鑑定士が，鑑定評価手法を適用して求められた各試算価格を調整の上，決定する。	取引当事者が，取引の事情等に応じて個別的に決定するものであり，必ずしも当該不動産の適正な価格を示しているとは限らない。

出典：TAC㈱『不動産鑑定士1965～2005年　論文式試験鑑定理論過去問題集　第３版』（TAC㈱，2016年11月）206項，207項をもとに筆者作成

(3)　限定価格の定義と具体例

限定価格の定義とその具体例について，基準では以下のとおり定めています（出典は基準総論第５章第３節Ｉ２．限定価格。ただし，①②③は筆者加筆）。

> 限定価格とは，市場性を有する不動産について，①不動産と取得する他の不動産との併合又は不動産の一部を取得する際の分割等に基づき②正常価格と同一の市場概念の下において形成されるであろう市場価値と乖離することにより，③市場が相対的に限定される場合における取得部分の当該市場限定に基づく市場価値を適正に表示する価格をいう。
> 限定価格を求める場合を例示すれば，次のとおりである。
> (1)　借地権者が底地の併合を目的とする売買に関連する場合
> (2)　隣接不動産の併合を目的とする売買に関連する場合
> (3)　経済合理性に反する不動産の分割を前提とする売買に関連する場合

①　限定価格の要件

限定価格の要件としては，「市場性を有する不動産」について成立する市場価値であるという点は正常価格と共通しています。正常価格と異なる限定価格の要件を基準より抽出すれば以下のとおりです。

要件①：不動産の分割または併合を伴う取引であること
要件②：①の取引を原因として，正常価格を上回る価格が形成されること
要件③：②の結果，正常価格を上回る価格で取引できる市場参加者が限定されること

②　限定価格の具体例

基準における限定価格の定義や要件はやや抽象的な表現でわかりにくいですが，限定価格を求める場合の以下の例示(1)および(2)を通じて，限定価格の概要を把握できれば税理士としては十分です。

〈例示(1)借地権者が底地の併合を目的とする売買に関連する場合〉

一般的に，底地は，借地権が付着していることによる市場性および担保価値の減退（市場性減価）が生じているため，借地権の正常価格と底地の正常価格の合計は更地価格になりません。

更地価格　≧　借地権の正常価格　＋　底地の正常価格

ただし，借地権者が地主から底地を買い取る場合，借地権が混同により消滅し，完全所有権となり，底地固有の市場性減価は解消・回復します。

したがって，借地権者としては，底地の正常価格＋市場性減価の回復分（増分価値）で買い取っても採算が取れることになります。一方で借地権者以外の第三者は，底地の正常価格でしか買えませんので，底地の正常価格＋市場性減価の回復分（増分価値）で買える市場参加者は借地権者に限定されます。このように特定の市場参加者である借地権者にとってのみ成立する正常価格を上回る価格を限定価格といい，**図表５－４**のとおりです。なお，市場性減価の解消による増分価値の全額を，買主である借地権者が享受すると判断して増分価値の全額を底地に配分する場合が実務上も多いことから，図表５－４を作成しています。

図表５－４　借地権価格，底地価格，更地価格の関係

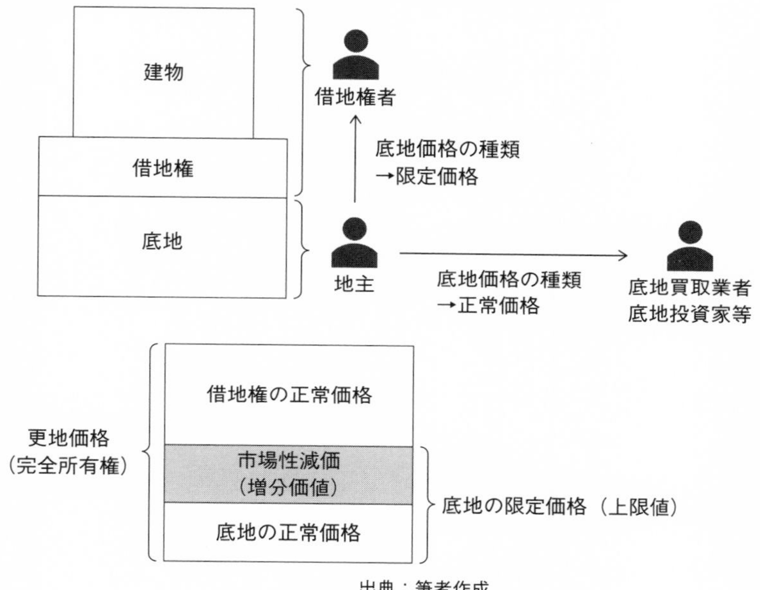

出典：筆者作成

〈例示(2)隣接不動産の併合を目的とする売買に関連する場合〉

たとえば，**図表５－５**に示すようなA土地とB土地があったとします。

図表５－５　隣接不動産の併合を目的とする売買

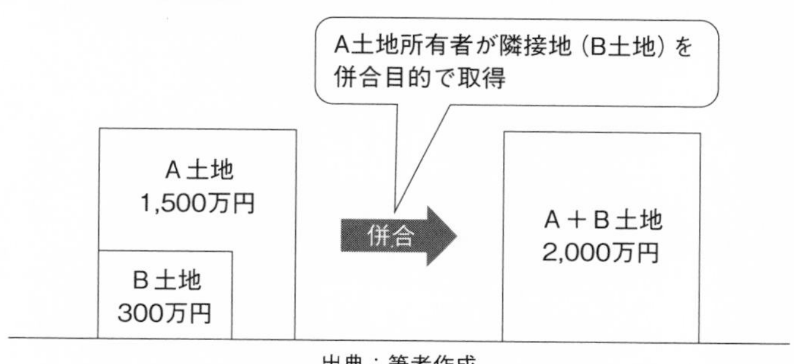

出典：筆者作成

A土地の正常価格は1,500万円，B土地の正常価格は300万円であったとします。ここで，A土地所有者が隣接地であるB土地を併合目的でB土地所有者から取得した場合，併合後のA＋B土地の正常価格が2,000万円になるとします。そうすると，併合による増分価値200万円（＝2,000万円－（1,500万円＋300万円））が生じますので，A土地所有者としては，B土地を500万円（＝正常価格300万円＋増分価値200万円）まで支払って取得しても採算が取れることになります。

このような場合でも，第三者から見たB土地の正常価格は300万円なので，B土地を最大500万円支払ってまでして取得できるのはA土地所有者に限られます。このように特定の市場参加者であるA土地所有者にとってのみ成立する正常価格を上回る価格を限定価格といい，具体例の場合300万円～最大500万円の間で決定されます。

3　税務評価と鑑定評価の異同点

税務評価で求める不動産の価格は，時価（客観的交換価値）とされており，原則的には評価通達に基づく通達評価額となります。

鑑定評価で求める不動産の価格は，①正常価格を原則とし，依頼目的に対応した条件によって，②限定価格，③特定価格，④特殊価格を求める場合があります。

税務評価の時価は，基本的には鑑定評価の価格概念のうち正常価格に相当しますので，相続税申告を通達評価額によらず鑑定評価額で行う場合，当該鑑定評価で求める価格の種類は正常価格となります。また，相続税申告を通達評価額によらず実際の売却価額で行う場合，その売却価額が鑑定評価の正常価格の要件を満たす必要があります（詳細は第Ⅲ部を参照）。

ただし，税務評価の貸宅地の評価方法（評価通達25）（通称「借地権価額控除方式」）は，鑑定評価の底地の限定価格の価格概念と整合する考え方であり，当事者間取引を前提としています（詳細は第11章「底地の評価方法」参照）。

Column 1　水害リスクの説明義務化が鑑定評価と税務評価に与える影響

近年，毎年のように台風や大雨に伴い河川が氾濫して甚大な被害が発生しています。令和元年台風19号や令和２年７月豪雨などがその典型例です。こうした状況を踏まえ，不動産取引時において，水害ハザードマップにおける対象物件の所在地を事前に説明することを義務づけることとする宅地建物取引業法施行規則の一部を改正する命令が令和２年７月17日に公布されました（施行日は令和２年８月28日）。水害ハザードマップはすでに多くの自治体ウェブサイト等で公開されていますが，今回の説明義務化により心理的嫌悪感はこれまで以上に強まり，購入者の不動産取引価格の意思決定にあたり減価要因となると考えられます。

水害リスクは，浸水想定区域として一定のエリア（地域）ごとに設定されるものですので，鑑定評価の価格形成要因のうち地域要因に該当します。たとえば，鑑定評価で取引事例比較法による土地の比準価格を試算する際に参考にされる土地価格比準表では，地域要因のうち環境条件として水害リスクに関連する項目が以前からあり，以下のような地域格差率が示されています。

対象地域＼基準地域	無	有			
		小さい	やや小さい	やや大きい	大きい
無	0	-1.0	-2.5	-4.0	-5.0

出典：土地価格比準表〔七次改訂〕優良住宅地域・標準住宅地域・混在住宅地域における環境条件（洪水・地すべり等の災害発生の危険性）に関する地域格差率

ただし，土地価格比準表の地域格差率は，浸水想定区域○m以上に指定されている場合は危険性が大きいというような定量的な判断指針はなく，不動産鑑定士が地域分析の結果等を踏まえて個々に判断することになります。今回の水害リスクの説明義務化により，実際に浸水実績のある地域等では購入者の心理的嫌悪感もより強くなるでしょうから，土地価格比準表の数値以上の減価が生じる場合や，最悪売れないという場合もあるでしょう。

なお，水害リスク（浸水想定区域）は，地域要因の１つですので，地域の価格水準を反映して設定される相続税路線価の査定過程ですでに水害リスクに伴う心理的嫌悪感も織り込み済みと考えられます。ただし，相続税路線価（毎年１月１日時点）では考慮されていない予期せぬ水害がその年中に発生して土地が直接ダメージを受けた場合の地価下落については，直近でみると令和元年台風第19号に係る調整率表や令和２年７月豪雨に係る調整率という形で，ダメージの程度に応じて一定の地域ごとに調整率が定められ，一定要件を満たす場合には当該調整率を相続税路線価に乗じて減価する特例措置が取られています。

第6章

価格形成要因の分析

1 税務評価の取扱い

税務評価では，価格形成要因という用語はあまりでてきませんので，「価格形成要因の分析ってなに？」という税理士も多いかと思いますが，価格形成要因の分析とは読んで字のごとく，不動産の価格を形成する要因を分析することを意味します。

(1) 土地評価における価格形成要因の分析

実は，税務評価でも土地（宅地）の路線価方式による評価の場合には，価格形成要因の１つである個別的要因の把握分析を行っています。

具体的には，路線価方式の場合，土地の規模・形状・接道状況等の画地条件（たとえば，角地，二方路，不整形地等）の把握分析を通じて評価通達の画地調整率の適用可否を判断しているかと思いますが，この過程がその土地の価格形成要因である個別的要因のうち特に画地条件の分析をしていることを意味します。

なお，倍率方式の場合，固定資産税評価基準に基づき固定資産税評価額が求められる過程で画地条件等はほぼ考慮済みですので，税理士として改めて画地条件等を把握分析することは基本的にないでしょう。ただし，倍率方式でも評価通達20-２（地積規模の大きな宅地）の検討は必要とされています。

(2) 建物評価における価格形成要因の分析

税務評価における建物の評価では，貸家の場合に建物賃貸借契約書を入手して賃貸面積の確認をしたり，現地調査にて違法増改築等の有無を確認したりしますが，これも価格形成要因の確認を行っていることを意味します。

2　鑑定評価の取扱い

不動産鑑定評価書の全体像のうち第６章で解説するのは，価格形成要因の分析に関する項目です（**図表６－１**）。

図表６－１　不動産鑑定評価書の全体像における第６章での解説

【不動産鑑定評価書の全体像】

Ⅰ．対象不動産の表示（対象不動産の所在・地番・地目・地積等，登記はどうなっているか）

Ⅱ．鑑定評価の基本的事項
　対象不動産の種別・類型（どんな地域のどんな不動産として評価するか）
　鑑定評価の票券（どんな条件で評価するか）
　価格時点（いつ時点の価格を求めるか）
　価格の種類（どんな種類の価格を求めるか）

Ⅲ．鑑定評価の依頼目的等（なぜ鑑定評価が必要になったのか）

Ⅳ．対象不動産の確認
　物的確認（実地調査・内覧の結果，登記と実際の不動産は一致するか）
　権利の態様の確認（登記・賃貸借契約書等の確認の結果，所有権および所有権以外の権利関係はどういう状態か）

Ⅴ．鑑定評価額の決定の理由の要旨
　価格形成要因の分析　　第６章
　　一般的要因の分析（不動産価格に影響する広域的・マクロ的要因は何か）
　　地域分析（対象不動産の市場の範囲，市場参加者の属性，近隣地域の標準的使用は何か）
　　個別分析（対象不動産の典型的な需要者，最有効使用は何か）
　鑑定評価の手法の適用（最有効使用の判定結果を踏まえてどんな手法を使って評価するか）
　試算価格の調整
　　試算価格の再吟味（各手法の適用過程に計算誤りや理論矛盾はないか）
　　試算価格の説得力に係る判断（典型的な需要者の意思決定過程を踏まえ，どの手法が説得力が高いか）
　鑑定評価額の決定（どの手法の試算価格をどの程度重視して鑑定評価額を決定したか）

出典：筆者作成

鑑定評価では，不動産の価格形成要因を大きく，一般的要因，地域要因および個別的要因の３つに大別し，不動産鑑定士が対象不動産の典型的な需要者の視点に立ち，それぞれの要因を把握分析することを求めています。

それぞれの要因について具体的に解説する前に，３つの価格形成要因のイメージをとらえておくと理解しやすいので**図表６－２**をご確認ください。

図表６－２　３つの価格形成要因のイメージ（マクロからミクロへの流れ）

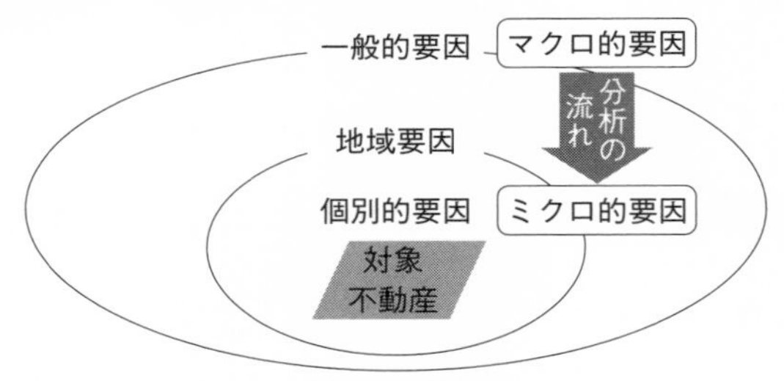

出典：筆者作成

３つの価格形成要因の分析の順番ですが，いきなり対象不動産の個別的要因に着目するのではなく，マクロ的な要因である一般的要因の分析から行い，地域要因の分析（地域分析），個別的要因の分析（個別分析）へと順次ミクロ的な要因の分析へとシフトしていきます（マクロからミクロへの流れ）。不動産鑑定評価書でも，一般的要因の分析→地域分析→個別分析とマクロからミクロへの順序で記載されています。

(1)　一般的要因の分析

①　一般的要因の意義

価格形成要因の分析で最初に行われるのが一般的要因の分析です。その意義は以下のとおり基準に定められています（基準総論第３章第１節一般的要因）。

> 一般的要因とは，一般経済社会における不動産のあり方及びその価格の水準に影響を与える要因をいう。それは，自然的要因，社会的要因，経済的要因及び行政的要因に大別される。

一般的要因とは，簡単に言えば，不動産の価格に影響を及ぼす広域的な（マクロ的な）要因のことです。直近では，新型コロナウイルス感染症が不動産市場に与える影響は一般的要因の具体例の１つです。また，過去に目を向ければ，バブル経済崩壊，リーマンショック等も一般的要因の具体例です。

②　一般的要因の分析の必要性

なぜ一般的要因の分析が必要なのか，その必要性について基準では，この後解説する地域分析と個別分析との関係性および鑑定評価手法との関係性から，以下のとおり定めています（基準総論第６章地域分析及び個別分析）。

> 対象不動産の地域分析及び個別分析を行うに当たっては，まず，それらの基礎となる一般的要因がどのような具体的な影響力を持っているかを的確に把握しておくことが必要である。

たとえば，新型コロナウイルス感染症の影響としては，住宅地域よりも商業地域の不動産価格へ与えるダメージのほうが大きいように，一般的要因は，用途的地域ごとに異なる影響を与え，同種の地域には同じ影響を与えるという地域的偏向性を有しています。したがって，地域分析に先立って一般的要因の分析が必要となるわけです（基準総論第７章第１節Ｉ１．一般的要因と鑑定評価の各手法の適用との関連）。

> 価格形成要因のうち一般的要因は，不動産の価格形成全般に影響を与えるものであり，鑑定評価手法の適用における各手順において常に考慮されるべきものであり，価格判定の妥当性を検討するために活用しなければならない。

「鑑定評価の手法の適用においても，例えば，取引事例比較法における時点修正率の決定や，収益還元法における還元利回りや割引率の決定に際して，一般的要因に関する考察が必要とされている（要説59項）」ことも一般的要因の分析が必要とされている理由になります。

⇒応用編の事例［B］もチェック

(2) 地域分析

① 地域要因の意義

一般的要因の分析の次に行われるのが地域要因の分析（地域分析）です。地域要因の意義は以下のとおり，基準に定められています（基準総論第３章第２節地域要因）。

> 地域要因とは，一般的要因の相関結合によって規模，構成の内容，機能等にわたる各地域の特性を形成し，その地域に属する不動産の価格の形成に全般的な影響を与える要因をいう。

鑑定評価で重要な地域の概念は用途的地域（宅地地域，農地地域，林地地域等）であり，この用途的地域ごとに市場参加者が異なり，重視される地域要因も異なります。したがって，不動産鑑定士は，対象不動産の属する用途的地域における市場参加者（特に需要者）の属性や不動産取引にあたり重視する要因等を判定し，当該市場参加者の視点で地域要因を分析します。ここでは，宅地地域の細分類ごとに想定される典型的な市場参加者の例，当該市場参加者が重視する価格形成要因および重視する地域要因の具体例を**図表６－３**に示します。

図表６－３　用途的地域ごとに異なる市場参加者と重視する地域要因の具体例

宅地地域の細分類	典型的な市場参加者	重視する価格形成要因	重視する地域要因の具体例（注）
住宅地域	個人エンドユーザー等	居住の快適性，利便性	・都心との距離及び交通施設の状態 ・公共施設，公益的施設等の配置の状態
商業地域	法人事業者，投資家等	収益性	・商業施設又は業務施設の種類，規模，集積度等の状態 ・商業背後地及び顧客の質と量
工業地域	製造業者，物流業者等	生産の効率性，費用の経済性	・幹線道路，鉄道，港湾，空港等の輸送施設の整備の状況 ・労働力確保の難易

注：基準で例示されている地域要因の中から代表的なものをピックアップしています。

出典：筆者作成

②　地域分析の必要性

地域要因の分析（地域分析）に関しては，以下のとおり基準に定められています（基準総論第６章第１節Ⅰ地域分析の意義）。

> 地域分析とは，その対象不動産がどのような地域に存するか，その地域はどのような特性を有するか，また，対象不動産に係る市場はどのような特性を有するか，及びそれらの特性はその地域内の不動産の利用形態と価格形成について全般的にどのような影響力を持っているかを分析し，判定することをいう。

不動産の属する用途的地域では，その地域の特性に応じて一定の価格水準（相場）が形成されており，その地域の価格水準（相場）という大枠の下で個々の不動産の価格が個別的に形成されます。したがって，個々の不動産に固有の個別的要因を見る（個別分析）の前に，まずは地域分析を行い，地域の特性を明らかにする必要があるのです。そして，地域の特性はその地域の標準的使用に具体的に現れるため，地域分析の最終目的は，対象不動産の属する用途的地域（近隣地域）の標準的使用（および標準的画地）を明らかにすることとなります。

なお，税理士が不動産鑑定評価書の地域分析の項目を読むにあたり，最低限知っておいたほうがよい鑑定評価の専門用語として「同一需給圏」，「近隣地域」，「標準的使用」がありますので，これら専門用語の意義について以下解説します。

〈同一需給圏〉（基準総論第６章Ⅱ⑵同一需給圏）

> 同一需給圏とは，一般に対象不動産と代替関係が成立して，その価格の形成について相互に影響を及ぼすような関係にある他の不動産の存する圏域をいう。それは，近隣地域を含んでより広域的であり，近隣地域と相関関係にある類似地域等の存する範囲を規定するものである。

「同一需給圏は，地理的な概念としてとらえることができる一方で，対象不動産と代替，競争等の関係にある不動産の集合体，すなわち，対象不動産が属する市場と位置付けることができます。つまり，同一需給圏は，地域分析において，対象不動産に係る市場の特性を把握・分析する対象となる市場でもある（要説139項）」と解されます。

さらに，鑑定評価の手法との関係では，取引事例比較法等で収集する取引事例等の事例資料はこの同一需給圏内から収集することとされていますので，同一需給圏は事例資料の収集範囲を定めるものとしても重要な意味を持ちます。

〈近隣地域〉（基準総論第６章Ⅱ⑴①近隣地域）

> 近隣地域とは，対象不動産の属する用途的地域であって，より大きな規模と内容とを持つ地域である都市あるいは農村等の内部にあって，居住，商業活動，工業生産活動等人の生活と活動とに関して，ある特定の用途に供されることを中心として地域的にまとまりを示している地域をいい，対象不動産の価格の形成に関して直接に影響を与えるような特性を持つものである。
> 近隣地域は，その地域の特性を形成する地域要因の推移，動向の如何によって，変化していくものである。

近隣地域は，対象不動産の属する用途的地域ですが，鑑定評価の用途的地域と都市計画法上の用途地域とは全く同じ概念ではありません（第２章参照）。一般的には，都市計画法上の用途地域より近隣地域のほうが，その範囲は狭い場合が多いです。

不動産鑑定士は，土地利用形態や土地利用上の利便性等に影響を及ぼす自然的状態に関する事項（河川，山岳および丘陵，地勢，地質，地盤等）および人文的状態に関する事項（行政区域，公法上の規制等，鉄道，公園，道路等）に留意し，対象不動産の市場参加者の視点に立って実査を行い，最終的に近隣地域の範囲を判定します。

〈標準的使用〉（基準総論第６章Ⅱ１．地域及びその特性）

> 近隣地域の特性は，通常，その地域に属する不動産の一般的な標準的使用に具

体的に現れるが，この標準的使用は，利用形態からみた地域相互間の相対的位置関係及び価格形成を明らかにする手掛りとなるとともに，その地域に属する不動産のそれぞれについての最有効使用を判定する有力な標準となるものである。

標準的使用は，近隣地域に属する土地の最も一般的な使用方法を指します。地域分析の後に行う個別分析の最終目的は対象不動産の最有効使用の判定ですが，対象不動産の土地の最有効使用はこの標準的使用の制約下にあり，標準的使用と一致するケースが多いです（ただし，例外的に標準的使用と最有効使用が異なる場合もあります）。

なお，不動産鑑定評価書の地域分析の項目の最後に近隣地域の標準的使用とあわせて標準的画地も記載されます。この標準的画地とは，標準的使用の土地の一般的な規模・形状・接道状況等を意味します。

以上，地域分析について解説してきましたが，最後に各用語の関係性をまとめると**図表6－4**のとおりです。

図表6－4　「同一需給圏」，「近隣地域」，「標準的使用」の関連性

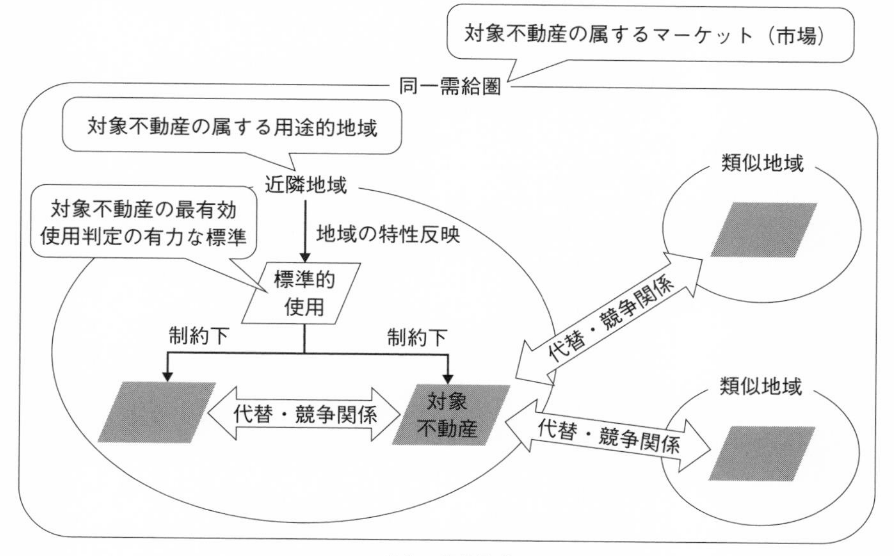

出典：筆者作成

(3) 個別分析

① 個別的要因の意義

価格形成要因の分析の最後に行われるのが，個別的要因の分析（個別分析）になります。個別的要因の意義は基準で以下のとおり定められています（基準総論第3章第3節個別的要因）。

> 個別的要因とは，不動産に個別性を生じさせ，その価格を個別的に形成する要因をいう。

不動産鑑定士は，対象不動産である土地の個別的要因として，①街路条件（幅員，建築基準法上の道路種別，系統・連続性等），②交通・接近条件（駅距離・駅性格，公共公益的施設との距離等），③環境条件（危険嫌悪施設の有無，自然災害リスク等），④行政的条件（市街化区域，用途地域，市街化調整区域，指定容積率・建蔽率等），⑤画地条件（間口，奥行，地積，形状，接面街路との高低差・角地等）の分析を行います。

さらに，埋蔵文化財や土壌汚染の有無といった特殊な個別的要因については，不動産鑑定士も専門外ではありますが，現地調査，役所調査，および古地図・閉鎖謄本による地歴調査を通じて可能な限り以下のような事項を調査します（鑑定評価上の取扱いは第3章3．「税務評価と鑑定評価の異同点」参照）。

〈埋蔵文化財に関する調査事項の例〉

- 文化財保護法の周知の埋蔵文化財包蔵地に含まれるか否か
- 発掘調査，試掘調査の措置が指示されているか否か（過去の発掘調査等の履歴等）
- 埋蔵文化財が現に存することが判明しているか

〈土壌汚染に関する調査事項の例〉

- 土壌汚染対策法の要措置区域・形質変更時届出区域の指定および解除履歴の有無
- 水質汚濁防止法・下水道法の特定施設の届出の有無

また，対象不動産の類型が建物及びその敷地で建物も含む場合には，基準に例示されている建物の個別的要因，および建物及びその敷地の個別的要因の分析も行います。

②　個別分析の必要性

個別的要因の分析（個別分析）に関しては，以下のとおり基準に定められています（基準総論第６章第２節Ⅰ個別分析の意義）。

> 不動産の価格は，その不動産の最有効使用を前提として把握される価格を標準として形成されるものであるから，不動産の鑑定評価に当たっては，対象不動産の最有効使用を判定する必要がある。個別分析とは，対象不動産の個別的要因が対象不動産の利用形態と価格形成についてどのような影響力を持っているかを分析してその最有効使用を判定することをいう。

正常価格の市場参加者の条件の１つに「対象不動産の最有効使用を前提とした価値判断を行うこと」があるように，鑑定評価で対象不動産の正常価格を求めるにあたっては，基本的には対象不動産の最有効使用を前提とした価格を求める必要があります。個別分析の最終目的は，この対象不動産の最有効使用の判定になります。この最有効使用の定義について，基準では以下のとおり定めています（基準総論第４章Ⅳ最有効使用の原則）。

> 不動産の価格は，その不動産の効用が最高度に発揮される可能性に最も富む使用（以下「最有効使用」という。）を前提として把握される価格を標準として形成される。この場合の最有効使用は，現実の社会経済情勢の下で客観的にみて，良識と通常の使用能力を持つ人による合理的かつ合法的な最高最善の使用方法に基づくものである。
> なお，ある不動産についての現実の使用方法は，必ずしも最有効使用に基づいているものはなく，不合理な又は個人的な事情による使用方法のために，当該不動産が十分な効用を発揮していない場合があることに留意すべきである。

〈土地の最有効使用の判定〉

対象不動産が更地の場合，近隣地域の標準的使用が最有効使用の有力な手掛かりとなり，標準的使用と最有効使用は一致するケースが多いです。ただし，対象不動産自体がもつ個別的要因の影響力が強く，近隣地域の特性の制約の程度が著しく小さい場合には，近隣地域の標準的使用と対象不動産の最有効使用が異なるケースもあり得ます。この点，基準では以下のとおり定められています（基準総論第６章第２節Ⅱ２．(4)）。

> 個々の不動産の最有効使用は，一般に近隣地域の地域の特性の制約下にあるので，個別分析に当たっては，特に近隣地域に存する不動産の標準的使用との相互関係を明らかにし判定することが必要であるが，対象不動産の位置，規模，環境等によっては，標準的使用の用途と異なる用途の可能性が考えられるので，こうした場合には，それぞれの用途に対応した個別的要因の分析を行った上で最有効使用を判定すること。

近隣地域の標準的使用と対象不動産（更地）の最有効使用が異なるケースの具体例は**図表６－５**のとおりです。

地域分析で判定した標準的使用が常に対象不動産の最有効使用と一致するのであれば個別分析は不要ですが，このように標準的使用の用途と差異を生じさせるような個別的要因を持つ場合，標準的使用と最有効使用が異なるケースもあるので，個別分析は欠かせない手続きになります。

〈建物及びその敷地の最有効使用の判定〉

対象不動産が建物及びその敷地のような複合不動産の場合，まず更地としての最有効使用を判定し，次に対象不動産の建物及びその敷地としての最有効使用の判定という２ステップを踏むことになります。

たとえば，対象不動産が自用の事務所ビル（類型は自用の建物及びその敷地）の場合，更地としての最有効使用を判定した結果，事務所ビルの敷地と判定されれば，更地としての最有効使用と現況建物が一致するので，建物及びその敷地の最有効使用は現況建物の利用継続となる場合が多いです。

図表６－５　近隣地域の標準的使用と対象不動産（更地）の最有効使用が異なるケース

ケース	近隣地域の標準的使用	対象不動産の最有効使用
戸建住宅地域において，近辺で大規模なマンションの開発がみられるとともに，立地に優れ高度利用が可能なことから，マンション適地と認められる大規模な画地が存する場合	戸建住宅の敷地	開発分譲適地（マンション適地）
中高層事務所として用途が純化された地域において，交通利便性に優れ広域的な集客力を有するホテルが存する場合	中高層事務所の敷地	ホテルの敷地
住宅地域において，幹線道路に近接して，広域的な商圏を持つ郊外型の大規模小売店舗が存する場合	住宅の敷地	郊外型の大規模小売店舗の敷地
中小規模の事務所ビルが集積する地域において，敷地の集約化により完成した卓越した競争力を有する大規模事務所ビルが存する場合	中小規模の事務所ビルの敷地	大規模事務所ビルの敷地

しかし，**図表６－６**のように，更地としての最有効使用が賃貸用マンションの敷地と判定された場合，現況建物と更地としての最有効使用が一致しないので，建物及びその敷地の最有効使用としては，①現況建物の利用継続，②用途変更・構造改造等（マンションに用途変更），③建物取壊し（マンションに建替え）の３つのシナリオの可能性が出てきます。ただし，②③のシナリオの場合にはその物理的，法的な実現可能性に加えて実現に要するコストを考慮して採算が合うかどうか，すなわち，費用対効果があるかどうか検討しなければなりません。

基準では「現実の建物の用途等を継続する場合の経済価値と建物の取壊しや用途変更等を行う場合のそれらに要する費用等を適切に勘案した経済価値を十分比較考量すること」と定められていますが，鑑定実務上，物理的・法的に見て複数のシナリオの可能性が考えられる場合，それぞれのシナリオごとに価格を概算し，最も大きな価格のシナリオが最有効使用と判定します。３つのシナリオごとの価格の算定方法については，第14章「自用の建物及びその敷地の評価方法」をご参照ください。

図表６－６ 建物及びその敷地の最有効使用の判定イメージ

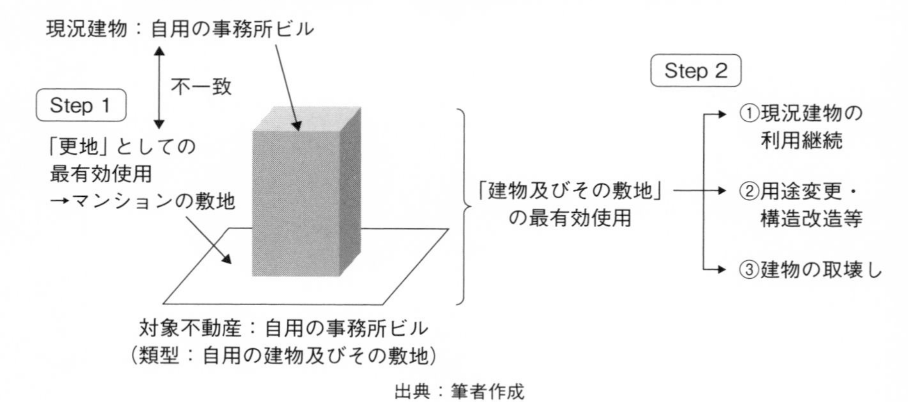

出典：筆者作成

(4) 市場分析

対象不動産の個別分析の過程では，対象不動産に係る市場分析を行う必要があり，基準では以下のとおり定められています（基準総論第６章第２節Ⅱ１．個別的要因の分析上の留意点）。

> 個別的要因は，対象不動産の市場価値を個別的に形成しているものであるため，個別的要因の分析においては，対象不動産に係る典型的な需要者がどのような個別的要因に着目して行動し，対象不動産と代替，競争等の関係にある不動産と比べた優劣及び競争力の程度をどのように評価しているかを的確に把握することが重要である。
> また，個別的要因の分析結果は，鑑定評価の手法の適用，試算価格又は試算賃料の調整等における各種の判断においても反映すべきである。

不動産鑑定士は，対象不動産の典型的な需要者の視点で，適用する鑑定評価手法を検討し，複数の鑑定評価手法により求めた各試算価格のうち，どれを最も重視するか，どれをどの程度重視するかの判断（試算価格の調整）を行い，最終的に鑑定評価額を決定します。したがって，個々の鑑定評価の手法の適用の前に，しっかりと同一需給圏における市場分析を行い，対象不動産の典型的な需要者は誰で，どんな価格形成要因を重視して取引意思決定を行うか等を明確にしておくのが非常に重要となります。

3　税務評価と鑑定評価の異同点

価格形成要因は鑑定評価の用語ですが，税理士が税務評価で土地や建物の評価をする際に，価格形成要因の分析を全くやっていないかというと実はそうではなく，個別分析は一部行っています。ただし，鑑定評価における個別分析の最終目的は，対象不動産の最有効使用を判定することですが，税務評価では対象不動産の最有効使用の判定は行いません。

なお，相続税路線価とは，その道に接する標準的な宅地の１㎡当たりの評価額をいい，売買実例，公示価格，不動産鑑定士等による不動産鑑定評価額，精通者意見価格等をもとに公示価格の８割水準を目途に算定されていますが，鑑定評価の一般的要因の分析から地域要因の分析の結果まで踏まえてその地域の特徴が路線価に反映されていますので，税理士が税務評価にあたり改めて一般的要因の分析や地域分析を行って地域の特性や地域の価格水準を把握することはありません。

さらに，倍率方式の場合には，鑑定評価の一般的要因の分析や地域分析を反映した固定資産税路線価等に基づき，画地条件等の個別的要因も踏まえて固定資産税評価基準に基づき固定資産税評価額が算定されているので，税理士が税務評価にあたり改めて一般的要因の分析，地域分析，および個別分析を行うことは基本的にはありません。ただし，倍率方式でも評価通達20-２（地積規模の大きな宅地の評価）の検討は必要とされています。

以上，土地の価格形成要因の分析からみた税務評価と鑑定評価の比較表を示せば**図表６－７**のとおりです。

図表6－7　土地の価格形成要因の分析からみた税務評価と鑑定評価の比較表

価格形成要因の分析	税務評価（評価通達）		鑑定評価
	倍率方式	路線価方式	
一般的要因の分析	基本的には一般的要因の分析結果は固定資産税路線価等に反映済。	基本的には一般的要因の分析結果は相続税路線価に反映済。	不動産鑑定士は地域分析および個別分析の前提として一般的要因を分析する。
地域要因の分析（地域分析）	基本的には地域分析の結果は固定資産税路線価等に反映済。	基本的には地域分析の結果は相続税路線価に反映済。	不動産鑑定士は，近隣地域の標準的使用および標準的画地の判定のため，地域分析を行う。
個別的要因の分析（個別分析）	一部固定資産税評価額に反映されていない個別的要因はあるものの，基本的には，個別分析の結果まで固定資産税評価額に反映済。	対象不動産の最有効使用の判定のためではなく，画地条件等に応じた評価通達の定めを適用するために，税理士は画地条件等の把握分析を行う。	不動産鑑定士は，対象不動産の画地条件等に応じた個別格差補正率の算定のため，および対象不動産の最有効使用の判定のために個別分析を行う。

出典：筆者作成

Column 2　新型コロナウイルス感染症による地価下落に対する路線価補正

令和3年1月26日，国税庁は，新型コロナウイルス感染症により令和2年1月1日からの地価下落率が20%超となり相続税路線価が時価を上回る一部の地域について，令和2年分の相続税路線価（令和2年1月1日時点）を減額補正することを公表しました。過去，バブル経済崩壊やリーマンショックに伴う地価下落時にはこうした措置は取られていなかっただけに今回初の減額補正は異例の対応といえるでしょう。

具体的には，令和2年分の相続税路線価に地域ごとに定められた地価変動補正率を乗じて減価することとされています。地価変動補正率が定められた地域は，大阪府大阪市中央区の以下地域で，地価下落の原因はコロナ禍により国内外の観光客が激減し，店舗の収益性が悪化したことによります。

令和２年分　地価変動補正率表

市区町村名：大阪市中央区　　**南税務署**

音順	町丁名	令和２年分路線価に乗ずる地価変動補正率			
		１月～３月	４月～６月	７月～９月	10月～12月
し	心斎橋筋１丁目	—	—	—	0.98
	心斎橋筋２丁目	—	—	0.96	0.91
せ	千日前１丁目	—	—	—	0.92
	千日前２丁目	—	—	—	0.93
そ	宗右衛門町	—	—	0.96	0.91
と	道頓堀１丁目	—	—	0.96	0.90
	道頓堀２丁目	—	—	—	0.95
な	難波１丁目	—	—	—	0.92
	難波３丁目	—	—	—	0.93
	難波千日前	—	—	—	0.93
に	日本橋１丁目	—	—	—	0.96
	日本橋２丁目	—	—	—	0.96
み	南船場３丁目	—	—	—	0.97
	その他の地域	—	—	—	—

出典：国税庁ホームページ「令和２年分の路線価等に係る地価変動補正率表」

第7章

不動産の評価方法

1　税務評価の取扱い

(1)　土地（宅地）の評価方法

評価通達では，土地の地目ごとに評価方法が定められています。実務上登場頻度が高い宅地については，市街地的形態を形成する地域にある宅地は路線価方式で，それ以外の地域にある宅地は倍率方式で評価することとされています（評価通達11（評価の方式））。

路線価方式では，相続税路線価をベースとして画地条件等に応じた加減算補正（減算の取扱いが多い）を行い評価します（詳細は第8章3.「税務評価の取扱い」参照）。この相続税路線価は，平成4年の税制改正大綱にて，それまでの地価公示価格の7割水準から8割水準へ引き上げることとされ，現在に至っています。相続税路線価が地価公示価格の8割水準であることの根拠としては，評価の安定性（通達評価額が相続税法22条の時価を上回らないようにすること）および他の財産の評価との中立性（現預金等の他の財産の評価額と比べて土地だけ有利であったりしてはならず，バランスがとれていること）が挙げられています。

倍率方式では，基準年度の固定資産税評価額に評価倍率（1.1が多い）を乗じて評価します（詳細は第8章3.「税務評価の取扱い」参照）。この固定資産税評価額は，自治省（現在の総務省）の自治事務次官通達に基づき，平成6年度の評価替えの際に一斉に地価公示価格の7割水準に引き上げられ，現在に至っています。この7割に評価倍率1.1を乗じると約8割となり，倍率方式による評価額も路線価方式による評価額と同様に地価公示価格の8割水準となっているわけです。

７割の根拠に関しては，㈶資産評価システム研究センター「土地評価に関する調査研究」（平成３年11月。https：//www.recpas.or.jp/index.html）によって，①収益価格の水準からの示唆，②評価の資産間均衡，③固定資産税の土地評価と地価公示価格の３点からその妥当性が検証されています。

(2)　建物の評価方法

評価通達では，建物の評価額は，基準年度の固定資産税評価額に評価倍率（1.0）を乗じて求めることとされていますので，自用の場合は固定資産税評価額とイコールになります（評価通達89（家屋の評価））。建物の固定資産税評価額は新築時に一度評価されてその後は３年ごとの評価替えで経年減点補正等がなされて評価額が減少していきますが，一定年数を経過しても評価額はゼロにはならず，最終残価率２割が残る仕組みになっています。新築時の固定資産税評価額は，おおよそ実際の建築費の６割～７割程度の場合が多いです。固定資産税評価額に反映されていない増改築等は再建築価額から償却費相当額を控除した額の７割相当で評価します。

なお，貸家の場合には評価通達93（貸家の評価）による評価減の適用があります（詳細は第15章２．「税務評価の取扱い」参照）。

2　鑑定評価の取扱い

不動産鑑定評価書の全体像のうち第７章で解説するのは，鑑定評価の手法の適用，試算価格の調整および鑑定評価額の決定に関する項目です（**図表７－１**）。

図表７－１　不動産鑑定評価書の全体像における第７章での解説

【不動産鑑定評価書の全体像】

Ⅰ．対象不動産の表示（対象不動産の所在・地番・地目・地積等，登記はどうなっているか）

Ⅱ．鑑定評価の基本的事項
　　対象不動産の種別・類型（どんな地域のどんな不動産として評価するか）
　　鑑定評価の条件（どんな条件で評価するか）
　　価格時点（いつ時点の価格を求めるか）
　　価格の種類（どんな種類の価格を求めるか）

Ⅲ．鑑定評価の依頼目的等（なぜ鑑定評価が必要になったのか）

Ⅳ．対象不動産の確認
　　物的確認（実地調査・内覧の結果，登記と実際の不動産は一致するか）
　　権利の態様の確認（登記・賃貸借契約書等の確認の結果，所有権および所有権以外の権利関係はどういう状態か）

Ⅴ．鑑定評価額の決定の理由の要旨
　　価格形成要因の分析
　　　一般的要因の分析（不動産価格に影響する広域的・マクロ的要因は何か）
　　　地域分析（対象不動産の市場の範囲，市場参加者の属性，近隣地域の標準的使用は何か）
　　　個別分析（対象不動産の典型的な需要者，最有効使用は何か）
　　鑑定評価の手法の適用（最有効使用の判定結果を踏まえてどんな手法を使って評価するか）　**第７章，第Ⅱ部**
　　試算価格の調整
　　　試算価格の再吟味（各手法の適用過程に計算誤りや理論矛盾はないか）
　　　試算価格の説得力に係る判断（典型的な需要者の意思決定過程を踏まえ，どの手法が説得力が高いか）
　　鑑定評価額の決定（どの手法の試算価格をどの程度重視して鑑定評価額を決定したか）

出典：筆者作成

(1) 価格の三面性からのアプローチ

一般的に，市場参加者がある物の価格を判断する場合には，①それにどれだけの費用（コスト）がかけられているか（費用性），②それがどれだけの価格で市場で取引されているか（市場性），③それを利用することでどれだけの収益を得ることができるか（収益性）の３点を考慮しており，これを価格の三面性といいます。

不動産の場合も同様であり，鑑定評価の手法もこの価格の三面性に応じて，①費用性に着目した原価法，②市場性に着目した取引事例比較法，および③収益性に着目した収益還元法の３つが代表的な手法として挙げられています。ここでは，①原価法，②取引事例比較法，および③収益還元法についてその概要をご紹介します。なお，この３手法の考え方を活用したものとして開発法がありますが，詳細は第８章４．「鑑定評価の取扱い」で解説します。

①　原価法

〈原価法の定義と有効性〉

原価法の定義と有効性について，基準では以下のとおり定められています（基準総論第7章第1節Ⅱ原価法1．意義）。

> 原価法は，価格時点における対象不動産の再調達原価を求め，この再調達原価について減価修正を行って対象不動産の試算価格を求める手法である。
> 原価法は，対象不動産が建物又は建物及びその敷地である場合において，再調達原価の把握及び減価修正を適切に行うことができるときに有効であり，対象不動産が土地のみである場合においても，再調達原価を適切に求めることができるときはこの手法を適用することができる。

各手法を適用して求められた価格は最終的な鑑定評価額に至る中間の段階であり，いわば試算的な意義をもつものですので，試算価格と呼ばれます。そして，各手法で求められる試算価格にはそれぞれ固有の呼び名があり，この原価法で求められる試算価格は，積算価格といいます。

原価法の有効性に関して，たとえば，最近において造成された造成地や埋立地等は，宅地開発前の素地価格（山林や農地等の価格）に造成コスト等を加算して土地の再調達原価を適切に求めることができますが，すでに宅地化されて何年も経過している既成市街地に存する土地は，再調達原価が求められないので原価法は適用できません。

〈再調達原価〉

再調達原価は，対象不動産を価格時点において，再調達することを想定した場合において必要とされる適正な原価の総額をいいます。

対象不動産の「類型」が建物及びその敷地の場合，土地の再調達原価，建物の再調達原価および付帯費用を合計して再調達原価を査定します。

既成市街地に存する土地の場合には再調達原価が適切に求められないので，取引事例比較法や収益還元法（開発分譲適地の場合は開発法も）を適用して更地価格を求め，土地に直接帰属する付帯費用（土地公租公課等）を加算して査定します。

建物の再調達原価は，直接法または間接法を用いて査定します。直接法とは，対象不動産の建物の実際の建築工事費や設計図書等の資料が収集可能な場合に適用可能な手法です。直接法は，対象不動産の建物の個別性を反映できる一方，建築時点が古い場合等には時点修正が困難であるという短所もあります（**図表７－２**）。間接法とは，対象不動産の建物と面積・構造・用途等の類似する建物の建設事例を収集し，当該建設事例の建築工事費を補修正する方法です。間接法は，建築時点が新しく類似性の高い建設事例を多数収集できる場合には客観性が高まりますが，類似性が低い場合等には規範性が低くなります（図表７－２）。最終的には，不動産鑑定士が，収集した資料の信頼性に応じて直接法または間接法のいずれかを適用するものとし，必要に応じて併用することとされています。

図表７－２ 直接法と間接法の長所・短所

査定方法	長　所	短　所
直接法	対象不動産の建物の個別性を反映できる。	建築時点が古い場合には時点修正が困難である。
間接法	建築時点が新しく類似性の高い建設事例（注）を多数収集できる場合には客観性が高まる。	事例の類似性が低い場合や事例数が乏しい場合には規範性が低くなる。

注：鑑定実務上は，以下の書籍やサービス等が活用されています。
・建設物価調査会『建物の鑑定評価必携　建物実例データ集（第３版）』（2018年５月）
・JBCI インターネット建物価格情報サービス（ウェブサイト：https：//www.jbci.jp/）

出典：筆者作成

付帯費用については，平成26年基準改正において，建物引渡しまでの期間に対応するコストが含まれる場合があることが明確化されました。基準では，通常の付帯費用の具体例として，建物引渡しまでに発注者が負担する通常の資金調達費用（金利相当額）や標準的な開発リスク相当額等が挙げられています。

〈減価修正〉

基準では建物の減価修正の方法として，耐用年数に基づく方法と観察減価法の２つを併用することとされています。

• 耐用年数に基づく方法

耐用年数に基づく方法は，定額法または定率法等で減価額を求める方法であり，税務の減価償却費と計算方法は似ています。ただし，耐用年数は，税務のようにあらかじめ建物の種類・構造ごとに一律に決められておらず，建物の構成部位（躯体・仕上・設備）ごとに，経過年数と経済的残存耐用年数の合計として把握されます。この経済的残存耐用年数とは，価格時点以降において対象不動産の建物の効用が十分に持続すると考えられる期間をいい，この経済的残存耐用年数の査定が，耐用年数に基づく方法の適用において特に重視される部分になります（**図表７－３**参照）。耐用年数に基づく方法は，外部観察では把握しにくい経年劣化等の減価要因を把握・反映しやすい反面，偶発的損傷などの個別的な減価要因を把握・反映しにくいという特徴があります。

図表７－３　経済的残存耐用年数の査定に有用な情報等

〈基礎・躯体の物理的要因による減価のイメージ〉

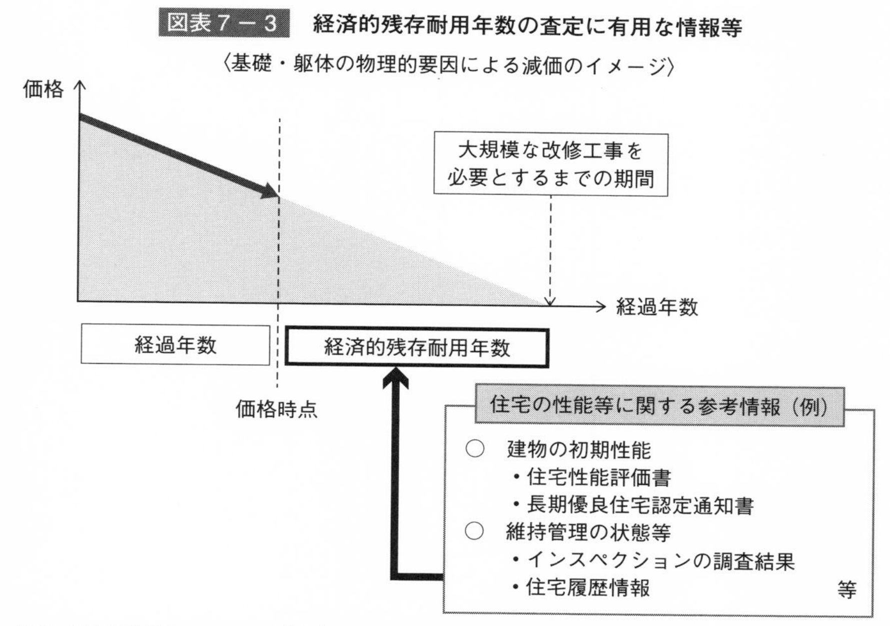

出典：国土交通省ホームページ「既存戸建住宅の評価に関する留意点（案）参考資料」（平成27年６月）

• 観察減価法

観察減価法は，文字どおり，建物を外部観察したり内覧したりすることにより減価額を直接的に把握する方法であり，税務の減価償却にはない概念です。観察減価法は，偶発的損傷などの個別的な減価要因を把握・反映しやすい反面，外部観察では把握しにくい経年劣化等の減価要因を把握・反映しにくいという特徴があります。すなわち，**図表７－４**のように耐用年数に基づく方法と観察減価法は，他方が一方の短所を補うような相互補完関係にありますので，基準ではこの２つの方法を必ず併用することとしています。

図表７－４　耐用年数に基づく方法と観察減価法の長所・短所

査定方法	長　所	短　所
耐用年数に基づく方法	外部観察では把握しにくい経年劣化等の減価要因を把握・反映しやすい。	偶発的損傷などの個別的な減価要因を把握・反映しにくい。
観察減価法	偶発的損傷などの個別的な減価要因を把握・反映しやすい。	外部観察では把握しにくい経年劣化等の減価要因を把握・反映しにくい。

出典：筆者作成

２つの方法の併用のやり方としては，「耐用年数に基づく方法で求めた減価額を観察減価法で補完（修正）」する方法や，「取換が必要な部分は観察減価法で減価を求め，その他の部分は耐用年数に基づく方法を適用」する方法などがあります（**図表７－５**）。

図表７－５　耐用年数に基づく方法と観察減価法の併用方法

耐用年数に基づく方法で求めた減価額を
観察減価法で補完（修正）

→ 部分的な補修が必要な場合の減価額の把握に適している。

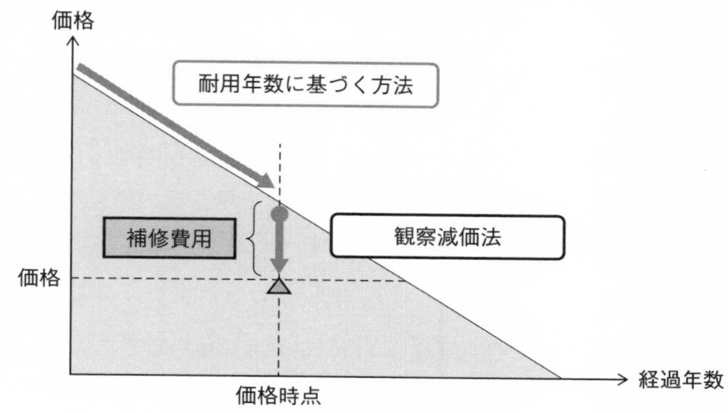

取替が必要な部分は観察減価法で減価額を求め，
その他の部分は耐用年数に基づく方法を適用

→ 設備等の取替が必要な場合の減価額の把握に適している。

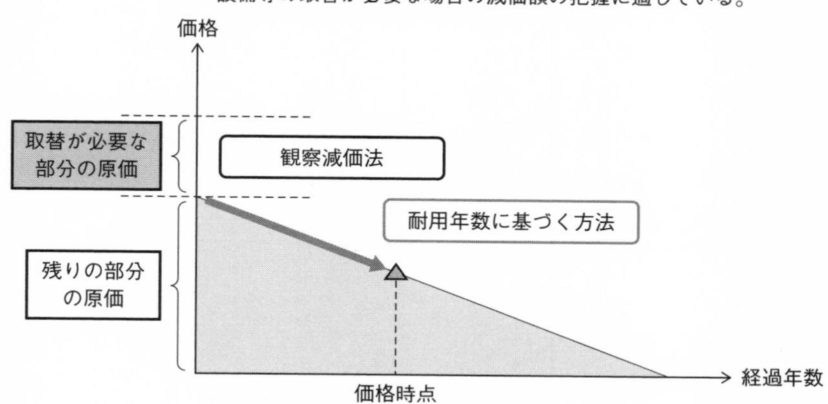

出典：国土交通省ホームページ「既存戸建住宅の評価に関する留意点（案）参考資料」（平成27年６月）

• 土地建物の一体減価

減価には，土地と建物がそれぞれ関連し，影響を及ぼしあって生ずる一体減価なるものがあります。一体減価の具体例としては，オフィス街における戸建住宅のように周辺環境に不適合ないわゆる場違い建物の場合や許容容積未消化のオフィスビル等が挙げられます。このような一体減価について，土地建物一体で減価額を査定する場合があります。一体減価も税務の減価償却にはない概念です。

また，平成26年基準改正で原価法でも市場性を反映する点が明確化されました。この点，実務指針によれば原価法でも市場分析の結果を踏まえた市場性増減価修正ができる旨解説されています（H26改正実務指針142項，下線部分は筆者加筆）。

> 原価法においては，再調達原価や経済的残存耐用年数等に基づく減価修正（一体減価を含む。）において，市場性を適切に反映する必要があるが，対象不動産の種類や特性等により，積算価格と比準価格や収益価格等との間に大きな乖離が生ずる場合があるので留意が必要である。例えば，建物が古いにもかかわらず収益性が非常に高い賃貸ビルや，逆に，投資額に対して極めて低い収益性に留まるゴルフ場や保養所等の評価にあっては，その点を十分認識した上で，試算価格の調整の段階においてその差異について検討を加え，鑑定評価額を決定しなければならない。<u>なお，手法間の整合性の観点から手法を適用する中で適切に調整でき，論理的にも矛盾がないと判断される場合は，原価法において，比準価格や収益価格等との開差について市場性の観点から分析し，市場性増減価として修正することもできる。</u>

〈積算価格の試算別表例〉

原価法の解説は以上ですが，最後に対象不動産（建物及びその敷地）の積算価格の別表サンプルをご紹介します（**図表７－６**）。

図表７－６　積算価格の別表サンプル

〈積算価格試算表〉

A　再調達原価		B　減価額		C　積算価格
43,453,000円	－	8,338,000円	≒	35,100,000円

項目		査定額	算定根拠
a　土地 （土地に直接帰属する付帯費用を含む）		22,703,000円	①土地価格　付帯費用 22,500,000円　＋　203,400円 ①土地価格は別表１及び本文参照。
b　建物 （建物に直接帰属する付帯費用を含む）		16,800,000円	②建築費単価　延床面積 140,000円/㎡　×　120.00㎡ ②建築費単価（設計監理料等付帯費用を含む）については，対象建物の規模，構造，用途及び品等等を前提に，過去の建築費の推移等も勘案して，上記のとおり査定した。
c　付帯費用 （a，bに含まれないその他の付帯費用）		3,950,000円	a　b　③付帯費用率 （22,703,000円　＋16,800,000円）　×　10% ③付帯費用率については，デベロッパー等からの聴取及び各種資料に基づき，開発期間中の費用相当額及び開発者利益等を勘案して，上記のとおり査定した。
A　再調達原価		43,453,000円	a　b　c 22,703,000円　＋　16,800,000円　＋　3,950,000円
d　土地		0円	土地については特段の減価は認められない。土地に直接帰属する付帯費用についてはfで減価修正する。
ア　躯体 イ　仕上 ウ　設備		1,493,000円 2,688,000円 1,867,000円	b　i×（1－ii）　iii　v 16,800,000円　×　40%　×　10　/　45 16,800,000円　×　40%　×　10　/　25 16,800,000円　×　20%　×　10　/　18
（1）　耐用年数に基づく方法	ア＋イ＋ウ	6,048,000円	i．割合　ii．残価率　iii．経過年数　iv．経済的残存耐用年数　v．耐用年数 躯体　：　40%　0％　10年　35年　45年 仕上　：　40%　0％　10年　15年　25年 設備　：　20%　0％　10年　５年　18年 対象建物の躯体・仕上・設備割合は，類似不動産の実態等も勘案して査定した。また，減価額に定額法を適用し，過去の修繕履歴等を踏まえ経過年数及び経済的残存耐用年数を査定した。
（2）　観察減価法		538,000円	b　（1）　④観察減価率 （16,800,000円　－　6,048,000円）　×　５％ ④観察原価率については，特別な破損，劣化等上記(1)の耐用年数に基づく方法による減価額に織り込まれていない減価の有無及びその程度を勘案して，上記のとおり査定した。
e　建物	１＋２	6,586,000円	
f　付帯費用		1,752,000円	土地の付帯費用　⑤減価率　その他の付帯費用　⑥減価率 203,400円　×　100.0%　＋　3,950,000円　×　39.2% ⑤土地の付帯費用は既に償却済で市場価格に影響は無と判断。減価率100%。⑥その他の付帯費用の減価率については，建物全体の減価率と同程度であると判断。
g　小計		8,338,000円	d　e　f 0円　＋　6,586,000円　＋　1,752,000円
（3）　一体減価		０％	特段の減価を認めない
h　建物及びその敷地		0円	A　g　（3） （43,453,000円　－　8,338,000円）　×　０％
B　減価額	g＋h	8,338,000円	
C　積算価格	A－B	35,100,000円	建物及びその敷地の再調達原価から減価額を控除して，一棟の建物及びその敷地の積算価格を左記のとおり試算した。

出典：H26改正実務指針139項

②　取引事例比較法

〈取引事例比較法の定義と有効性〉

取引事例比較法の定義と有効性について，基準では以下のとおり定められています（基準総論第７章第１節Ⅲ取引事例比較法１．意義）。

> 取引事例比較法は，まず多数の取引事例を収集して適切な事例の選択を行い，これらに係る取引価格に必要に応じて事情補正及び時点修正を行い，かつ，地域要因の比較及び個別的要因の比較を行って求められた価格を比較考量し，これによって対象不動産の試算価格を求める手法である。
> 取引事例比較法は，①近隣地域若しくは同一需給圏内の類似地域等において対象不動産と類似の不動産の取引が行われている場合又は②同一需給圏内の代替競争不動産の取引が行われている場合に有効である。

この取引事例比較法により求められる試算価格を比準価格といいます。

同一需給圏内から対象不動産と類似の取引事例を豊富に収集できるときには，取引事例比較法が有効となります。特に，対象不動産が更地の場合には，必ず適用される手法になります。また，マンション住戸の取引事例も豊富に収集できるため，対象不動産が分譲マンション住戸の場合も有効な手法です。基準では，取引事例比較法が有効でない場合の具体例は書かれていませんが，たとえば，土地建物一体の複合不動産の場合には，土地の個別性に加え，建物の個別性（築年数，用途，規模，設備水準，修繕維持管理の状況，グレード等）も加わるため，対象不動産と合理的に要因比較可能な取引事例の収集が困難で取引事例比較法の適用を断念する場合が多いです。

〈事例選択４要件〉

取引事例比較法の適用にあたっては，まず同一需給圏内から対象不動産と類似性の高い取引事例を収集・選択する必要がありますが，この取引事例の選択にあたって基準では，**図表７－７**の事例選択４要件をすべて満たし，かつ，投機的取引でない取引事例を選択することとされています。

図表７－７　事例選択４要件

事例選択４要件	内　容
場所的同一性 （代替性）	次の不動産に係る取引事例であること • 近隣地域または同一需給圏内の類似地域もしくは必要やむを得ない場合には近隣地域の周辺の地域に存する不動産 • 対象不動産の最有効使用が標準的使用と異なる場合等において同一需給圏内に存し対象不動産と代替，競争等の関係が成立していると認められる不動産（「同一需給圏内の代替競争不動産」という）
事情補正可能性	取引事情が正常なものと認められるものであることまたは正常なものに補正することができるものであること
時点修正可能性	時点修正をすることが可能なものであること
要因比較可能性	地域要因の比較および個別的要因の比較が可能なものであること

出典：筆者作成

〈比準価格の試算過程における各補正項目の意義〉

ここでは，比準価格の試算過程について，**図表７－８**を用いて各補正項目の意義等を解説します。

まず，収集・選択した取引事例の取引価格について事情補正および時点修正を行い，次に取引事例の個別的要因を標準的なものに補正して取引事例の属する地域の標準画地価格を求めます。次に，取引事例と対象不動産との地域要因の格差を補正し，近隣地域に属し個別的要因が標準的な標準画地価格を査定します。図表７－８では１つの取引事例しか記載していませんが，実際には複数の取引事例（だいたい５事例程度）から近隣地域の標準画地価格を査定し，それぞれ比較考量して１つの価格に絞り込みます。最後に，近隣地域の標準画地価格に対象不動産の個別格差補正率を乗じることで対象不動産の比準価格を試算します。

対象不動産の比準価格の試算過程で近隣地域の標準画地価格を査定することで，近隣地域の価格水準を示すことができ，鑑定評価書の説明性が高まるというメリットがあります。また，一般的には，相続税路線価÷0.8とこの近隣地域の標準画地価格がバランスしているかどうかの検証も行うことができます。

図表７－８　比準価格の試算過程

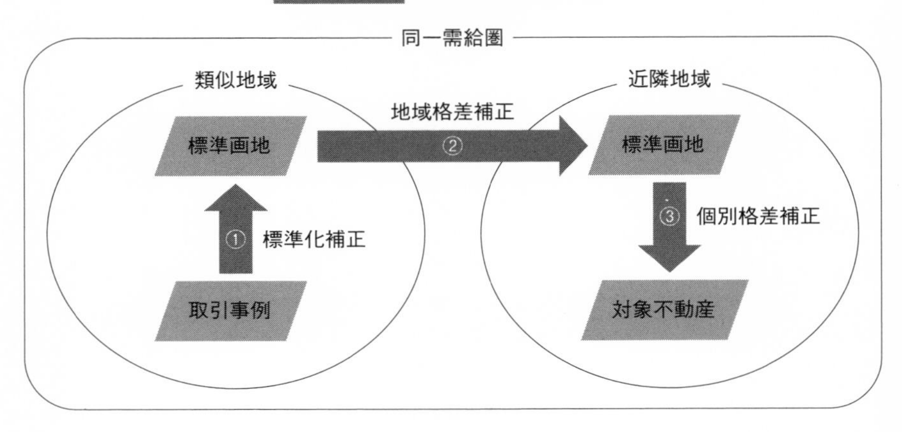

番号	取引価格 取引時点 地積	事情補正	時点修正	建付減価 補　正	標準化 補　正 ①	地域格差 ②	標準各地の 比準価格
a	590,000円/㎡ R1.4.1 130.00㎡	$\times\frac{100}{100}$	$\times\frac{104.0}{100}$	$\times\frac{100}{/}$	$\times\frac{100}{102}$	$\times\frac{100}{116}$	≒　519,000円/㎡

相続税路線価÷0.8とバランスしているか

対象不動産の比準価格（更地価格）

1．個別格差補正率の査定
　角地：＋３％

2．対象不動産の比準価格
　標準画地価格に個別格差補正率を乗じて１㎡当たりの単価を求め，これに評価数量を乗じて端数処理の上，比準価格を下記のとおり試算した。

標準画地価格		個別格差補正率③		比準価格(単価)
519,000円/㎡	×	103％	≒	535,000円/㎡
単価		評価数量		比準価格(総額)
535,000円/㎡	×	140㎡	≒	74,900,000円

出典：筆者作成

・事情補正

事情補正とは，取引事例が特殊な事情の下で取引されたもので当該事情が取引価格に影響している場合にこれを正常な事情の下での価格に補正する手続きです。精度の高い比準価格を求める上では，事情補正の不要な事例を収集するのが望ましいです。

・時点修正

時点修正とは，取引事例の取引時点（通常価格時点より過去の時点）から価格時点までの価格水準の変動率を査定して，取引事例の取引価格を価格時点ベースに補正する手続きです。実務上，土地の時点修正率の査定には同一需給圏内で対象不動産と同種別で類似性が高い地価公示標準地や，都道府県地価調査の基準地の価格の変動率および地価LOOKレポート（国土交通省）等がよく用いられます。精度の高い比準価格を求めるためには，できるだけ価格時点に近い新しい事例を収集するのが望ましいです。

・建付減価補正

対象不動産が更地の場合，原則として更地の取引事例の収集・選択を心がけるわけですが，地域によってどうしても更地の取引事例が乏しい場合には，たとえば「自用の建物及びその敷地」の取引事例の取引価格から土地部分の取引価格の抽出を試みます。基準ではこの作業を配分法といいます（**図表７－９**）。

図表７－９　配分法の適用イメージ

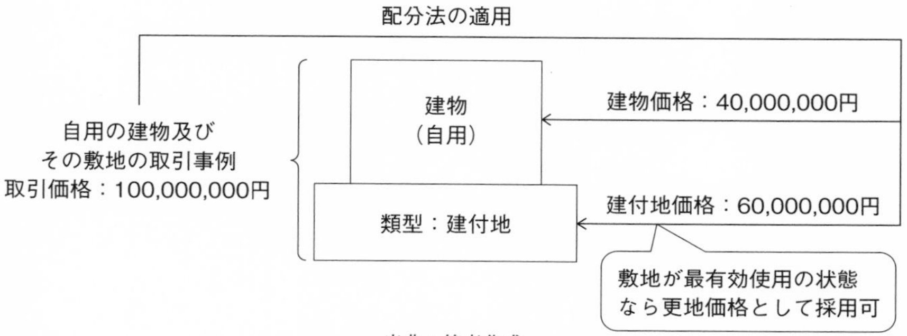

配分法の適用
自用の建物及び
その敷地の取引事例
取引価格：100,000,000円
建物
（自用）
建物価格：40,000,000円
類型：建付地
建付地価格：60,000,000円
敷地が最有効使用の状態
なら更地価格として採用可

出典：筆者作成

このように配分法を適用して複合不動産の取引価格から更地価格を抽出するには，敷地が最有効使用の状態であることが必要です。ただし，敷地が最有効使用の状態でなく建付減価が生じている場合（たとえば，敷地内の建物配置が不合理な場合，建物が許容容積未消化な場合等），配分法を適用して抽出した土地価格は更地価格ではなく建付減価のある建付地価格になりますので，更地価格を求めるために建付減価を取り除く補正をする必要があります。建付減価がある場合には，別表の建付減価補正の分母は建付減価の程度に応じて100未満の数値を記載します。たとえば，建物の取壊しが最有効使用と判断される事例の場合，買手が負担する建物解体費用相当が建付減価となります。なお，取引事例が更地の場合には配分法の適用や建付減価補正は不要なので，別表の建付減価補正の分母に「／」と記載します。

• 標準化補正①

標準化補正とは，取引事例の取引価格を補正して，取引事例の属する類似地域内の標準画地価格を求める手続きです。主に取引事例の画地条件に基づく個別格差をもとに補正が行われます。たとえば，取引事例に「二方路」の増価要因＋２%があれば，標準化補正の分母は「102」となります。

• 地域格差補正②

地域格差補正とは，類似地域の標準画地価格を補正して近隣地域の標準画地価格を求める手続きです。それぞれの地域の標準画地価格の差異は，地域要因の差異によるものですので，類似地域と近隣地域との地域要因（街路条件，交通・接近条件，環境条件，行政的条件，その他条件）を比較して地域格差補正率を査定します。鑑定実務上，取引事例と対象不動産の相続税路線価の比率をとってみることで地域格差補正率を検証する方法が有用とされています（ただし，取引事例の所在地は守秘義務の観点から鑑定評価書および別表には記載されませんので，当該検証ができるのは鑑定評価書を作成する不動産鑑定士に限られます）。なお，取引事例が対象不動産と同じ近隣地域に属する場合には，地域格差補正は不要なので地域格差補正の分母は「／」と記載します。

• 個別格差補正③

査定した近隣地域の標準画地価格について，対象不動産の個別分析で把握した画地条件等に応じた個別格差補正率を乗ずることで，対象不動産の比準価格を試算する手続きが個別的要因の比較（個別格差補正）です。

③　収益還元法

〈収益還元法の定義と有効性〉

収益還元法の定義と有効性について，基準では以下のとおり定められています（基準総論第７章第１節Ⅳ収益還元法１．意義。ただし下線部は筆者加筆）。

> 収益還元法は，対象不動産が将来生み出すであろうと期待される純収益の現在価値の総和を求めることにより対象不動産の試算価格を求める手法である。
> 収益還元法は，賃貸用不動産又は賃貸以外の事業の用に供する不動産の価格を求める場合に特に有効である。
> また，<u>不動産の価格は，一般に当該不動産の収益性を反映して形成されるものであり，収益は，不動産の経済価値の本質を形成するものである。したがって，この手法は，文化財の指定を受けた建造物等の一般的に市場性を有しない不動産以外のものには基本的にすべて適用すべきものであり，自用の不動産といえども賃貸を想定することにより適用されるものである。</u>

この収益還元法により求められる試算価格を収益価格といいます。

下線部より，基準が収益還元法の重要性を強調していることおよびその適用範囲が広いことが読み取れます。

〈収益還元法の分類〉

収益還元法は，収集可能な資料の範囲，対象不動産の類型および依頼目的等に応じて，直接還元法とDCF法に大別されますが，直接還元法はさらに**図表７－10**のように細分化されます。

本章では，直接還元法（永久還元法）の基本式およびDCF法について解説します。それ以外の土地残余法は第８章４．「鑑定評価の取扱い」を，有期還

図表７－10　収益還元法の分類表

<table>
<tr><th>収集可能な資料の範囲，対象不動産の類型および依頼目的に応じた分類</th><th>純収益の継続性に応じた分類</th><th>対象不動産の類型に応じた分類</th><th>各手法が適用される対象不動産の具体例（一部場合によってはこれと異なる手法が適用される場合もあります）</th></tr>
<tr><td rowspan="4">直接還元法</td><td rowspan="3">永久還元法</td><td>基本式</td><td>・自用の建物およびその敷地
・貸家及びその敷地
・普通借地権（旧借地法の借地権含む）の底地</td></tr>
<tr><td>土地残余法</td><td>・更地
・建付地
・普通借地権（旧借地法の借地権含む）</td></tr>
<tr><td>建物残余法</td><td>・建物</td></tr>
<tr><td colspan="2">有期還元法
（インウッド式等）</td><td>・定期借地権の底地
・定期借地権</td></tr>
<tr><td colspan="3">DCF法</td><td>・証券化対象不動産
・貸家およびその敷地
・更地（開発賃貸型）</td></tr>
</table>

出典：筆者作成

元法は第12章２．「鑑定評価の取扱い」，および第13章２．「鑑定評価の取扱い」をご参照ください。

〈直接還元法（永久還元法）〉

直接還元法とは，一期間の純収益を還元利回りによって還元する方法です。「還元する」とは「収益から元本価格を求める」という意味で理解してもらえればよいでしょう。基準では，直接還元法の基本式は以下のとおり定められています。

【直接還元法の基本式】

$$P = \frac{a}{R}$$

P：求める不動産の収益価格，a：一期間の純収益，R：還元利回り

• 純収益

分子の一期間の純収益は，通常１年間における総収益から総費用を控除して査定します。賃貸用不動産や賃貸を想定できる不動産の総収益は，貸室賃料収入ベースで査定し，総費用は維持管理費，修繕費，公租公課，損害保険料等の賃料収入に対応する費用を査定します。鑑定実務上，各期においてブレの大きな査定項目（空室率や資本的支出等）については標準化（平準化）した数値を採用し，純収益の将来の趨勢については分母の還元利回りRに成長率（変動率）gとして考慮する場合が多いです。

R（還元利回り）＝Y（割引率）－g（純収益の変動率）

• 還元利回り

分母の還元利回りは，「一期間の純収益から対象不動産の価格を直接求める際に使用される率であり，将来の収益に影響を与える要因の変動予測と予測に伴う不確実性を含むもの」と定義されており，その査定方法として以下４つの方法が基準において例示されています。

【還元利回りの査定方法】

① 類似の不動産の取引事例との比較から求める方法
② 借入金と自己資金に係る還元利回りから求める方法
③ 土地と建物に係る還元利回りから求める方法
④ 割引率との関係から求める方法（以下算式）
　R（還元利回り）＝Y（割引率）－g（純収益の変動率）

鑑定実務上，これら４つの方法のうちいずれか１つの方法を適用する場合または複数の方法を適用する場合がありますが，必要に応じ，投資家等の意見や整備された不動産インデックス等が参考として活用されています。「なお，基準及び基準留意事項に記載されている還元利回り及び割引率の求め方は例示であり，これら以外にも実務的に有効な方法があれば，それを否定するものではない（要説221項）」とされています。

投資用不動産の場合は，以下のような資料が参考として用いられます。

「不動産投資家調査」（日本不動産研究所ホームページ（https：//www.reinet.or.jp/））

「不動産投資インデックス」（不動産証券化協会ホームページ（https：//index.ares.or.jp/））

また，J-REIT（不動産投資法人）の有価証券報告書等には各社保有物件の直接還元法による収益価格算定に用いられた還元利回りが開示されていますので，対象不動産が高収益物件であり，類似性が高いJ-REIT物件があれば当該還元利回りも参考に，①類似の不動産の取引事例との比較から求める方法を適用します。

地方の賃貸アパート等，類似するJ-REIT物件や取引事例がなく，不動産投資家調査資料も使い物にならない場合には，土地と建物に係る還元利回りから求める方法等が用いられます。

〈DCF法〉

DCF法とは，連続する複数の期間に発生する純収益および復帰価格を，その発生時期に応じて現在価値に割り引き，それぞれを合計する方法です。基準では，DCF法の基本式は以下のとおり定められています。

【DCF法の基本式】

$$P = \sum_{k=1}^{n} \frac{a_k}{(1+Y)^k} + \frac{P_R}{(1+Y)^n}$$

P ：求める不動産の収益価格

a_k：毎期の純収益

Y ：割引率

n ：保有期間（売却を想定しない場合には分析期間。以下同じ）

P_R：復帰価格

復帰価格とは，保有期間の満了時点における対象不動産の価格をいい，基本的には次の式により表される。

$$P_R = \frac{a_{n+1}}{R_n}$$

a_{n+1}：n＋１期の純収益

R_n：保有期間の満了時点における還元利回り（最終還元利回り）

数学嫌いな方が見たら敬遠しそうな算式ですが，算式が意味不明な方は，**図表７－11**のイメージ図で算式がやろうとしていることを把握してもらえればと思います。

図表７－11　DCF法による収益価格の算式イメージ

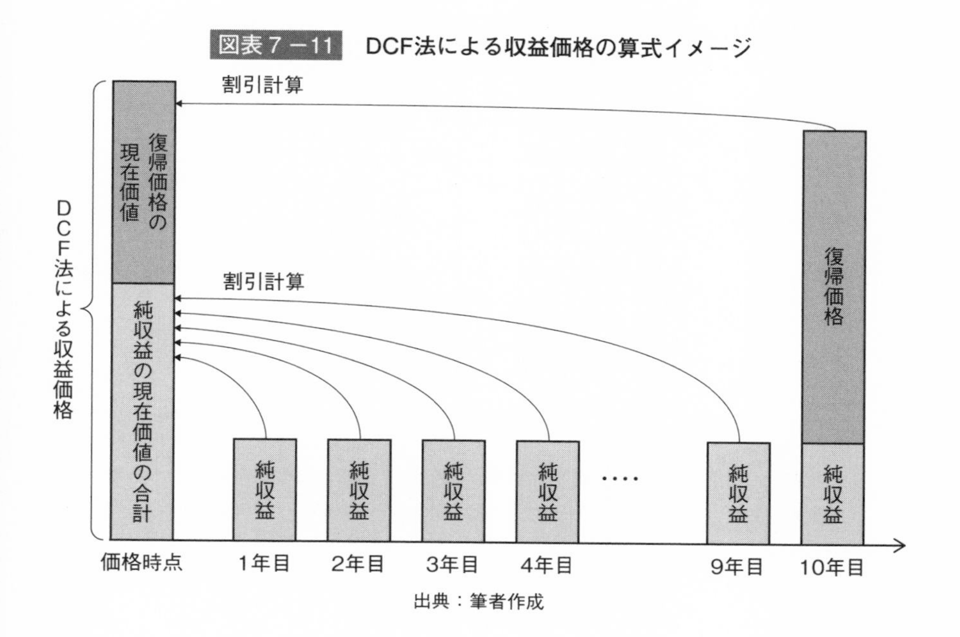

出典：筆者作成

・純収益

毎期の純収益は，以下のように一旦運営純収益を求め，運営純収益に一時金の運用益を加算して資本的支出を控除することで求めることとされています。

Step１：運営収益　－　運営費用　＝　運営純収益

Step２：運営純収益　＋　一時金の運用益　－　資本的支出　＝　純収益

図表7－12 DCF法の収益費用項目の定義

項目		定義
運営収益	貸室賃料収入	対象不動産の全部又は貸室部分について賃貸又は運営委託をすることにより経常的に得られる収入（満室想定）
	共益費収入	対象不動産の維持管理・運営において経常的に要する費用（電気・水道・ガス・地域冷暖房熱源等に要する費用を含む）のうち，共用部分の係るものとして賃借人との契約により徴収する収入（満室想定）
	水道光熱費収入	対象不動産の運営において電気・水道・ガス・地域冷暖房熱源等に要する費用のうち，貸室部分に係るものとして賃借人との契約により徴収する収入（満室想定）
	駐車場収入	対象不動産に附属する駐車場をテナント等に賃貸することによって得られる収入及び駐車場を時間貸しすることによって得られる収入
	その他収入	その他看板，アンテナ，自動販売機等の施設設置料，礼金・更新料等の返還を要しない一時金等の収入
	空室等損失	各収入について空室や入替期間等の発生予測に基づく減少分
	貸倒れ損失	各収入について貸倒れの発生予測に基づく減少分
運営費用	維持管理費	建物・設備管理，保安警備，清掃等対象不動産の維持・管理のために経常的に要する費用
	水道光熱費	対象不動産の運営において電気・水道・ガス・地域冷暖房熱源等に要する費用
	修繕費	対象不動産に係る建物，設備等の修理，改良等のために支出した金額のうち当該建物，設備等の通常の維持管理のため，又は一部がき損した建物，設備等につきその原状を回復するために経常的に要する費用
	プロパティマネジメントフィー	対象不動産の管理業務に係る経費
	テナント募集費用等	新規テナントの募集に際して行われる仲介業務や広告宣伝費に要する費用及びテナントの賃貸借契約の更新や再契約業務に要する費用等
	公租公課	固定資産税（土地・建物・償却資産），都市計画税（土地・建物）
	損害保険料	対象不動産及び附属設備に係る火災保険，対象不動産の欠陥や管理上の事故による第三者等の損害を担保する賠償責任保険等の料金
	その他費用	その他支払地代，道路占用使用料等の費用
運営純収益		運営収益から運営費用を控除して得た額
一時金の運用益		預り金的性格を有する保証金等の運用益
資本金支出		対象不動産に係る建物，設備等の修理，改良等のために支出した金額のうち当該建物，設備等の価値を高め，又はその耐久性を増すこととなると認められる部分に対応する支出
純収益		運営純収益に一時金の運用益を加算し資本的支出を控除した額

出典：基準各論第3章第5節Ⅱ⑴収益費用項目

費用項目にある修繕費と資本的支出の区分に関しては税務上の区分と同様

です。また，税務上，資本的支出は資産計上ですが，DCF法ではキャッシュ・フローを査定する点から純収益の計算上控除することとされています。さらに，税務上，減価償却費は費用ですが，DCF法では近年の不動産投資市場において償却前純収益とそれに対応する利回りによる投資判断が一般化して生きている点を踏まえ，減価償却費は費用計上せず，利回りで考慮することとされています（直接還元法も同様）。

また，なぜ運営純収益を一旦求めているかというと，会計上の営業利益に相当する運営純収益を表示することおよび不動産投資家調査の利回りや不動産投資インデックスで用いられるNOI（ネットオペレーティングインカム）に相当する運営純収益を表示することが投資家等への開示資料として有用であると考えられているためです。

• 割引率

割引率は，DCF法において，ある将来時点の収益を現在時点の価値に割り戻す際に使用される率であり，その査定方法として以下３つの方法が基準において例示されています。

【割引率の査定方法】

① 類似の不動産の取引事例との比較から求める方法
② 借入金と自己資金に係る還元利回りから求める方法
③ 金融資産の利回りに不動産の個別性を加味して求める方法

還元利回りと同様，必要に応じ，投資家等の意見や整備された不動産インデックス等が参考として活用されています。また，J-REIT（不動産投資法人）の有価証券報告書等には各社保有物件のDCF法による収益価格算定に用いられた割引率が開示されていますので，対象不動産が高収益物件であり，類似性が高いJ-REIT物件があれば当該割引率が参考になります。

• 保有期間

将来の純収益を予測し査定する期間（保有期間）について，基準では「不動産投資における典型的な投資家が保有する期間を標準とし，典型的な投資家が一般的に想定しないような長期にわたる期間を設定してはならない」とされていますが，鑑定実務上は，10年を中心に5年～15年程度が一般的に用いられています。

・復帰価格

復帰価格とは簡単に言えば，保有期間満了時点における対象不動産の転売価格を意味します。不動産投資のサイクルとして，一定期間保有後に転売することを想定しています。復帰価格を求める算式には，直接還元法の基本式が用いられており，（n＋1）期の純収益を最終還元利回りで還元することで査定します。

・最終還元利回り

最終還元利回りは，保有期間満了時点において転売するときの利回りという意味で，転売時還元利回りとも呼ばれています。最終還元利回りの査定にあたっては，価格時点の還元利回りをもとに，保有期間満了時点における市場動向並びにそれ以降の収益の変動予測および予測に伴う不確実性を反映させて求めることが必要ですが，保有期間満了時点の将来の還元利回りであり，価格時点の還元利回りより不確実性が高く，通常，価格時点の還元利回りよりも最終還元利回りのほうが大きくなります。J-REIT（不動産投資法人）の有価証券報告書等には各社保有物件のDCF法による収益価格算定に用いられた最終還元利回りが開示されていますので，対象不動産と代替性（類似性）が高いJ-REIT物件があれば当該最終還元利回りも査定にあたり活用されます。

(2)　鑑定評価手法の適用方針

①　複数の鑑定評価手法の適用が原則

より精度の高い鑑定評価額を求めるため，基準が対象不動産の「種別」・「類型」ごとに定めている複数の鑑定評価の手法（詳細は第Ⅱ部各章参照）を適用するのが原則です。

②　複数の鑑定評価手法の適用が困難な場合

ただし，ある手法の適用にあたり必要な資料収集が困難な場合等，どうしても複数の手法の適用が困難な場合があります。具体例を示せば以下のような場合です。

- 対象不動産が既成市街地に存する更地で，再調達原価の把握ができず，原価法の適用が困難な場合
- 対象不動産が土地建物一体の類型（貸家及びその敷地等）で，土地建物一体としての合理的な要因比較が可能な取引事例の収集ができず，取引事例比較法の適用が困難な場合
- 対象不動産の属する地域が典型的な戸建住宅地域で比較可能な賃貸事例の収集ができず，収益還元法の適用が困難な場合

③　市場分析を踏まえ適用可能な鑑定評価手法を省略する場合

平成26年基準改正において，国際評価基準（IVS）との整合性を高める方向で，市場分析の結果を踏まえて適用可能な鑑定評価手法を省略できる取扱いが導入されました。

すなわち，適用した鑑定評価手法に複数の鑑定評価方式の考え方が反映され，対象不動産に係る市場の特性等を適切に反映した説得力の高い試算価格が求められるのであれば，複数の鑑定評価手法を適用した場合の結果と何ら異なることはないので，適用可能な手法を省略することや適用する手法を１つとすることができるというものです。

「収益還元法は基本的にすべての不動産に適用すべきものであるが，地域分析及び個別分析により把握した対象不動産に係る市場の特性等から典型的な市場参加者の価格等の判断に与える影響が著しく僅少であると判断される場合には，必ずしも適用を求められるものではない（実務指針111項）」ともされています。たとえば，戸建住宅が最有効使用の更地の場合，典型的な需要者である個人エンドユーザーは自分が住む際の居住の快適性や利便性を重視しており，住宅を賃貸した場合の収益性はほとんど重視していないでしょうから，こうした場合には収益還元法（更地の場合は土地残余法）の適用の省略が検討される場面になります。

なお，資料収集の困難性から一部手法の適用ができない場合や市場分析の結果を踏まえて一部手法の適用を省略する場合には，鑑定評価書にその合理的な理由を記載することが求められています。

(3)　試算価格の調整および鑑定評価の決定

複数の鑑定評価手法を適用して求められた各試算価格は，価格の三面性に基づき異なる面からアプローチしているものの理論的には１つの価格を指向しています。しかし，現実には収集可能な資料・情報等に差があり，試算価格間に乖離が生じるのが通常です。したがって，不動産鑑定士は，対象不動産の典型的な需要者の視点で，各試算価格の乖離原因を分析し，各試算価格を調整し，最終的な鑑定評価額を１つに決定しなければなりません。

①　試算価格の調整

試算価格の調整の作業は，「試算価格の再吟味」，および「試算価格が有する説得力に係る判断」の２つの過程から構成されています。

まず，各試算価格の計算過程で誤りがないか，同一の価格形成要因について各手法間の取扱いが整合しているか等をチェックしますが，こうした作業が，「試算価格の再吟味」になります。

次に，市場分析で判定した対象不動産の典型的な需要者が重視する価格形成要因を最も的確に反映している手法（試算価格）はどれか，どの試算価格をどの程度重視して鑑定評価額を決定すべきかを見極める作業を行いますが，この作業が，「試算価格が有する説得力に係る判断」になります。安易に各試算価格の平均値を採用すること等は避けなければなりません。

②　鑑定評価額の決定

試算価格の調整を経て，不動産鑑定士が最終的に１つの鑑定評価額を導き出します。

第６章で解説した価格形成要因の分析で行う市場分析の結果を踏まえて，鑑定評価の手法を適用し，最終的に鑑定評価額を決定するまでのフローを示せば**図表７－13**のとおりです。

図表７－13　鑑定評価の手法の適用に係る手順・フロー図

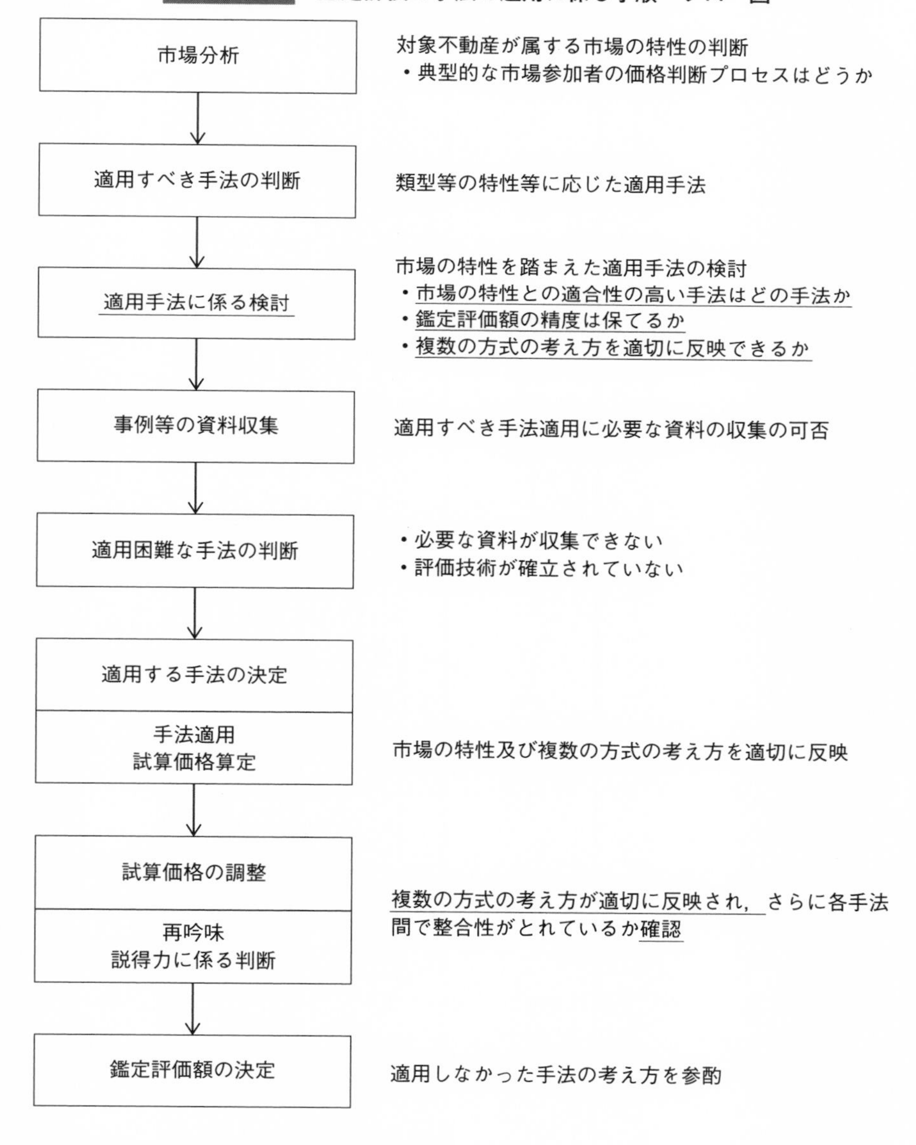

出典：H26改正実務指針108項

3 税務評価と鑑定評価の異同点

税務評価では評価通達に基づき，土地（宅地）は路線価方式または倍率方式により，建物は固定資産税評価額により評価することで１つの評価額が求められます。

鑑定評価では原則として複数の鑑定評価手法を適用して試算価格を求め，各試算価格を調整して最終的に１つの鑑定評価額が決定されます。複数の手法からアプローチして市場参加者の視点で１つの評価額に絞り込むという鑑定評価のプロセスは税務評価にはありません。この違いは，第Ⅱ部で解説するすべての不動産の類型でも共通して当てはまります。

そして，相続税申告を通達評価額によらず鑑定評価額で行うには，この鑑定評価の手法適用方針に関して特に注意する必要があります。というのも，過去の裁決例や裁判例をみると，基準で原則として採用することと定めている複数の鑑定評価手法を採用していないとか，一部手法を採用していない合理的な理由の説明が記載されていないという指摘が審判所や裁判所からなされ，当該鑑定評価書のクオリティが低いとされてしまっているケースが見受けられるためです。平成26年基準改正により市場分析を踏まえ適用可能な鑑定評価手法を省略できる取扱いができましたが，鑑定評価書に手法省略の合理的な理由が記載されていないとこれまでと同様に鑑定評価書のクオリティが低いと判断されてしまうでしょう。

したがって，税理士としては，①対象不動産の類型ごとに基準が原則として適用することと定めている鑑定評価手法を知っておくこと，および②それら手法のうち一部手法の適用を断念したり，適用可能な手法を省略している場合には，その合理的な理由が鑑定評価書に記載されているか等を鑑定評価書の中身を読み込んで確認し，必要に応じて不動産鑑定士に質問確認しておく必要があると思われます。

Column 3 地価公示鑑定評価書の見える化

平成31年地価公示から地価公示鑑定評価書の全ページ（１地点につき２人の

不動産鑑定士が作成した鑑定評価書）が国土交通省「土地総合情報システム」の「標準地・基準地検索システム」上で一般公開されています。したがって，更地の土地残余法の各数値（特に土地の還元利回りなど）の査定等において，対象不動産と類似の地価公示での土地残余法の採用数値を参考にすることもできるようになりました。

出典：国土交通省ホームページ「土地総合情報システム」の「標準地・基準地検索システム」の検索画面より筆者作成

第II部

【基礎編②】
不動産の類型別にみる評価方法の異同点

第8章

更地の評価方法

1　第Ⅱ部の趣旨と構成

第Ⅱ部では，相続税実務上登場頻度の高い不動産の評価方法について，税務評価の取扱いと鑑定評価の取扱いをそれぞれ対比して解説していきます。個々の不動産をどのように分類して両者の取扱いを解説していくかについて，本書では鑑定評価における不動産の類型（第2章で解説した宅地の類型，建物及びその敷地の類型）ごとに分類しています。ただし，鑑定評価の不動産の類型と税務評価の不動産の分類は一対一に対応するものではないので，必要に応じて各項目の冒頭で鑑定評価の不動産の類型と税務評価の不動産の関係についてコメントしています。

なお，不動産鑑定評価書の全体像のうち第Ⅱ部で解説するのは，鑑定評価の手法の適用，試算価格の調整および鑑定評価額の決定に関する部分です（**図表8－1**）。第7章で鑑定評価の基本的な3手法（原価法，取引事例比較法，収益還元法）について解説しましたが，不動産の類型ごとにこれら3手法をどう適用するか等基準が定める取扱いを，不動産の類型別に具体的に解説していきます。

図表8－1　鑑定評価書の全体像のうち第Ⅱ部で解説する部分

【不動産鑑定評価書の全体像】

Ⅰ．対象不動産の表示（対象不動産の所在・地番・地目・地積等，登記はどうなっているか）

Ⅱ．鑑定評価の基本的事項
　対象不動産の種別・類型（どんな地域のどんな不動産として評価するか）
　鑑定評価の条件（どんな条件で評価するか）
　価格時点（いつ時点の価格を求めるか）
　価格の種類（どんな種類の価格を求めるか）

Ⅲ．鑑定評価の依頼目的等（なぜ鑑定評価が必要になったのか）

Ⅳ．対象不動産の確認
　物的確認（実地調査・内覧の結果，登記と実際の不動産は一致するか）
　権利の態様の確認（登記・賃貸借契約書等の確認の結果，所有権および所有権以外の権利関係はどういう状態か）

Ⅴ．鑑定評価額の決定の理由の要旨
　価格形成要因の分析
　　一般的要因の分析（不動産価格に影響する広域的・マクロ的要因は何か）
　　地域分析（対象不動産の市場の範囲，市場参加者の属性，近隣地域の標準的使用は何か）
　　個別分析（対象不動産の典型的な需要者，最有効使用は何か）
　鑑定評価の手法の適用（最有効使用の判定結果を踏まえてどんな手法を使って評価するか）　第７章，第Ⅱ部
　試算価格の調整
　　試算価格の再吟味（各手法の適用過程に計算誤りや理論矛盾はないか）
　　試算価格の説得力に係る判断（典型的な需要者の意思決定過程を踏まえ，どの手法が説得力が高いか）
　鑑定評価額の決定（どの手法の試算価格をどの程度重視して鑑定評価額を決定したか）

出典：筆者作成

2　鑑定評価の更地と税務評価の土地との関係

鑑定評価の更地とは「建物等の定着物がなく，かつ，使用収益を制約する権利の付着していない宅地」と定義されています。

鑑定評価の更地の定義を踏まえると，鑑定評価の更地に対応する税務評価の土地としては，自用の宅地（または自用の雑種地）が多いと思われます。

なお，税務評価の地目判定は，不動産登記事務取扱準則第68条および第69条に準じて行われますが，これによれば「地目を宅地と認定するときは，原則として建物が現存していることを要するが，現に建物が存在していない場合においても，近い将来に建物の敷地に供されることが確実に見込まれることが客観的に明らかな土地も，宅地として認定することができる」とされています（月刊登記情報編集室編「逐条解説 不動産登記事務取扱手続準則」（きんざい，平成28年８月）201頁）。したがって，現に建物がなくても，現況地目が宅地となる場合はあります。

3 税務評価の取扱い

(1) 自用の宅地の評価方法

自用の宅地は，路線価方式（評価通達13）または倍率方式（評価通達21）により評価します。

• 路線価方式（評価通達13）

自用地価額 ＝ 路線価 × 画地調整率（**図表８－２**） × 地積（㎡）

図表８－２ 画地調整率を定めた評価通達と価格への影響

通達番号	評価通達の名称	価格への影響
15	奥行価格補正	減価↓
16	側方路線影響加算	増価↑
17	二方路線影響加算	増価↑
18	三方又は四方路線影響加算	増価↑
20	不整形地の評価	減価↓
20－２	地積規模の大きな宅地の評価	減価↓
20－３	無道路地の評価	減価↓
20－４	間口が狭小な宅地等の評価	減価↓
20－５	がけ地等を有する宅地の評価	減価↓
20－６	土砂災害特別警戒区域内にある宅地の評価	減価↓
20－７	容積率の異なる２以上の地域にわたる宅地の評価	減価↓

出典：筆者作成

• 倍率方式（評価通達21）

自用地価額 ＝ 基準年度の固定資産税評価額 × 評価倍率

なお，倍率方式で評価する宅地が地積規模の大きな宅地の場合，評価通達20－２（地積規模の大きな宅地の評価）の適用を検討する必要があるとされています（評価通達21-2）。これは，相続税評価と異なり固定資産税評価では規模補正を行うケースが相当限定的であり，規模補正がなされていないためですが，その理由は以下のとおり両者の税の性格の違いとして解説されています（(財)資産評価システム研究センター「土地に関する調査研究」（平成31年3月）15頁）。

「相続税評価における規模格差補正率は，「地積規模の大きな宅地」を戸建住宅用地として分割分譲することに伴う減価を反映させるものである。この分割分譲を前提とする補正率は，まさに資産の処分価値を重視した評価方法であり，相続税の性格，すなわち，人の死亡を契機とし富の再配分を行おうとする性格にも合致するものである。

一方，固定資産税が資産の保有の継続を前提として課税するという性格の税であることを踏まえれば，規模が過大な土地を戸建住宅用地として分割分譲することを前提として，これに伴い発生する減価を反映させる相続税の評価方法を固定資産税の評価にそのまま取り入れることは，相応しいものであるとは言えない。つまり，固定資産税評価と相続税評価を必ずしも一致させる必要はない，ということになる。固定資産税評価においては，規模が過大な土地に対する補正の必要性の有無等について，その保有の継続を前提として判断すべきものである。」

なお，路線価方式および倍率方式での評価にあたっては，**図表8－3**の評価通達の適用も検討する必要があります。

図表8－3　さらに検討が必要な評価通達

通達番号	評価通達の名称	路線価方式および倍率方式への適用関係	価格への影響
23 23-2	余剰容積率の移転がある場合の宅地の評価	○	減価↓ 増価↑
24	私道の用に供されている宅地の評価	○	減価↓
24-2	土地区画整理事業施行中の宅地の評価	○	減価↓
24-6	セットバックを必要とする宅地の評価	△	減価↓
24-7	都市計画道路予定地の区域内にある宅地の評価	△	減価↓
24-8	文化財建造物である家屋の敷地の用に供されている宅地の評価	○	減価↓

○：路線価方式および倍率方式ともに適用検討が必要とされている通達
△：セットバックや都市計画道路予定地である点を考慮して固定資産税評価額が定められている市町村の場合，倍率方式で評価する際に適用検討が不要な通達

出典：筆者作成

(2)　評価通達20-２（地積規模の大きな宅地の評価）

地積規模の大きな宅地に関しては従来広大地通達（旧評価通達24-４）がありましたが，その適用要件の判定をめぐって納税者と税務署との間で争いが多かったこと等を踏まえて平成29年９月の評価通達改正で廃止され，新たに評価通達20-２が新設されました（平成30年１月１日以後）。

①　評価通達20-２の趣旨

評価通達20-２の趣旨は，国税庁公表の情報で以下のとおり述べられていますが，戸建住宅用地としての分割分譲を前提に主に地積に依存する減価を反映するというのがポイントです（国税庁ホームページ「『財産評価基本通達の一部改正について』通達等のあらましについて（情報）」（平成29年10月３日，p３）より抜粋）。

> 「地積規模の大きな宅地の評価」では，新たに「規模格差補正率」を設け，「地積規模の大きな宅地」を戸建住宅用地として分割分譲する場合に発生する減価のうち，主に地積に依拠する次の①から③の減価を反映させることとした。
> ①戸建住宅用地としての分割分譲に伴う潰れ地の負担による減価
> ②戸建住宅用地としての分割分譲に伴う工事・整備費用等の負担による減価
> ③開発分譲業者の事業収益・事業リスク等の負担による減価

②　評価通達20-２の適用要件

評価通達20-２の適用要件は**図表８－４**のとおりです。従来広大地通達（旧評価通達24-４）に比べ適用要件の明確化（定量的な数値基準等）が用いられており，形式的に適用要件の判定ができる点が特徴です。

〈評価通達20-２の算式〉

評価通達20-２の適用要件を満たした場合，以下算式で評価します。

・路線価方式の場合

地積規模の大きな宅地の評価額

＝正面路線価×奥行価格補正率×不整形地補正率等×規模格差補正率（**図表８－５**）×地積（㎡）

図表８－４　地積規模の大きな宅地の適用対象の判定フローチャート

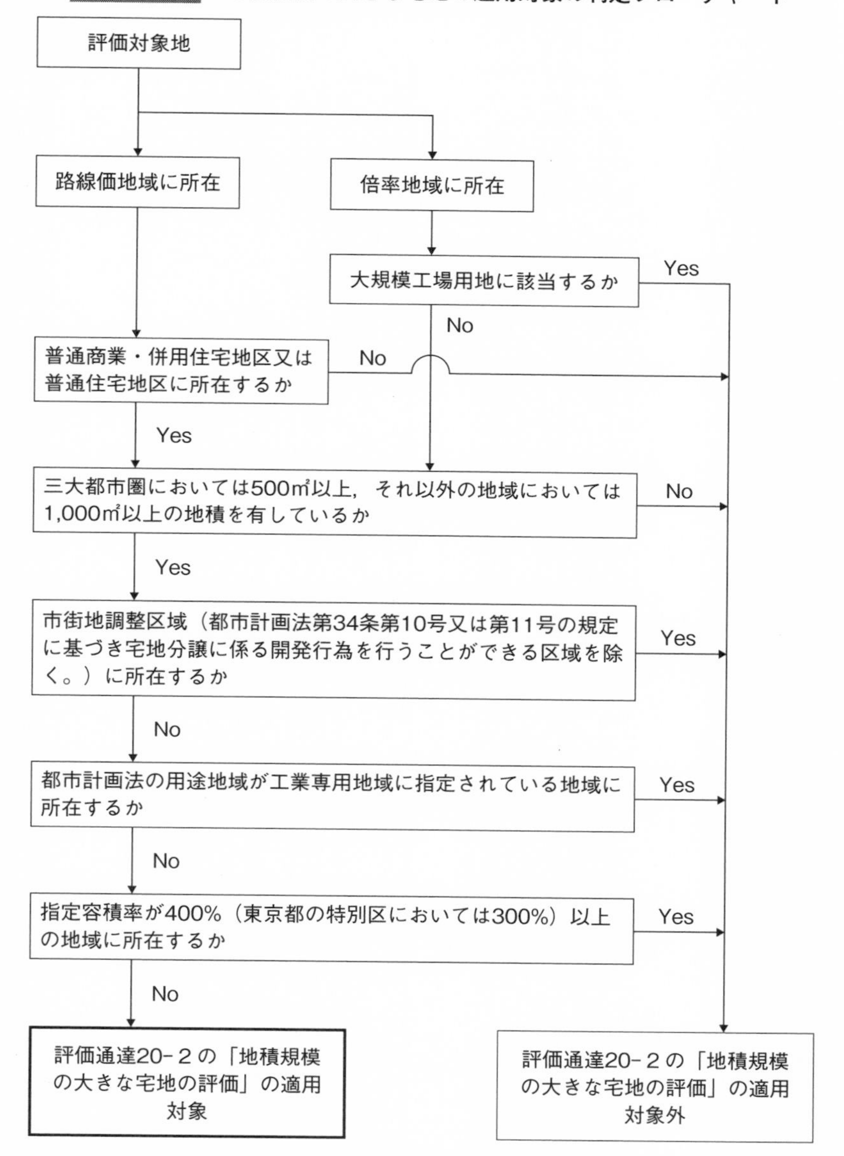

出典：国税庁ホームページ「『財産評価基本通達の一部改正について』通達等のあらましについて（情報）」（平成29年10月３日，p13）より抜粋

・倍率方式の場合

次の①②のうちいずれか低い価額

① その宅地の固定資産税評価額×評価倍率

② その宅地が標準的な間口・奥行を有する宅地であるとした場合の1㎡当たりの価額×普通住宅地区の奥行価格補正率×不整形地補正率等×規模格差補正率（図表8－5）×地積（㎡）

図表8－5　規模格差修正率

$$\text{規模格差補正率} = \frac{Ⓐ \times Ⓑ + Ⓒ}{\text{地積規模の大きな宅地の地積（Ⓐ）}} \times 0.8$$

（注）上記算式により計算した規模格差補正率は，小数点以下第2位未満を切り捨てる。

上の算式中の「Ⓑ」及び「Ⓒ」は，地積規模の大きな宅地の所在する地域に応じて，それぞれ下表のとおりとする。

① 三大都市圏に所在する宅地

地積㎡ ＼ 地区区分・記号	普通商業・併用住宅地区，普通住宅地区	
	Ⓑ	Ⓒ
500以上　1,000未満	0.95	25
1,000　〃　3,000　〃	0.90	75
3,000　〃　5,000　〃	0.85	225
5,000　〃	0.80	475

② 三大都市圏以外の地域に所在する宅地

地積㎡ ＼ 地区区分・記号	普通商業・併用住宅地区，普通住宅地区	
	Ⓑ	Ⓒ
1,000以上　3,000未満	0.90	100
3,000　〃　5,000　〃	0.85	250
5,000　〃	0.80	500

出典：国税庁ホームページ「『財産評価基本通達の一部改正について』通達等のあらましについて（情報）」（平成29年10月3日，8頁）より抜粋

4　鑑定評価の取扱い

(1)　更地の鑑定評価手法

更地の鑑定評価手法は，基準では以下のとおり定められています（基準各論第１章第１節Ｉ１．更地。ただし，①～④は筆者加筆)。

> 更地の鑑定評価額は，①更地並びに配分法が適用できる場合における建物及びその敷地の取引事例に基づく比準価格並びに②土地残余法による収益価格を関連づけて決定するものとする。再調達原価が把握できる場合には，③積算価格をも関連づけて決定すべきである。当該更地の面積が近隣地域の標準的な土地の面積に比べて大きい場合等においては，さらに④開発法による価格を比較考量して決定するものとする。

また，不動産鑑定士は，地価公示法に規定する公示区域において土地の鑑定評価を行い，土地の正常価格を求めるときは，公示価格を規準としなければならないこととされています（地価公示法第８条)。鑑定実務上は，公示地に取引事例比較法を準用して公示価格を規準とした価格（規準価格）を査定します。査定した規準価格と対象不動産の更地価格とが完全一致する必要はありませんが，大きく乖離せず，均衡（バランス）を得ている必要があります。以上より，更地の鑑定評価手法の適用方針は**図表８－６**のとおりです。

基準の「関連づけて」のほうが「比較考量して」よりも重視するという意味ですが，鑑定実務上，常にこの基準どおりの重み付けというわけではありません。対象不動産（更地）の典型的な市場参加者が重視する価格形成要因を最も的確に反映する手法の説得力が高くなりますので，試算価格の調整は不動産鑑定士が典型的な市場参加者の視点に立ち行います（**図表８－７**)。収益還元法の適用範囲は広いですが，市場分析の結果より，典型的な市場参加者の価格判断に与える影響が僅少と判断される場合には必ずしも適用が求められるものではなく，鑑定評価書に明記することで省略も可能です。

図表８－６　更地の鑑定評価手法の適用方針イメージ

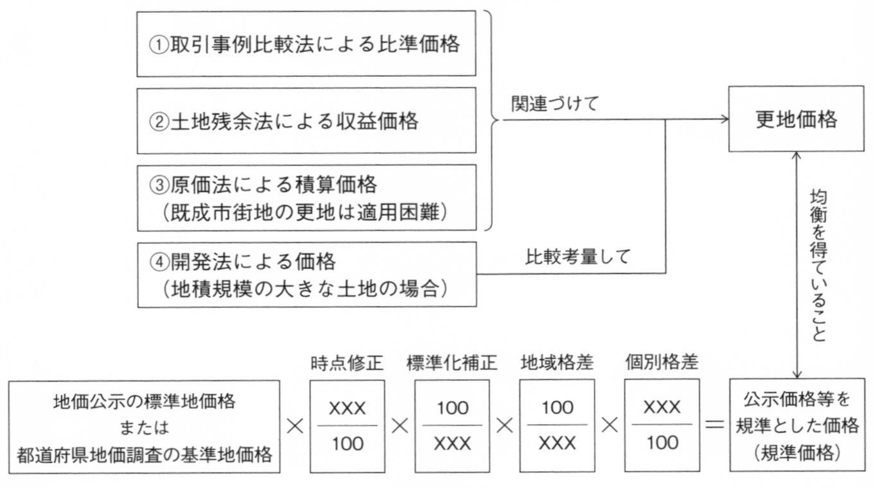

出典：筆者作成

図表８－７　更地の最有効使用に応じた鑑定評価手法の適用方針

更地の最有効使用	典型的な市場参加者	重視する価格形成要因	取引事例比較法	収益還元法（土地残余法）	開発法
戸建住宅用地	個人エンドユーザー	居住の快適性・利便性	◎（重視）	△（市場分析より省略可）	×
収益物件（賃貸マンション・アパート，貸ビル，貸倉庫等の物流施設）の敷地	賃貸経営目的の個人・法人事業者，個人投資家，機関投資家，投資法人等	収益性	○	◎（重視）	×（投資用収益物件の証券化ではDCF法（開発賃貸型）で開発法の考え方を取り入れる場合あり）
分譲マンション用地	開発業者	事業採算性	○	△（市場分析より省略可）	○（適切な想定ができれば重視）
区画割して宅地分譲			○	×	○（適切な想定ができれば重視）

出典：筆者作成

取引事例比較法は第７章で解説していますので，以下土地残余法と開発法について解説します。

なお，更地の鑑定評価手法（取引事例比較法，土地残余法および開発法）について，税務署がどのような観点でチェックしているのかは巻末資料『東京国税局課税第一部資産課税課及び資産評価官作成の「資産税審理研修資料」（平成23年８月作成）（出典TAINS)』が非常に参考になるのであわせてご確認ください。

①　土地残余法

更地は現に賃貸されていないので，土地残余法の適用にあたっては賃貸を想定して収益価格を求める必要があります。ただし，更地をそのまま賃貸した場合の地代収入から更地価格にアプローチするのではなく，更地上に最有効使用の賃貸用建物の建築を想定して当該想定建物を賃貸した場合の家賃収入から更地価格にアプローチします。通常，土地はそれ単独で十分な収益を生み出すものではなく，建物と一体となってはじめて十分な収益を生み，最有効使用の状態となるからです。

土地残余法の定義は，基準留意事項で以下のとおり定められています（基準留意事項Ｖ１．⑷①イ土地残余法)。

> 対象不動産が更地である場合において，当該土地に最有効使用の賃貸用建物等の建築を想定し，収益還元法以外の手法によって想定建物等の価格を求めることができるときは，当該想定建物及びその敷地に基づく純収益から想定建物等に帰属する純収益を控除した残余の純収益を還元利回りで還元する手法（土地残余法という。）を適用することができる。

土地残余法の適用にあたっては，まず最有効使用の賃貸用建物を想定する必要があります。この建物想定を誤るとその後の計算過程が正しくても適正な収益価格が試算されません。鑑定評価の精度を高めるために必要に応じて一級建築士事務所に想定建物の図面を外注する場合もあります。建物想定を行った後は，想定建物の家賃収入をベースとした総収益を類似の賃貸事例を用いて査定し，そこから総費用，建物帰属純収益を順次控除し，想定建物建築期間等の未収入期間を考慮した土地帰属純収益を査定します。最後にこの土地帰属純収益を還元利回りで還元することで更地の収益価格が試算されます。

以下，土地残余法の計算イメージを**図表8－8**に，実際の地価公示の鑑定評価者の試算別表例を**図表8－9**にご紹介します。

図表8－8　土地残余法の計算イメージ

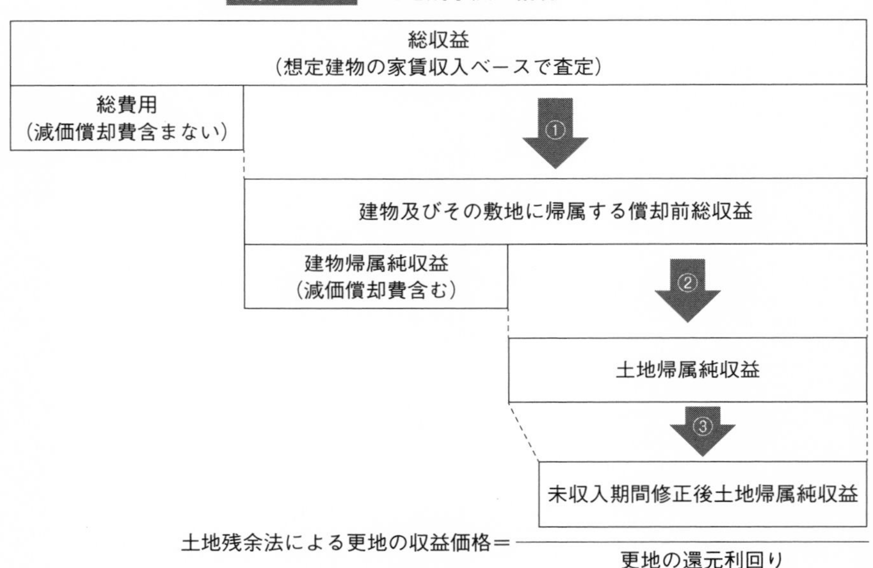

出典：筆者作成

図表８－９　土地残余法の試算別表サンプル

高崎-10　宅地-4

(3)-2　想定建物の状況

①用　途	②建築面積（㎡）	③構造・断層	④延床面積（㎡）
共同住宅	138.68	LS 3	397.40

⑤公法上の規制等

用途地域等	基準建蔽率等	指定容積率	基準容積率等	地積	間口・奥行	前面道路，幅員等
２住居	60%	200%	200%	309㎡	20.0m × 15.2m	前面道路：市道　6.0m 特定道路までの距離：　m

⑥想定建物の概要	ファミリータイプ，平均専有面積59㎡，駐車場確保のため使用容積率は低位。	⑦有効率　88.8%の理由	３階建共同住宅としては標準的なため。

(3)-3　総収益算出内訳

階層	①用途	②床面積（㎡）	③有効率（%）	④有効面積（㎡）	⑤１㎡当たり月額支払賃料（円）	⑥月額支払賃料（円）	⑦a保証金等（月数） ⑦b権利金等（月数）	⑧a保証金等（円） ⑧b権利金等（円）
１～１	居宅	138.68	84.8	117.60	1,650	194,040	1.0 1.0	194,040 194,040
２～３	居宅	129.36	90.9	117.60	1,700	199,920	1.0 1.0	199,920 199,920
～								
～								
～								
計		397.40	88.8	352.80		593.880		593.880 593.880

⑨年額支払賃料	593.880円　×　12ヶ月　＝　7,126,560 円
⑩a共益費（管理費）	円/㎡　×　352.80㎡　×　12ヶ月　＝　0 円
⑩b共益費（管理費）の算出根拠	賃料に含む
⑪その他の収入（駐車場使用料等）	円/台　×　台　×　12ヶ月　＋　＝　円
⑫貸倒れ損失（算出根拠，金額）	保証金等にて充当　円
⑬空室等による損失相当額 （⑨+⑩a）×空室率A（%）＋（⑪×空室率B（%））	7,126,560 円　×　5.6% ＋　円　×　%　＝　399,087 円
⑭以上計　⑨＋⑩a＋⑪−⑫−⑬	6,727,473 円
⑮保証金等の運用益（空室損失考慮後）	593,880 円　×　94.4%　×　1.00%　＝　5,606 円
⑯権利金等の運用益及び償却額（空室損失考慮後）	償却年数（　2 年）運用利回り（　1.00%） 593,880 円　×　94.4%　×　0.5075　＝　284,216 円
⑰その他の収入に係る保証金等運用益（空室損失考慮後）	円　×　%　×　%　＝　円
⑱総収益　⑭+⑮+⑯+⑰	7,017,595 円　（　22,711 円/㎡）

(3)-4　1㎡当たりの月額支払賃料の算出根拠　（　）内は支払賃料

NO	①事例番号	②事例の実際実質賃料（円/㎡）	③事情補正	④時点修正	⑤標準化補正	⑥建物格差補正	⑦地域要因の比較	⑧基準階格差修正	⑨査定実質賃料（円/㎡）	⑩標準地基準階の賃料
a	225（貸）-313	(1,433) (1,376)	100/[100.0]	[100.0]/100	100/[100.0]	100/[100.0]	100/[100.0]	100/[100.0]	1,638	対象基準階の月額実質賃料 1,721 円/㎡ 月額支払賃料 （　1,650 円/㎡） 基準階　1F　B
b	225（貸）-308	(1,641) (1,577)	100/[100.0]	[100.0]/100	100/[100.0]	100/[97.0]	100/[91.0]	100/[103.0]	1,805	
c		（　）	100/[　]	[　]/100	100/[　]	100/[　]	100/[　]	100/[　]		

高崎-10 宅地-5

(3)-5 総費用算出内訳						
項 目		実額相当額	算 出 根 拠			
①修繕費		202,500 円	67,500,000	×	0.3 %	
②維持管理費		213,797 円	7,126,560	×	3.0 %	
③公租公課	土地	80,700 円	査定額			
	建物	556,800 円	67,500,000	×	50.0 %	× 16.50 /1000
④損害保険料		67,500 円	67,500,000	×	0.10 %	
⑤建物等の取壊費用の積立金		67,500 円	67,500,000	×	0.10 %	
⑥その他の費用		円				
⑦総費用 ①～⑥		1,188,797 円	(3,847 円/㎡)		(経費率 16.9 %)	

(3)-6 基本利率等			
①r：基本利率	4.9 %	⑥g：賃料の変動率	0.2 %
②a：躯体割合（躯体価格÷建物等価格）	45 %	⑦na：躯体の経済的耐用年数	35 年
③b：仕上割合（仕上価格÷建物等価格）	40 %	⑧nb：仕上の経済的耐用年数	20 年
④c：設備割合（設備価格÷建物等価格）	15 %	⑨nc：設備の経済的耐用年数	15 年
⑤m：未収入期間	0.5 年	⑩α：未収入期間を考慮した修正率	0.9718

(3)-7 建物等に帰属する純利益		
項 目	査 定 額	算 出 根 拠
①建物等の初期投資額	67,500,000 円	設計監理料率 165,000 円/㎡ ×397,40 ㎡ × (100% + 3.00 %)
②元利逓増償還率	0.0720	躯体部分 仕上部分 設備部分 0.0588 × 45 % + 0.0783 × 40 % + 0.0945 × 15 %)
③建物等に帰属する純収益 ①×②	4,860,000 円 (15,728 円/㎡)	

(3)-8 土地に帰属する純収益	
①総収益	7,017,595 円
②総費用	1,188,797 円
③純収益 ①－②	5,828,798 円
④建物等に帰属する純収益	4,860,000 円
⑤土地に帰属する純収益 ③－④	968,798 円
⑥未収入期間を考慮した土地に帰属する純収益 ⑤×α	941,478 円 (3,047 円/㎡)

(3)-9 土地の収益価格	還元利回り(r－g)
4.7 %	
20,031,447 円	(64,800 円/㎡)

出典：令和３年国土交通省地価公示 鑑定評価書（高崎－10）
(https://www.land.mlit.go.jp/landPrice_/html/2021/10/2021102020010.html)

② 開発法

開発法とは，対象不動産の面積が近隣地域の標準的な土地の面積と比べて大きい場合等において，開発業者（デベロッパー）が開発事業を実施したときに事業採算の合う土地価格（仕入れ値）を算出する手法です。対象不動産の典型的な市場参加者は開発業者と判定される場合には，開発法による価格の説得力が高まります。

開発法の適用にあたっては，まず対象不動産の開発計画を想定する必要があります。具体的には，開発業者目線で市場分析を行い，①分譲マンションの敷地が最有効使用か，②戸建住宅用地として区画割分譲（または戸建住宅を建てて建売分譲）が最有効使用かを判定し，最有効使用に応じた開発計画を想定する必要があります（基準留意事項Ⅷ１．⑴更地について）。

> マンション等の敷地又は細区分を想定した宅地は一般に法令上許容される用途，容積率等の如何によって土地価格が異なるので，敷地の形状，道路との位置関係等の条件のほか，マンション等の敷地については建築基準法等に適合した建物の概略設計，配棟等に関する開発計画を，細区分を想定した宅地については細区分した宅地の規模及び配置等に関する開発計画をそれぞれ想定し，これに応じた事業実施計画を策定することが必要である。

開発計画の想定にあたっては，各自治体の開発指導要綱等の公法規制に準拠する必要があり，より精度を高めるため外部専門家（一級建築士等）に図面作成を外注する場合もあります。なお，戸建住宅とマンションが混在するような地域で最有効使用の判定が難しい場合には，①分譲マンション想定と②区画割分譲想定でそれぞれ開発法による価格を試算して比較し，より大きな価格が得られるシナリオを最有効使用と判定する場合もあります。

開発計画を想定した後は，以下開発法の基本式により価格を試算します。投下資本収益率（開発業者が当該開発事業に期待する収益率のことをいい，借入金利，開発利潤率，危険負担率からなる）を用いた割引計算を行う点がポイントです。

【開発法の基本式（割戻方式）】

$$P = \frac{S}{(1+r)^{n_1}} - \frac{B}{(1+r)^{n_2}} - \frac{M}{(1+r)^{n_3}}$$

P：開発法による試算価格

S：販売総額

B：建物の建築費または土地の造成費

M：付帯費用

r：投下資本収益率

n_1：価格地点から販売時点までの期間

n_2：価格地点から建築代金の支払い時点までの期間

n_3：価格時点から付帯費用の支払い時点までの期間

⇒応用編の事例［C］もチェック

以下，実際の地価公示の鑑定評価書の開発法（分譲マンション想定）の試算別表例を**図表8－10**に示します。

図表8－10 開発法（分譲マンション想定）の試算別表サンプル

(4)開発法による価格算定内訳						
(4)-1 開発法の適用 ■ する □ しない		開発法を適用する場合の理由	最有効使用を分譲マンション用地と判断したため。			
①収入の現価の総和 (円)	②支出の現価の総和 (円)	③投下資本収益率 (%)	④販売単価(住宅) (円/㎡)	⑤分譲可能床面積 (㎡)	⑥建築工事費 (円/㎡)	⑦延床面積 (㎡)
1,754,659,665	1,565,392,209	13	408,000	5,276.00	250,000	6,369.85
⑧開発法による価格	189,267,456 円	(	143,000 円/㎡)			

(4)-2 開発計画							
土地							
①総面積	②公共潰地 (②a ～②cの合計)		㎡	③敷地有効面積（①～②）			
	②a道路	②b公園	②cその他				
1,319 ㎡	㎡	㎡	㎡	1,319.00㎡			
総面積に対する割合							
(100.0 %)	(%)	(㎡)	(㎡)	(100.0 %)			
建物							
①建築面積	②延床面積	③容積率算入床面積	④容積率不算入床面積	⑤分譲可能床面積	⑥建物構造・戸数・標準住戸		
700.62 ㎡	6,369.85 ㎡	5,276.00 ㎡	1,093.85 ㎡	5,276.00 ㎡	SRC・14F (67 戸) 79㎡・3 LDK		
敷地有効面積に対する割合				延床面積に対する有効率			
(53.1 %)	(482.9 %)	(400.0 %)	(82.9 %)	(82.83 %)			
公法上の規制							
用途地域等	基準建蔽率等	指定容積率	基準容積率等	間口・奥行		前面道路・幅員等	
商業 準防	100 %	400 %	400 %	間口 奥行	40.5 m 29.5 m	前面道路：市道 特定道路までの距離：	22.0 m m

(4)-3 収支計画								
収入	①a販売単価		住宅	408,000 円/㎡	店舗等			円/㎡
	①b販売単価の算定根拠							
	②販売総額		販売単価		分譲可能床面積			販売総額
		住宅	408,000 円/㎡	×	5,276.00 ㎡	=		2,152,608,000 円
		店舗等	円/㎡	×	㎡	=		円
					合　計			2,152,608,000 円
支出	③a建築工事費（単価）		建築工事単価（単価） 250,000 円/㎡	×	設計監理料 （1＋　3 %）	=		257,500 円/㎡
	③b建築工事費（単価）の算定根拠							
	④建築工事費（総額）		257,500 円/㎡	×	延床面積 6,369.85 ㎡	=		建築工事費（総額） 1,640,236,375 円
	⑤a開発負担金							10,000,000 円
	⑤b開発負担金の算定根拠							
	⑥販売管理費		販売総額 2,152,608,000 円	×	販売管理費比率 10 %	=		販売管理費 215,260,800 円
支出合計　④＋⑤＋⑥								1,865,497,175 円

(4)-4 投下資本収益率	13 %
投下資本収益率の算定根拠	

(4)-5 開発スケジュール					
項目	価格時点からの期間	項目	価格時点からの期間	項目	価格時点からの期間
準備期間	8ヶ月	開発負担金	6ヶ月	販売管理費(1期目)	8ヶ月
建築工事(1期目)	8ヶ月	販売収入(1期目)	16ヶ月	販売管理費(2期目)	16ヶ月
建築工事(2期目)	14ヶ月	販売収入(2期目)	20ヶ月	販売管理費(3期目)	ヶ月
建築工事(3期目)	20ヶ月	販売収入(3期目)	22ヶ月		

(4)-6 収支の複利現価								
項目		①金額	②販売総額比		③複利現価率	④割引期間(月)		⑤複利現価(①×③)
収入	販売総額(1期)	172,208,640 円	(8 %)	×	0.8496	(16ヶ月)	=	146,308,461 円
	販売総額(2期)	1,549,877,760 円	(72 %)	×	0.8157	(20ヶ月)	=	1,264,235,289 円
	販売総額(3期)	430,521,600 円	(20 %)	×	0.7993	(22ヶ月)	=	344,115,915 円
収入合計		—	—		—	—		1,754,659,665 円
支出	建築工事費(1期)	164,023,638 円	(10 %)	×	0.9218	(8ヶ月)	=	151,196,990 円
	建築工事費(2期)	164,023,638 円	(10 %)	×	0.8671	(14ヶ月)	=	142,224,897 円
	建築工事費(3期)	1,312,189,100 円	(80 %)	×	0.8157	(20ヶ月)	=	1,070,352,649 円
	開発負担金	10,000,000 円	(100 %)	×	0.9407	(6ヶ月)	=	9,407,000 円
	販売管理費(1期)	129,156,480 円	(60 %)	×	0.9218	(8ヶ月)	=	119,056,443 円
	販売管理費(2期)	86,104,320 円	(40 %)	×	0.8496	(16ヶ月)	=	73,154,230 円
	販売管理費(3期)	円	(%)	×	1.0000	(ヶ月)	=	円
支出合計		—	—		—	—		1,565,392,209 円

(4)-7 開発法による価格	収入の現価の総和		支出の現価の総和	開発法による価格
	1,754,659,665 円	−	1,565,392,209 円＝	189,267,456 円 143,000 円/㎡

出典：令和３年国土交通省地価公示 鑑定評価書（高崎－43）
（https://www.land.mlit.go.jp/landPrice_/html/2020/10/2020102020043.html）

5　税務評価と鑑定評価の異同点

(1)　評価額決定プロセスの違い

税務評価では，評価通達に基づき1つの評価額が求められます。

鑑定評価では，複数の鑑定評価手法を適用して試算価格を求め，対象不動産（更地）の典型的な市場参加者の視点で試算価格を調整することで鑑定評価額が決定されます。

税務評価の路線価方式では地域要因を反映した路線価に対象不動産の画地条件（個別的要因）に基づく補正を行う点が鑑定評価の取引事例比較法に似ていますが，複数の手法からアプローチして市場参加者の視点で1つの評価額に絞り込むという鑑定評価のプロセスは税務評価にはありません。

(2)　地積規模の大きな宅地の評価方法の違い

地積規模の大きな宅地の評価方法について，税務評価の評価通達20-2と鑑定評価の開発法の異同点をまとめると**図表8－11**のとおりです。

図表8－11　税務評価の評価通達20-2と鑑定評価の開発法の異同点

項目	税務評価の評価通達20－2	鑑定評価の開発法
共通点	地積規模の大きな土地に適用される。	
相違点① 趣旨・前提	戸建住宅用地の区画割分譲を想定している。	戸建住宅用地の区画割分譲（または建売分譲）と分譲マンション敷地のいずれが最有効使用か開発業者の視点に立ち判定する必要がある。
相違点② 適用要件	定量的・絶対的な数値基準等で適用可否を判定可能。	面積要件に絶対的な数値基準はない。開発分譲適地か否かを開発業者の視点に立ち判定する必要がある。
相違点③ 評価方法	規模格差補正率は所定の算式をもとに容易に算出可能。	開発業者の視点に立ち，最有効使用のシナリオに応じた具体的な開発計画を想定し，各収支項目および投下資本収益率を査定する必要がある。

出典：筆者作成

評価通達20-２の規模格差補正率には旧評価通達24-４の広大地補正率に含まれていた各種画地調整率が含まれていませんので一概には言えませんが，規模格差補正率は広大地補正率よりも大幅に縮小されました。したがって，新旧通達の適用がある宅地でみると改正後は通達評価額が上昇する場合もあるため，通達評価額が時価を超えていないか鑑定評価による検証が求められる場面もあると思われます。また，旧評価通達24-４に比べて適用要件が定量的な数値基準とされたことで，評価通達20-２の適用要件をギリギリ満たさない以下のような宅地も少なからず出てきますので，こうした宅地に関しては通達評価額が時価を超えていないか鑑定評価による検証が求められる場面もあると思われます。

〈評価通達20－２の適用要件を満たさないものの，戸建住宅用地として区画割分譲が想定できる宅地の例〉

- 評価通達20－２の面積要件（三大都市圏500㎡以上，それ以外1,000㎡以上）をギリギリ満たさない宅地
  →規模格差補正率の適用なし。しかし，現に戸建住宅用地として区画割分譲されるケースあり。
- 評価通達20－２の地区区分要件を満たさない中小工場地区（用途地域：準工業地域）に存する大規模な宅地
  →規模格差補正率の適用なし。しかし，工場・倉庫跡地から戸建住宅地へと移行する地域あり。
- 評価通達20－２の指定容積率要件（東京都特別区300％未満，それ以外400％未満）を満たさないが建築基準法の基準容積率や高さ制限による使用可能容積率が小さい大規模な宅地
  →規模格差補正率の適用はなし。しかし，基準容積率や使用可能容積率からマンション建築が困難で戸建住宅用地として区画割分譲されるケースあり。

ただし，開発法は開発計画の想定，各収支項目および投下資本収益率の査定等，将来予測を多く含む手法であるため，各査定項目について精度の高い客観的な査定根拠がないと税務署から鑑定評価書のクオリティが低いと判断されて

しまうケースが多いのも事実ですので，開発法の適用を含む鑑定評価額で相続税申告する際には特に注意が必要です。

(3)　評価通達20－2の問題点

旧評価通達24－4に比べて適用要件が定量的な数値基準とされたことで，旧評価通達24－4の適用要件を満たさないが，評価通達20－2の適用要件を満たしてしまう宅地がかなり出てきてしまい，以下のような問題点が出てきます。

たとえば，評価通達20－2は，指定容積率400%（東京都の特別区は300%）未満の地域という形式的な数値基準を採用しているため，指定容積率200%で地上3階建から5階建程度の中層分譲マンション適地（または現にこうした中層分譲マンションの敷地）であっても容積率の適用要件を満たしてしまい，他の適用要件も満たせば戸建住宅の区画割分譲により発生する潰れ地等に基づく評価減ができてしまうという問題点があります。

また，旧評価通達24－4では，「開発行為を行うとした場合に公共公益的施設用地の負担が必要と認められるもの」という潰れ地に関する適用要件がありましたが，評価通達20－2では当該要件はなくなっています。したがって，たとえば**図表8－12**のような土地は，開発行為を行うとした場合に潰れ地が生じ

図表8－12　旧評価通達24－4の適用のない土地

- 間口が広く，奥行が標準的な場合

- 道路が二方，三方又は四方にあり，道路の開設が必要ない場合

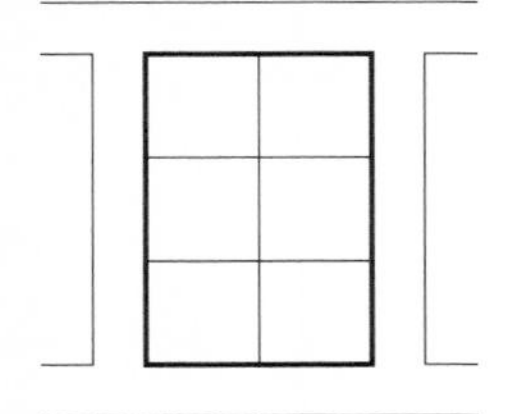

出典：国税庁ホームページ質疑応答事例「広大地の評価における公共公益的施設用地の負担の要否」

ないため旧評価通達24-４の適用はありませんでしたが，評価通達20-２の適用要件を満たせば，戸建住宅の区画割分譲により発生する潰れ地等に基づく評価減ができてしまうという問題点があります。

もっとも，評価通達20-２の適用要件を満たして評価減ができる分には，相続税申告において納税者にとっては有利なため，上記のような点はあまり問題視されていませんが，たとえば，遺留分や遺産分割の場面，または，非上場株式の法人税法上の時価評価の場面で上記のようなマンション適地や潰れ地の生じない土地等について，税理士が評価通達20-２を適用した相続税評価額を0.8で割り戻す簡便法を時価として納税者にアナウンスするのは大きな問題があると個人的には考えます。このような場面では，鑑定評価をとっていただいたほうがよいでしょう。

第9章

建付地の評価方法

1 鑑定評価の建付地と税務評価の土地との関係

鑑定評価の建付地とは，「建物等の用に供されている敷地で建物等及びその敷地が同一の所有者に属している宅地」と定義されています。複合不動産（建物及びその敷地）の類型との関係で言えば，建付地とは，自用の建物及びその敷地，または貸家及びその敷地の敷地部分ともいえます。

これらを踏まえると，鑑定評価の建付地に対応する税務評価の土地としては，自用の宅地，または貸家建付地になります。

2 税務評価の取扱い

(1) 自用の宅地の評価方法

自用の宅地は，路線価方式または倍率方式により評価します（第8章3.「税務評価の取扱い」参照）。

(2) 貸家建付地の評価方法

貸家建付地は，まず路線価方式または倍率方式により自用地価額を算出し，次に評価通達26（貸家建付地の評価）を適用して評価します。評価通達26の算式は以下のとおりです。

貸家建付地の評価額

＝自用地価額×（1－借地権割合（注1）×借家権割合（注2）×賃貸割合（注3））

注１：借地権割合は，各国税局長が地域ごとに定めることとされており，具体的には，路線価図または倍率表にＡ～Ｇの記号またはパーセントで表示されています。

記号	A	B	C	D	E	F	G
借地権割合	90%	80%	70%	60%	50%	40%	30%

注２：借家権割合は全国で30％と定められています。
注３：賃貸割合は，その貸家の各独立部分の床面積合計のうち，課税時期において賃貸されている部分の占める割合をいいます。

評価通達26の算式では，借家人が居付きであることにより所有者自らの自己使用が制限されていることから，下線部をマイナスすることとしていますが，なぜ借地権割合と借家権割合の相乗積（借地権割合×借家権割合）なのか疑問を持つ方もいらっしゃるのではないでしょうか。この疑問点に対する回答として，品川先生・緑川先生の著書より一部引用します（品川芳宣・緑川正博『徹底対論 相続税財産評価の論点～財産評価の理論と実務の疑問を糾す～』（ぎょうせい，平成９年８月25日初版発行），129-130頁）。

「入室しているかいないかということで立退料を支払わなければならないか否かという制約というのは，底地にまでは，そんなに影響がないと思いますね。そこは借家権の評価のところで済んでいるわけですから，底地は貸家用として建てた建物で，既に人が住んでいるわけですので，処分の時にどれだけコストがかかるということについては，必ずしも一律には言えないですね。

現在の借家権割合と借地権割合の相乗積相当額を控除するということも，理論的に，これが絶対に正しいというわけではなくて，斟酌の一つの便法に過ぎないのですね。」

すなわち，借地権割合と借家権割合の相乗積を控除する理論的な根拠が何かあるわけではなく，所有者自らの自己使用が制限されていることを斟酌するにあたっての１つの便法であるということです。税法ではこうした一種の割り切り的な理由で割合が定められている部分が意外と多くあります。

3　鑑定評価の取扱い

(1)　更地価格と建付地価格の関係

更地と建付地は，鑑定評価上ともに宅地の一類型であり，建築基準法や都市計画法等の公法上の規制を受けるという点は共通しています。

そして，更地は建物等の定着物がなく，かつ，使用収益を制約する権利が付着していないため，当該宅地の最有効使用に基づく経済価値を十分に享受し得るため，鑑定評価上は常に最有効使用を前提とした価格を求める必要があります。

一方，建付地は更地と異なり，敷地上に建物が存在しているため，当該建物によってその使用方法が制約を受けます。結果，現況建物が更地としての最有効使用と不適応の場合には，建付地価格は更地価格よりも低くなります。これを建付減価といいます。また，「敷地が最有効使用の状態で利用されている賃貸用不動産等では，更地の場合に必要となる建物の建築に要する未収入期間や費用等を考慮する必要がなく，すでに賃貸に供されている場合には市場参加者にとっても収益の予測が行いやすい（リスクが少ない）こと等から，建付地の価格が更地価格を上回る場合（要説321項）」もあります。これを建付増価といいます。

以上を踏まえ，建付地価格と更地価格との関係は**図表9－1**のようになります。

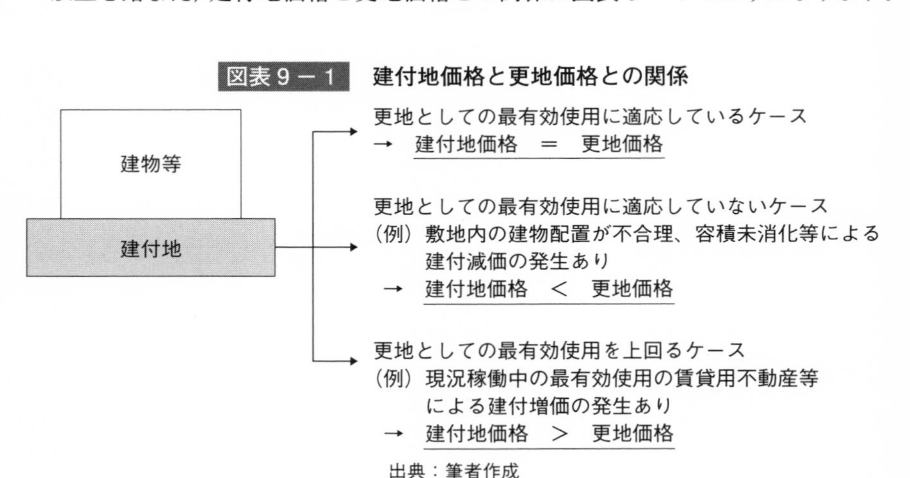

図表9－1　建付地価格と更地価格との関係

出典：筆者作成

(2) 建付地の鑑定評価手法

建付地の鑑定評価手法の適用方針は，基準では以下のとおり定められています（基準各論第１章第１節Ｉ２．建付地。ただし，①～④は筆者加筆)。

> 建付地の鑑定評価額は，①更地の価格をもとに当該建付地の更地としての最有効使用との格差，更地化の難易の程度等敷地と建物等との関連性を考慮して求めた価格を標準とし，②配分法に基づく比準価格及び③土地残余法による収益価格を比較考量して決定するものとする。
> ただし，④建物及びその敷地としての価格（以下「複合不動産価格」という。）をもとに敷地に帰属する額を配分して求めた価格を標準として決定することもできる。

図表９－２　建付地の鑑定評価手法の適用方針イメージ

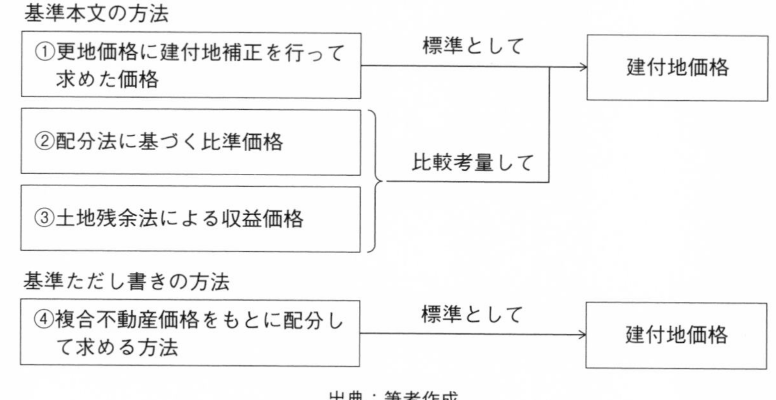

出典：筆者作成

基準本文の方法と，ただし書きの方法の２パターンがあります。基準の「標準として」のほうが「比較考量して」よりも重視するという意味ですが，鑑定実務上，常にこの基準どおりの重み付けというわけではありません。対象不動産（建付地）の典型的な市場参加者が重視する価格形成要因を最も的確に反映する手法の説得力が高くなりますので，試算価格の調整は不動産鑑定士が典型的な市場参加者の視点に立ち行います。

① 更地価格に建付地補正（増減価修正）を行って求めた価格

この手法ではまず更地価格を基準に則って査定します。次に建付増減価修正率を査定し，先に査定した更地価格に建付増減価修正率を乗じて建付地価格を試算します。

建付地価格 ＝ 更地価格 × 建付増減価修正率

② 配分法に基づく比準価格

この手法は，建物及びその敷地の複合不動産の取引事例を収集・選択し，配分法を適用することで建付地価格を求める方法です。

更地の取引事例比較法では，配分法を適用する際には，敷地が最有効使用の状態の複合不動産の取引事例を選択する必要がありますが，建付地の場合には，敷地と建物との適応状態が対象不動産と同程度の複合不動産の取引事例を選択する必要がある点が異なります（**図表９－３**）。

図表９－３ 更地評価と建付地評価の配分法の相違点と共通点

区　分	相違点	共通点
更地評価の配分法	敷地が最有効使用の状態である事例を選択する	事例選択４要件を満たし，投機的事例でないこと
建付地評価の配分法	敷地と建物との適応の状態が対象不動産と同程度の事例を選択する	

出典：筆者作成

③ 土地残余法による収益価格

建付地の土地残余法は，更地の土地残余法と基本的には同じですが，更地の場合と異なり，最有効使用の建物想定はせず，現況建物を賃貸する前提で土地帰属純収益を求めます。

なお，土地残余法は，建物が古い場合には複合不動産の生み出す純収益から土地に帰属する純収益が的確に求められないことから，建物が新築後間もないものでなければならないとされており，現況建物がかなり古い場合には土地残余法により建付地価格が適切に求められない場合がある点に留意が必要です。

④　複合不動産価格をもとに配分して求める方法

この手法は，まず土地建物一体としての価格（複合不動産価格）を求め，その価格を建物と土地（建付地）の内訳価格に配分することで，建付地価格を求める方法です（**図表９－４**）。

図表９－４　複合不動産価格をもとに配分して求める方法のイメージ

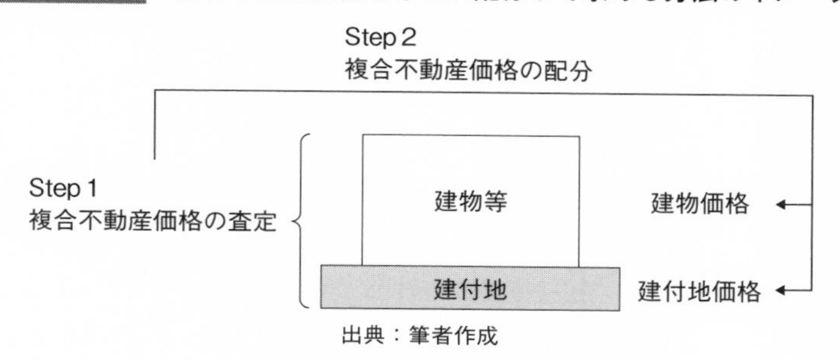

出典：筆者作成

複合不動産価格の配分方法（イメージ図　Step 2）として，基準留意事項では割合法，および控除法が定められています（**図表９－５**）。

図表９－５　割合法と控除法の意義と算式イメージ

配分方法	各方法の意義（基準留意事項より）と算式イメージ
割合法	複合不動産価格に占める敷地の構成割合を求めることができる場合において，複合不動産価格に当該構成割合を乗じて求める方法 建付地価格＝複合不動産価格×敷地構成割合
控除法	複合不動産価格を前提とした建物等の価格を直接的に求めることができる場合において，複合不動産価格から建物等の価格を控除して求める方法 建付地価格＝複合不動産価格－建物等の価格

出典：筆者作成

Step 1 の複合不動産価格の求め方については，自用の建物及びその敷地や貸家及びその敷地の項目で解説していますが，複合不動産価格を求める手法（原価法，取引事例比較法，収益還元法）のうち，土地価格と建物価格の内訳を把握できるのは原価法だけですので，Step 2 の割合法における敷地構成割合は原価法で査定した土地と建物の積算価格割合をもとに算出することが一般的です。

なお，基準留意事項では，上記２つの方法について，対象不動産の特性に応じて適切に適用しなければならないと定めています。実務上は割合法が適用されることが多いといわれていますので，割合法の計算例をご紹介します。

〈複合不動産価格をもとに配分して求める方法（割合法）〉

【Step１】複合不動産価格の査定（収益性の高い賃貸オフィスビルとその敷地とする）

①積算価格：10億円（内訳：土地７億円，建物３億円）

②比準価格：土地建物一体として要因比較可能な取引事例が収集できず適用断念

③収益価格：12億円（収益還元法では土地建物の内訳は求められない）

複合不動産価格は，主たる市場参加者（法人投資家等）が収益性を重視することから，収益価格を標準に，積算価格を比較考量して，12億円と決定。

【Step２】複合不動産価格の配分（積算価格比を用いた割合法）

建物価格3.6億円＝12億円×（３億円/10億円）（注）

建付地価格8.4億円＝12億円×（７億円/10億円）

注：建物価格3.6億円が建物の再調達原価３億円を上回っていますが，鑑定理論的には収益性の高い賃貸オフィスビル等の投資用不動産であれば，建物再調達原価に比べて一定の付加価値を生んでいる場合もあり，建物価格が建物再調達原価を上回っている事実のみでその建物価格の適正性が否定されるものではありません。

4　税務評価と鑑定評価の異同点

(1)　評価額決定プロセスの違い

税務評価では，評価通達に基づき１つの評価額が求められます。

鑑定評価では，複数の鑑定評価手法を適用して試算価格を求め，対象不動産（建付地）の典型的な市場参加者の視点で試算価格を調整することで鑑定評価額が決定されます。

税務評価の路線価方式では地域要因を反映した路線価に対象不動産の画地条件（個別的要因）に基づく補正を行う点が鑑定評価の取引事例比較法に似ていますが，複数の手法からアプローチして市場参加者の視点で１つの評価額に絞り込むという鑑定評価のプロセスは税務評価にはありません。

(2)　貸家建付地の評価において収益性を考慮するか否かの違い

税務評価では，貸家の賃貸割合が高いほど（空室率が低いほど）評価通達26（貸家建付地の評価）による評価減の金額が大きくなり，貸家建付地の評価額が下がりますが，これは鑑定評価の収益還元法と真逆の考え方になります（**図表９－６**）。

図表９－６　賃貸割合が貸家建付地の価格に与える影響

賃貸割合 （空室率）	税務評価 評価通達26（貸家建付地の評価）	鑑定評価 収益還元法
賃貸割合高い （空室率低い）	所有者の利用制限強い →価格にマイナスの影響	収益性高い →価格にプラスの影響
賃貸割合低い （空室率高い）	所有者の利用制限弱い →価格にプラスの影響	収益性低い →価格にマイナスの影響

出典：筆者作成

現行の評価通達では，借家人が居付きであることによる所有者の利用制限にのみ着目し，個々の収益物件の収益性を考慮していません。相続税路線価で考慮できるのは地域の繁華性等にとどまりますので，個々の収益物件固有の収益性を考慮するには相続税路線価を補正する算式を評価通達で定める必要がありますが，個々の収益物件ごとに個別性が強く，全国一律で適用する算式を定めるのは困難でしょう。

なお，こうした収益性を考慮するか否かの違いにより鑑定評価額と通達評価額に大きな乖離が生じるケースがあります（詳細は第15章「貸家及びその敷地の評価方法」を参照）。

⇒応用編の事例［D］もチェック

第10章

借地権の評価方法

1　鑑定評価の借地権と税務評価の借地権との関係

鑑定評価の借地権は，「借地借家法（廃止前の借地法を含む）に基づく借地権（建物の所有を目的とする地上権又は土地の賃借権）」と定義されています。基準の借地権の定義には，定期借地権（借地借家法第22条，23条，24条）も含まれています。

一方，税務評価における評価通達９では，普通借地権（旧借地法の借地権を含む）と定期借地権を区別して定義し，それぞれ異なる評価方法を定めています。

以上のように，定期借地権を区分して定義するか否かの違いはありますが，借地権の範囲に関して差異はありません。本書では解説の便宜上，定期借地権に関しては後に別項目を設けることとし，ここでは普通借地権（旧借地法の借地権を含む）の評価方法について解説します。

2　税務評価の取扱い

(1)　借地権の評価額がゼロの場合

建物の所有を目的とした土地の賃借権または地上権が設定されれば，借地借家法（旧借地法含む）に基づく借地権は生じますが，常にそこに経済価値が生じるわけではありません。借地権に経済価値が生じるには，税務上の適正地代の上限値を意味する相当の地代よりも低廉な地代で借りることができるという「借り得」の存在，およびその「借り得」に着目した借地権の取引慣行の存在が必要となります。したがって，たとえば以下のような場合には，借地権は存在してもその評価額はゼロとなります。

①　相当の地代が支払われている場合

具体的には，土地賃貸借契約時に権利金等の一時金の授受がなく，税務上の適正地代の上限値を意味する相当の地代でスタートし，その後地価上昇に応じて相当の地代を増額改定しているような場合（相当の地代改定型）には，借地権価格の構成要素である「借り得」がありませんのでその評価額もゼロとなります（相当地代通達３⑴）。なお，この場合の相当の地代とは以下の算式で求められます。

相当の地代（年額）＝過去３年間の自用地価額の平均額×６％

②　無償返還届出書が提出されている場合

具体的には，土地賃貸借契約当事者のいずれかが法人であり，かつ，契約書において将来借地人がその土地を無償返還することを定め，税務署に遅滞なく無償返還届出書を提出した場合，契約当事者間で借地権の経済価値を認識しておらず，相当の地代を授受しているものとして取り扱われますので，その評価額もゼロとなります（法人税法基本通達13-１-７，相当地代通達５）。なお，契約当事者がいずれも個人の場合や契約時に権利金等の一時金を授受している場合には無償返還届出書を提出できませんので注意が必要です（法人税法基本通達13-１-７）。

③　借地権の取引慣行がない場合

借地権価格の構成要素である「借り得」があってもそれに着目した借地権の取引慣行がない地域の場合，借地権の評価額はゼロとなります。借地権の取引慣行がない地域は，路線価図ではA ～ Gの記号がなく，倍率表では借地権割合が空欄となっていますので，税務評価における借地権の取引慣行の有無は容易に確認可能です。

図表10－1　借地権の取引慣行がない場合の路線価図，倍率表の例

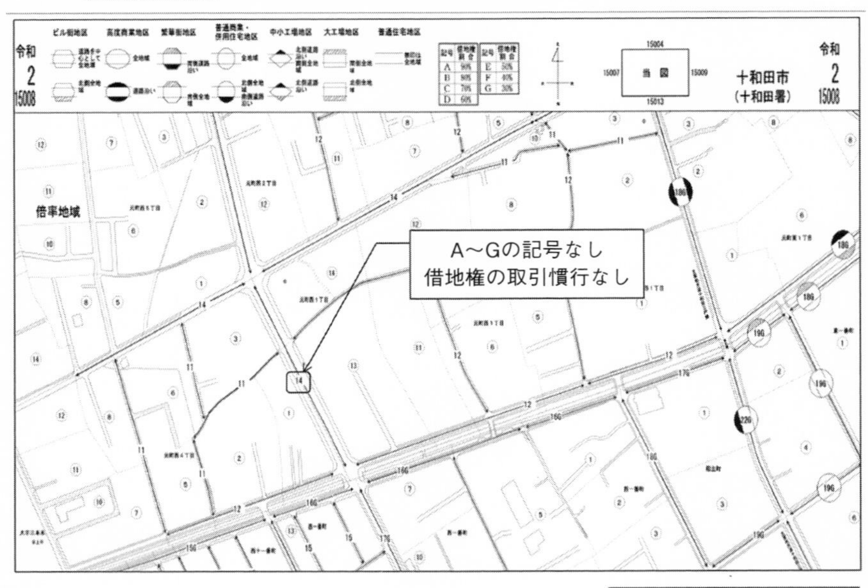

借地権割合が空欄
借地権の取引慣行なし

令和 2年分　　倍　率　表

市区町村名：大仙市　　　　大曲税務署

音順	町（丁目）又は大字名	適用地域名	借地権割合	固定資産税評価額に乗ずる倍率等 宅地	田	畑	山林	原野	牧場	池沼
			%	倍	倍	倍	倍	倍	倍	倍
き	協和荒川	全域		1.0	純 1.3	純 1.7	純 0.7	純 0.7		
	協和稲沢	全域		1.1	純 1.3	純 1.7	純 0.7	純 0.7		
	協和上淀川	全域		1.1	純 1.0	純 1.6	純 0.7	純 0.7		
	協和小種	全域		1.0	純 1.3	純 1.5	純 0.7	純 0.7		
	協和境	全域		1.1	純 1.0	純 1.6	純 0.7	純 0.7		
	協和下淀川	全域		1.1	純 1.3	純 1.5	純 0.7	純 0.7		
	協和中淀川	全域		1.1	純 1.3	純 1.5	純 0.7	純 0.7		
	協和船岡	全域		1.1	純 1.5	純 1.7	純 0.7	純 0.7		
	協和船沢	全域		1.0	純 1.5	純 1.7	純 0.7	純 0.7		
	協和峰吉川	全域		1.1	純 1.0	純 1.6	純 0.7	純 0.7		

出典：国税庁ホームページ路線価図，倍率表をもとに筆者が加筆

(2)　借地権の評価額が出る場合

①　通常の地代が支払われる場合

相当地代通達によれば，通常の地代とは「その地域において通常の賃貸借契約に基づいて通常支払われる地代」とされています。各地域の用途別の地代水準（公租公課倍率，対更地価格の表面利回り，対底地価格の表面利回り等）のデータとしては，各都道府県の不動産鑑定士協会作成の研究調査資料等がありますが，通常これらは不動産鑑定士しか入手できないので一般の納税者や税理士としては通常の地代の把握が困難です。そこで実務上は以下の算式で通常の地代を把握する方法が用いられています。

通常の地代＝過去３年間の自用地価額の平均額×（１－借地権割合）×６％

そして，通常の地代が支払われている借地権は以下の算式で評価されます(評価通達27)。

借地権の評価額　＝　自用地価額　×　借地権割合

借地権割合は，各国税局長が地域ごとに定めることとされており，具体的には，路線価図または倍率表にA～Gの記号またはパーセントで表示されています。

記号	A	B	C	D	E	F	G
借地権割合	90%	80%	70%	60%	50%	40%	30%

なお，この借地権割合は,「その評定の基となる売買実例の取捨において，非堅固な建物の所有を目的とする借地権に係る取引事例を排除する等，堅固な建物の所有を目的とする借地権に係る借地権割合の評定を行っているものではないことが認められるのであって，評価の対象となる借地権は堅固な建物の所有を目的とするか否かにかかわらず適用されるものとして評定されている」(平成13年４月25日非公開裁決 TAINS：F０－３－010審判所の判断より抜粋）とのことであり，評価対象の借地権が非堅固建物所有目的か堅固建物所有目的かといった個々の借地権の契約内容に基づく個別的要因は考慮されていません。

②　通常の地代を超え相当の地代に満たない地代が支払われている場合

具体的に以下のような場合，借地権は以下の算式で評価されます。

- 土地賃貸借契約時に不十分な権利金等の一時金が授受され，その不十分な権利金に応じた相当の地代でスタートし，その後地価上昇に応じて地代を増額改定している場合（相当の地代改定型）（相当地代通達３(2)）
- 土地賃貸借契約時に権利金等の一時金の授受がなく，税務上の適正地代の上限値を意味する相当の地代でスタートし，その後地価上昇に伴い相当の地代を増額改定せず固定している場合（相当の地代固定型）（相当地代通達４）。

$$借地権の評価額＝自用地価額×\left\{借地権割合×\left(1-\frac{実際の地代の年額－通常地代の年額}{\underline{相当地代の年額}－通常地代の年額}\right)\right\}$$

分母の相当の地代の年額は，契約締結時における権利金の支払い有無にかかわらず，過去３年間の自用地評価額の平均額に６％を乗じて算出します。

③ 借地上の建物が貸家の場合

借地上の建物が貸家である借地権を税務評価では貸家建付借地権と呼び，以下の算式で評価します（評価通達28（貸家建付借地権等の評価），相当地代通達10(1)）。

貸家建付借地権の評価額＝借地権の評価額×（１－借家権割合×賃貸割合）

上記算式では，借家人が居付きであることにより建物について借地権者自らの自己使用が制限されていることから，下線部をマイナスすることとしています。

3 鑑定評価の取扱い

(1) 借地権価格の構成要素

基準では，借地権価格の中心となる構成要素について２つ（アとイ）を挙げています（基準各論第１章第１節Ｉ３．(1)①借地権の価格）。

> 借地権の価格は，借地借家法（廃止前の借地法を含む。）に基づき土地を使用収益することにより借地権者に帰属する経済的利益（一時金の授受に基づくものを含む。）を貨幣額で表示したものである。
> 借地権者に帰属する経済的利益とは，土地を使用収益することによる広範な諸利益を基礎とするものであるが，特に次に掲げるものが中心となる。
> ア　土地を長期間占有し，独占的に使用収益し得る借地権者の安定的利益
> イ　借地権の付着している宅地の経済価値に即応した適正な賃料と実際支払賃料との乖離（以下「賃料差額」という。）及びその乖離の持続する期間を基礎にして成り立つ経済的利益の現在価値のうち，慣行的に取引の対象となっている部分

アは，法的側面から見た借地権者に帰属する利益になります。具体的には借地借家法（旧借地法含む）によって，最低存続期間が法定されていること，契約期間が満了しても地主に更新拒絶のための正当事由がない限り契約更新され得ること，地主の承諾に代わる裁判所の許可制度による譲渡も可能であること，建物買取請求権を有すること等，借地権者の保護が強化されていることに基づく安定的利益を指します。なお，定期借地権は契約期間満了に伴う更新がないため，この法的側面から見た利益は普通借地権（旧借地法の借地権含む）よりも弱いです。

イは，賃料差額（借り得）に基づく経済的側面から見た利益になります。この賃料差額が生じる原因としては，**図表10－2**のとおり大きく3つあります。

図表10－2　賃料差額（借り得）の発生原因

鑑定実務上の呼び名	賃料差額（借り得）の発生原因
①創設的借地権	借地権設定時に借地権者から地主に権利金が支払われることで支払地代が適正地代よりも低く設定されることによるもの
②自然発生的借地権	借地権設定時は支払地代を適正地代からスタートし，その後地価が上昇して適正地代もそれに伴い上昇しているが，支払地代は当初のまま据え置かれたことで生じたもの
①②が混在したもの	同上

出典：筆者作成

基準では，将来における持続的な賃料差額（借り得）の存在とその現在価値に着目した取引慣行の存在があって初めて経済的側面から見た利益が生じると定めています。

(2) 借地権の鑑定評価手法

基準では，借地権の鑑定評価手法の適用方針は，その取引慣行の成熟度が高い地域か低い地域かでそれぞれ区別して定められています（各論第1章第1節Ⅰ3.(1)②借地権の鑑定評価。ただし，①～④は筆者加筆）。

- 借地権の取引慣行の成熟の程度が高い地域

> 借地権の鑑定評価額は，①借地権及び借地権を含む複合不動産の取引事例に基づく比準価格（取引事例比較法），②土地残余法による収益価格（借地権残余法），③当該借地権の設定契約に基づく賃料差額のうち取引の対象となっている部分を還元して得た価格（賃料差額還元法）及び④借地権取引が慣行として成熟している場合における当該地域の借地権割合により求めた価格（借地権割合法）を関連づけて決定するものとする。

- 借地権の取引慣行の成熟の程度が低い地域

> 借地権の鑑定評価額は，①土地残余法による収益価格（借地権残余法），②当該借地権の設定契約に基づく賃料差額のうち取引の対象となっている部分を還元して得た価格（賃料差額還元法）及び③当該借地権の存する土地に係る更地又は建付地としての価格から底地価格を控除して得た価格（底地価格控除法）を関連づけて決定するものとする。

基準では，各手法をそれぞれ関連づけて決定することと定めており，特にどの手法を重視する等の優劣はつけていません。ただし，鑑定実務上，対象不動産の典型的な市場参加者の属性や各手法適用にあたり入手できた資料の相対的信頼性等によって，各試算価格の有する説得力が異なるため，ある手法を他の手法よりも重視する場合も当然にあり得ます。

①　取引事例比較法

借地権および借地権を含む複合不動産（借地権付建物）の取引事例は仮に収集できても契約内容の詳細につき確認困難な場合が多く，対象不動産と取引事例とで契約内容も含めた合理的な要因比較が困難なため，鑑定実務上この取引事例比較法の適用が断念される場合が多いです。

②　借地権残余法

この手法は，実務上，更地の土地残余法と区別して借地権残余法と呼ばれていますが，基本的な考え方は更地の土地残余法と同じです。

簡単に言えば，借地上の建物の家賃収入から借地権価格にアプローチする手法です。具体的には，借地上の建物の新規家賃（正常実質賃料）をベースとして査定した総収益から，総費用（減価償却費・土地公租公課除く）および地主

図表10－3　借地権残余法の計算イメージ

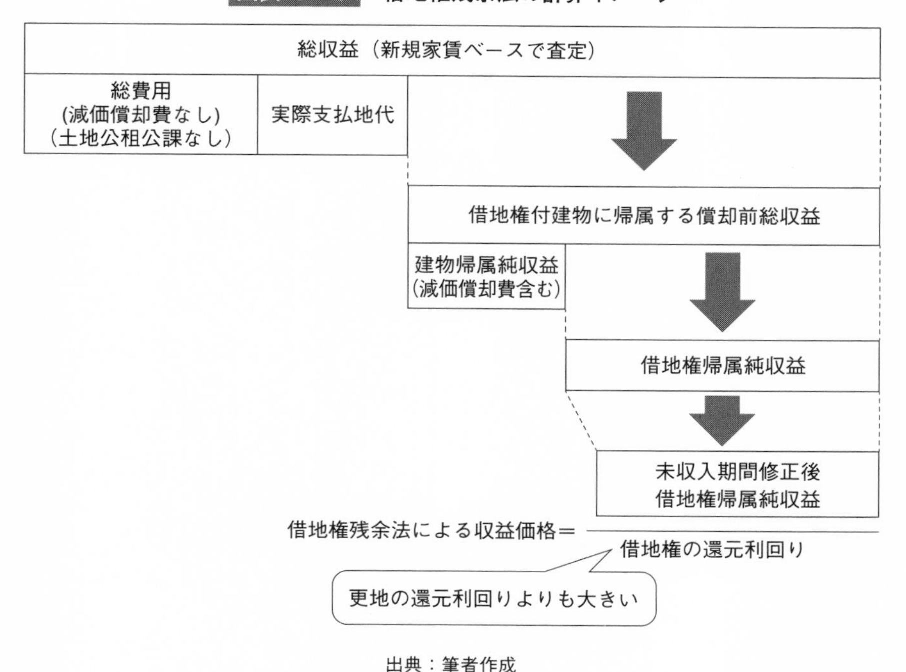

出典：筆者作成

への支払地代を控除し，さらに建物に帰属する純収益（減価償却費含む）を控除し，最終的に残った借地権に帰属する純収益を借地権の還元利回りで還元して，借地権の収益価格を試算します。

借地権の還元利回りは，借地権に帰属する純収益に対応するものであり，当該純収益の将来リスクを反映したものとなります。借地権固有の将来リスクとしては，将来の地代増額リスク，および，更新拒絶による借地権の消滅リスク，更新料等の将来見込まれる一時金の負担リスク等が挙げられます。これら借地権固有のリスクがあるため，通常，更地の還元利回りよりも借地権の還元利回りのほうが大きくなります。

③　賃料差額還元法

賃料差額還元法は，借地権価格の構成要素のうち賃料差額（借り得）に基づく経済的側面から見た利益に着目した手法です。

借地権残余法が借地上の建物の新規家賃（正常実質賃料）から借地権価格にアプローチする手法であるのに対し，この賃料差額還元法は，土地の新規地代（正常実質賃料）から借地権価格にアプローチする手法です。

図表10－4　賃料差額還元法の計算イメージ

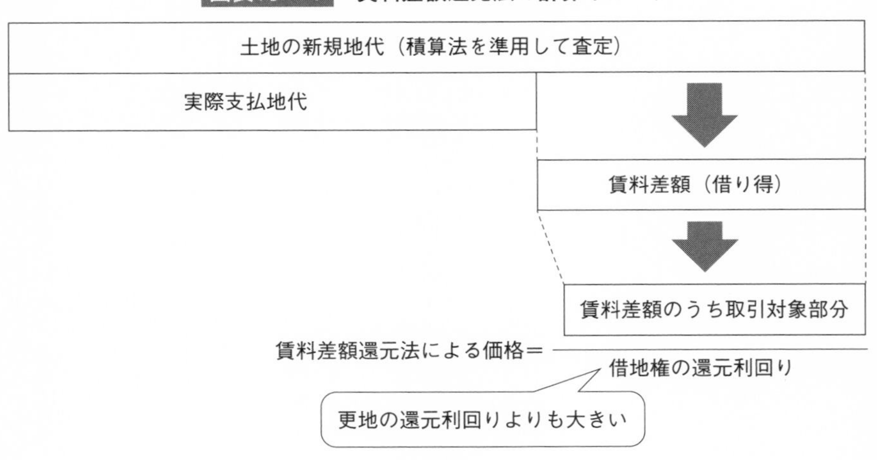

出典：筆者作成

〈賃料差額（借り得）のもととなる土地の新規地代の査定方法〉

土地の新規地代は，新規賃料の鑑定評価手法である積算法や賃貸事例比較法により査定しますが，事例収集の困難性より賃貸事例比較法の適用が困難で積算法により査定する場合が多いです。

【積算法による新規地代の算式】

新規地代　＝　基礎価格　×　期待利回り　＋　必要諸経費等

基礎価格とは，新規地代を求めるための基礎となる価格をいい，その査定にあたっては，先に更地価格を基準に則って査定します。次に，当該更地価格をベースに，対象借地権固有の契約減価を考慮して査定します。契約減価としては，たとえば，堅固建物所有目的の借地権が多い地域において対象借地権の契約上非堅固建物所有目的に限定されている場合や，対象借地権の契約上建物の階層制限があり許容容積率を消化できない場合等が挙げられます。

【基礎価格の査定方法】

基礎価格　＝　更地価格　×　（1 － 契約減価）

期待利回りとは，賃貸借等に供する不動産を取得するために要した資本相当額に対して期待される純収益のその資本相当額に対する割合をいい，基準では，還元利回りを求める方法に準じて査定することと定められています。鑑定実務上，期待利回りの検証方法として，以下の東京不動産鑑定士協会の資料が参考になりますのでご紹介します（東京不動産鑑定士協会 研究委員会「鑑定実務Q&A<第７集>」（平成15年３月））。

「期待利回りについては，権利金等の授受無しに借地契約を設定するケースが，現状では関連会社間・会社と代表取締役間等特殊な関係以外にほとんどみられないので，比準利回りを求めるのは困難である。

実務的には，不動産の一般的な投資利回りとして地価公示の基本利率を採用するか，または，新規家賃の賃貸事例から求めた土地・建物一体に帰属する純収益から建物に帰属する純収益を控除した残余の土地のみに帰属する純収益を，取引事例比較法か原価法で求めた当該更地価格で除した利回りを参考として求める。」

必要諸経費等としては，土地公租公課（固定資産税・都市計画税）の実額を計上します。

〈賃料差額のうち取引対象部分の査定方法〉

賃料差額のうち取引対象部分の査定方法として，具体的な方法は基準には定められていません。鑑定実務上，借地権の取引慣行の成熟の程度が高い地域の場合は賃料差額の全額が取引対象となると査定される場合が多いです。一方，借地権の取引慣行の成熟の程度が低い地域の場合や，後に解説する定期借地権の場合には，賃料差額の一部のみが取引対象になる場合もあります。

〈借地権の還元利回りの査定方法〉

賃料差額還元法の還元利回りは，賃料差額の現在価値の総和を求める複利年金現価率の逆数である年賦償還率（期待利回りｒと償還基金率の和）となりますので，積算法で査定済みの期待利回りよりも償還基金率分大きくなります（**図表10－５**）。

図表10－５　賃料差額還元法の還元利回りの計算式

$$\text{賃料差額法の還元利回り}=\text{年賦償還率}=\frac{r(1+r)^n}{(1+r)^n-1}=r+\boxed{\frac{r}{(1+r)^n-1}}$$

（囲み部分：償還基金率）

ｒ：期待利回り
ｎ：借地期間

出典：筆者作成

期待利回りｒと借地期間ｎを代入すれば上記償還基金率が計算でき，還元利回りが査定できますが，定期借地権と異なり，普通借地権（旧借地法の借地権含む）は半永久的に更新される可能性があるため，借地期間ｎの査定が困難です。したがって，鑑定実務上は，積算法で査定済みの期待利回りとの大小関係に留意し，更地の還元利回りに借地権固有の将来リスク（賃料差額の持続リスクとして，将来の地代増額リスクや更新料等の将来見込まれる一時金の負担リスク）を加味して査定する場合が多いです。

④　借地権割合法

借地権割合法は，地域の借地権の取引慣行に着目した手法で，対象不動産の更地価格に借地権割合を乗じて借地権価格を試算する手法です。

借地権割合法による借地権価格　＝　更地価格　×　借地権割合

借地権割合の査定にあたっては，まず近隣地域の標準的借地権割合を把握し，次に当該割合に対象借地権の個別的要因を反映して査定します。近隣地域の標準的借地権割合の把握にあたっては相続税路線価の借地権割合が参考になります。

借地権割合法は，借地権の取引慣行により形成された近隣地域の標準的な借地権割合の存在が前提となりますので，借地権の取引慣行の成熟度が低い地域では適用手法として定められていません。

⑤　底地価格控除法

底地価格控除法は，借地権の取引慣行の成熟度が低い地域で適用される手法であり，対象不動産の土地価格から底地価格を控除して借地権価格を試算する手法です。

底地価格控除法による借地権価格　＝　土地価格　－　底地価格

通常，借地権価格と底地価格の合計は，土地価格（更地価格または建付地価格）に満たない場合が多く，底地価格控除法による借地権価格は，借地権価格の上限値を示していることになります。

4　税務評価と鑑定評価の異同点

(1)　借地権価格の構成要素

税務評価では，相当の地代改定型の場合には賃料差額（借り得）はなく借地権の評価額はゼロとなり，また，賃料差額（借り得）があってもその地域において借地権の取引慣行がない場合には借地権の評価額はゼロとなります。

鑑定評価でも，借地権価格の構成要素として，価格時点以降の持続的な賃料差額（借り得）の存在とそれに着目した取引慣行の存在を挙げており，賃料差額（借り得）がない場合や取引慣行がない場合には借地権の評価額はゼロとなります。

したがって，どちらも賃料差額（借り得）の存在と借地権の取引慣行の存在を借地権価格の構成要素として捉えている点は共通しています。ただし，税務評価では課税時期以前の賃料差額（借り得）に着目しており，鑑定評価では価格時点以降の将来における賃料差額（借り得）に着目している点が異なります。

(2)　評価額決定プロセスの違い

税務評価では，評価通達や相当地代通達に基づき借地権の評価額が１つ求められます。

鑑定評価では，複数の鑑定評価手法を適用して試算価格を求め，対象不動産（借地権）の典型的な市場参加者の視点で試算価格を調整することで鑑定評価額が決定されます。税務評価の評価通達27（借地権の評価）と鑑定評価の借地権割合法は計算式が似ていますが，複数の手法からアプローチして市場参加者の視点で１つの評価額に絞り込むという鑑定評価のプロセスは税務評価にはありません。

(3)　税務評価の借地権割合と鑑定評価の借地権割合の違い

税務評価の評価通達27（借地権の評価）と鑑定評価の借地権割合法は，その算式だけ見ると，同じ形をしています。

図表10－6　税務評価の評価通達27（借地権の評価）と鑑定評価の借地権割合法の算式

手　法	算　式
税務評価の評価通達27	自用地価額×借地権割合
鑑定評価の借地権割合法	更地価格×借地権割合

出典：筆者作成

ただし，鑑定評価の借地権割合は，不動産鑑定士が地域分析を通じて把握した近隣地域の標準的借地権割合に対象借地権の契約内容に基づく個別的要因を加味して査定するものであり，個々の借地権の個別的要因が考慮されていない相続税路線価の借地権割合と一致するとは限りません。

ご参考までに，やや古い資料ではありますが，（社）日本不動産鑑定士協会の「借地権取引の実態調査」（平成15年）より，地区別にみた第三者間取引の借地権割合と相続税路線価の借地権割合（資料では国税借地権割合）とを比較すると**図表10－7**のとおりです。

図表10－7　**借地権の平均借地権割合（取引価格/更地価格の平均）と国税借地権割合の平均**

	関東甲信（４件）	東京（17件）	神奈川（４件）	近畿（14件）	九州・沖縄（３件）	その他（４件）
イ．平均借地権の割合	16.2%	63.4%	54.7%	31.9%	24.5%	28.9%
ロ．事例地の国税借地権割合の平均	52.5%	66.5%	60.0%	57.1%	43.3%	45.0%
（イ/ロ）×100	30.9%	95.3%	91.2%	55.9%	56.6%	64.2%

出典：（社）日本不動産鑑定士協会「借地権取引の実態調査」（平成15年）

データ数が決して多いとは言えませんが，どの地域でも相続税路線価の借地権割合よりも実際の第三者間取引の借地権割合のほうが低い傾向は見て取れます。

こうした取引実態を踏まえ，相続税申告において，評価通達27ではなく鑑定評価の借地権割合法で評価すれば借地権の評価額を下げられるのではないかと思われるかもしれませんが，これはそうとも限りません。借地権割合法の借地権割合のほうが相続税路線価の借地権割合よりも低く査定されても，それを乗じる土地価格については，税務評価の自用地価額が地価公示価格の８割水準であるのに対し，鑑定評価の更地価格は地価公示水準で通常２割高いこともあり，常に鑑定評価のほうが税務評価よりも低くなるとは言えません。また，借地権の鑑定評価額は，借地権割合法による価格だけでなく他の試算価格と関連づけて最終的に決定されますので，借地権割合法による価格がそのまま鑑定評価額となるわけではありません。

⇒応用編の事例［E］もチェック

(4)　将来見込まれる一時金の取扱いの違い

借地権者から地主に対して将来支払いが見込まれる一時金としては，主に**図表10－8**に記載した4つが挙げられます。

図表10－8　将来見込まれる一時金の内容とその水準

将来見込まれる一時金	内　　容	水　　準
更新料	契約の更新時に授受される一時金	一概に水準を示すことは難しい。
増改築承諾料	借地条件を変更せず，既存の建物を増改築する場合に授受される一時金	東京地方裁判所の借地非訟事件における実務では以下のとおり（注） ①　全面的改築の場合，更地価格の３％を基準として５％程度までの間で決定されるのが通常である。 ②　全面的改築に至らない場合，更地価格の１％台を中心に，３％以下で決定されることが多い。
条件変更承諾料	借地条件を変更して（非堅固建物から堅固建物所有目的への変更等），建替えを行う場合に授受される一時金	東京地方裁判所の借地非訟事件における実務では，更地価格の10％相当（±諸事情を勘案）（注）
譲渡承諾料（名義書換料）	借地権を地主以外の第三者に譲渡するときにその承諾を得るために授受される一時金	東京地方裁判所の借地非訟事件における実務では，借地権価格の10％相当（±各事案の個別事情を考慮）（注）

（注）植垣勝裕『借地非訟の実務』（新日本法規出版，平成27年３月）より

出典：筆者作成

税務評価では，借地権の評価にあたってこれら将来支払いが見込まれる一時金については考慮されません。

一方，鑑定評価では，これら将来見込まれる一時金のうち更新料，増改築承諾料，および条件変更承諾料は借地権者が将来負担するものであるため，**図表10-9**のようにその発生の蓋然性が高い場合には，借地権価格を低める減価要因として考慮します。更地価格に借地権割合を乗じた後に，非堅固建物から堅

固建物への建替承諾料支払いによる契約減価の額を控除する方法により本件借地権の価額を算定すべきとの請求人らの主張に対して，建替承諾料の支払いは，法的に確立されたものではないし，その慣行が定着しているものではなく，そもそも非堅固な建物の所有目的のまま更新することもありうるのであり，その支払いが確実なものであると認めることもできないから，請求人らの主張する契約減価を控除する方式は，およそ合理的なものとはいえないと審判所に判断されてしまった裁決例があります（平成13年４月25日非公開裁決TAINS：Ｆ０－３－010）。このように将来見込まれる一時金を借地権の鑑定評価において減価要因として考慮するには，その発生の蓋然性の高さに特に注意が必要です。

図表10－９　借地権の鑑定評価における将来見込まれる一時金の取扱い

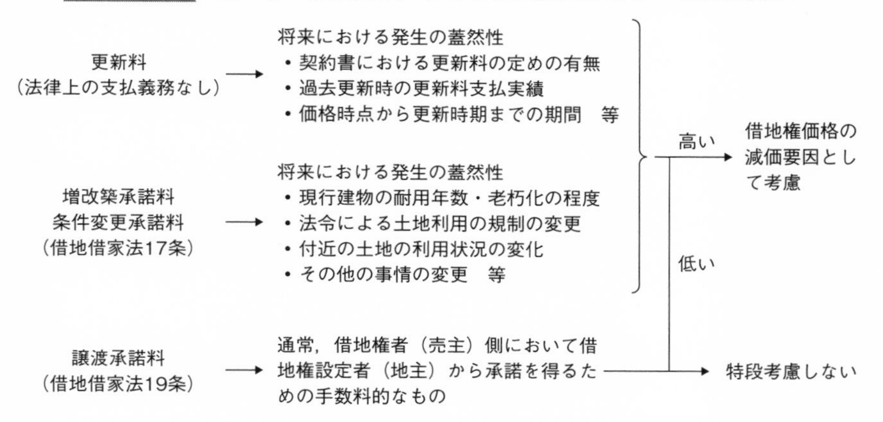

譲渡承諾料は，借地権者の相続の場合，および借地権を地主に譲渡する場合は発生しませんが，借地権を第三者に売却する場合には発生します。借地権者が負担する手数料的な性格の一時金であり，借地権価格を構成する要素にはなりませんが，借地権者（売主）の手取額は借地権の売却代金から譲渡承諾料を控除した額となります。

第11章

底地の評価方法

1 鑑定評価の底地と税務評価の貸宅地との関係

鑑定評価と税務評価で借地権の範囲に差異はありませんので，借地権が付着した土地所有権である底地の範囲も差異はありません。ただし，その呼び名が鑑定評価では底地となっていますが，税務評価では貸宅地と，異なっています。

2 税務評価の取扱い

(1) 借地権はあっても価値がゼロの場合

以下の場合には借地権は存在してもその評価額はゼロとなります（第10章２.「税務評価の取扱い」参照）。

- 相当の地代が支払われている場合
- 無償返還届出書が提出されている場合
- 借地権の取引慣行がない場合

しかし，評価額はゼロといえども借地借家法の保護を受けた借地権は存在し，現に借地権者の建物が立っていますので，地主は自由に土地を利用できません。こうした地主の利用制限を考慮して，貸宅地の評価において自用地価額から20%評価減することとされています（評価通達25括弧書き，相当地代通達６(1)，８）。

貸宅地の評価額＝自用地価額×80%

(2)　借地権の評価額が出る場合

この場合には，貸宅地の評価額は自用地価額から借地権の評価額を控除して求めることとされています（評価通達25，相当地代通達6(2)，7）。実務上，借地権価額控除方式とも呼ばれています。

貸宅地の評価額＝自用地価額－借地権の評価額

3　鑑定評価の取扱い

(1)　底地価格の構成要素

基準は，底地価格の構成要素として以下のとおり3つ挙げています（基準各論第1章第1節Ｉ3．(2)底地。ただし①②③は筆者加筆）。

> 底地の価格は，借地権の付着している宅地について，借地権の価格との相互関連において借地権設定者に帰属する経済的利益を貨幣額で表示したものである。借地権設定者に帰属する経済的利益とは，①当該宅地の実際支払賃料から諸経費等を控除した部分の賃貸借等の期間に対応する経済的利益及び②その期間の満了等によって復帰する経済的利益の現在価値をいう。なお，③将来において一時金の授受が見込まれる場合には，当該一時金の経済的利益も借地権設定者に帰属する経済的利益を構成する場合があることに留意すべきである。

構成要素①は地代徴収権に基づく経済的利益の現在価値を意味します。構成要素②は契約期間満了等により借地権が消滅して完全所有権に復帰することにより回復する経済的利益の現在価値を意味します。構成要素③は更新料，増改築承諾料，条件変更承諾料等の将来見込まれる一時金の現在価値を意味します。

普通借地権（旧借地法の借地権）の底地は，契約期間が満了しても更新される可能性が高いことから，一般的には構成要素①③が中心となり，構成要素②は小さくなります。一方で定期借地権の底地は，契約期間が満了し更新されることはなく完全所有権に復帰するため，構成要素①②が中心となります。

以上を踏まえ，底地価格の３つの構成要素を普通借地権と定期借地権別にみると**図表11－１**のとおりです。

図表11－１ 普通借地権と定期借地権別にみる底地価格の３つの構成要素

底地価格の構成要素	普通借地権（旧借地法の借地権含む）の底地	定期借地権の底地
①地代徴収権に基づく経済的利益の現在価値	○	○
②契約期間満了等により借地権が消滅して完全所有権に復帰することにより回復する経済的利益の現在価値	—	○
③更新料，増改築承諾料，条件変更承諾料等の将来見込まれる一時金の現在価値	○	—

出典：筆者作成

(2) 底地の鑑定評価手法

底地の鑑定評価手法の適用方針は，基準では以下のとおり定められています（基準各論第１章第１節Ⅰ３．(2)底地。ただし①②は筆者加筆）。

> 底地の鑑定評価額は，①実際支払賃料に基づく純収益等の現在価値の総和を求めることにより得た収益価格及び②比準価格を関連づけて決定するものとする。また，底地を当該借地権者が買い取る場合における底地の鑑定評価に当たっては，当該宅地又は建物及びその敷地が同一所有者に帰属することによる市場性の回復等に即応する経済価値の増分が生ずる場合があることに留意すべきである。

基準では，①②を関連づけて底地の正常価格としての鑑定評価額を決定することと定めており，特にどちらを重視等の優劣はつけていません。ただし，鑑定実務上，底地の取引事例収集の困難性から取引事例比較法の適用が断念される場合が多く，代替法として，借地権の鑑定評価方法である借地権割合法を準用して，更地価格に底地割合を乗じる方法（底地割合法）が用いられることがあります。

なお，基準のまた書きは底地の限定価格を求める場合の留意事項になります。

①　収益還元法

普通借地権（旧借地法の借地権含む）は契約期間が満了しても更新される可能性が高いことから，収益還元法の適用にあたっては，DCF法ではなく，直接還元法（永久還元法）の基本式が用いられます（**図表11－２**）。

図表11－２　永久還元法による底地の収益価格の試算別表サンプル

１．総収益

①	月額支払賃料	500,000円	現行賃貸借契約に基づく月額地代
②	年額支払賃料	6,000,000円	①×12カ月
③	預り一時金	0円	預り金的性格を有する一時金はなし
④	運用利回り	1%	市中金利の動向等を考慮して査定
⑤	一時金の運用益	0円	③×④
⑥	総収益	6,000,000円	②＋⑤

２．総費用

⑦	土地公租公課	1,500,000円	実額を計上
⑧	維持管理費	0円	特になし
⑨	総費用	1,500,000円	⑦＋⑧

３．純収益

⑩	純収益	4,500,000円	⑥－⑨

４．還元利回り（更地の還元利回りとの比較から求める方法）

対象不動産の更地としての還元利回りを，類似性の高い地価公示の採用数値等を参考に4.0%と査定した。
対象不動産の地代水準は公租公課倍率で４倍であり，東京都区部の非住宅用地の平均倍率水準（3.5倍）を若干上回る。したがって，対象不動産の非流動性リスクは更地に比べ極端に低くなく，むしろ更地に比べ，開発リスク・建物管理運営リスクがなく，かつ，安定的に地代収入が得られる点を考慮し，対象不動産の還元利回りを以下のとおり査定した。

還元利回り　　3.5%

5．収益価格

純収益÷還元利回り＝　　129,000,000円 将来見込まれる一時金の現在価値（更新料，条件変更承諾料等）はなしと判定した。 旧借地法の借地権であり，完全所有権に復帰することによる経済的利益の現在価値はなしと判定した。

（数値はすべて仮のものです）

出典：筆者作成

〈底地の還元利回りの査定方法〉

査定項目の中では，特に還元利回りの査定がポイントです。基準に例示されている査定方法の中では，積み上げ法（金融資産の利回りに，不動産に固有の各リスクを積み上げる方法）（**図表11－3**）の適用が考えられますが，現在は，国債利回りが短期ベースでマイナス，長期ベースでも約０%となっており，金融資産の利回りに軸足を置く積み上げ法の説得力は低いと考えられます。また，積み上げ法で金融資産の利回りに加算する底地固有のリスクプレミアムの査定根拠を客観的に立証しにくいという弱みもあります。

図表11－3　積み上げ法による底地の還元利回りの求め方

〈積み上げ法の例〉

10年国債の平均利回り	０%	←現在は異常値，説得力低い
不動産（底地）のリスクプレミアム	4.0%	←査定根拠の客観性が乏しい
（以下各リスクの合計）		
・投資対象としての危険性		
・非流動性		
・管理の困難性		
・資産としての安全性		
底地の還元利回り（上記合計）	4.0%	←結果，説得力低い

出典：筆者作成

要説によれば，「基準及び基準留意事項に記載されている還元利回り及び割引率の求め方は例示であり，これら以外にも実務的に有効な方法があれば，それを否定するものではない。（要説221項）」とされています。平成31年度から地価公示の鑑定評価書が一般公開されており，地価公示標準地の更地としての還元利回りが確認できます。したがって，基準が例示する還元利回りの査定方法ではありませんが，対象不動産と類似する地価公示の鑑定評価書で更地としての還元利回りを確認し，これをもとに，底地固有のリスク等を考慮して底地の還元利回りを査定する方法が考えられます。

東京不動産鑑定士協会が編集した書籍においても，底地の還元利回りについて，更地と各種リスク比較を行い，更地の還元利回りと比較して解説されています（**図表11－４**）。

図表11－４　更地の還元利回りと比較した底地の還元利回り

この場合の（底地の）還元利回りRは，収益物件を自ら運用する場合と比較すると，
・危険性・・・・運用リスクを負わないので低い
・流動性・・・・賃料水準次第ではあるが，更地と比較して極端に低いということはなく，むしろリスク回避を重視する安全指向の投資に適している。
・管理の困難性・・・・賃貸借契約が適正になされていれば，所有権者側の修繕義務等はなく，物件の管理負担はほぼ不要といってよい。
・投資対象としての安全性・・・・土地は減耗資産ではないので時間経過により減価することはなく，安全性は高い。
以上から，（底地の）還元利回りは，更地よりも低いとされ，その水準は1.5～３%程度となります。この場合，底地価格÷更地価格は10～20%程度になります。

出典：山野目章夫[監修]東京不動産鑑定士協会[編集]『ベーシック不動産実務ガイド（第３版）』（中央経済社，令和元年５月）163頁

②　取引事例比較法

底地の正常価格を取引事例比較法で試算するには，第三者間取引の底地の取引事例を多数収集する必要がありますが，通常収集困難な場合が多く，比準価格が試算できない，または試算できたとしても説得力がかなり低くなる場合が多いです。そこで鑑定実務上，代替法として底地割合法が用いられることが多いです。ただし，この底地割合法は基準に定められている手法ではないので，採用する場合には，代替法を採用する理由（底地の取引事例比較法が事例収集の困難性により断念せざるを得ない旨等）を鑑定評価書に記載して十分に説明する必要があります。

③ 底地割合法

底地割合法は，まず基準に則り更地価格を査定し，当該更地価格に底地割合を乗じて底地価格を試算する手法です。

底地割合法の底地割合の査定にあたっては，単に（1－借地権割合）とせず，以下のような底地固有の市場性減価や契約減価を考慮した割合として査定する必要があります。

〈底地の市場性減価の具体例〉

- 地価上昇に連動して地代の増額改定がなされておらず，底地の収益性が低いことにより市場性が減退する。
- 地主に更新拒絶の正当事由がない限り半永久的に契約更新され，完全所有権が地主に戻ってこない（利用制約）により市場性が減退する。

〈底地の契約減価の具体例〉

- 更地としての最有効使用は高層店舗事務所ビル（堅固建物）の敷地であるが，土地賃貸借契約書で非堅固建物に限定されており，最有効使用の堅固建物が建築できない場合，地主は借地権者の現況建物の家賃収入を原資とした地代収入しか得られない。すなわち，非堅固建物の借地条件を付けなければ，借地権者が最有効使用の堅固建物を建築でき，地主はもっと高い地代が得られたはずであり，底地の収益性が減退する。

4 税務評価と鑑定評価の異同点

(1) 評価額決定プロセスの違い

税務評価では，評価通達や相当地代通達に基づき貸宅地の評価額が1つ求められます。

鑑定評価では，複数の鑑定評価手法を適用して試算価格を求め，対象不動産（底地）の典型的な市場参加者の視点で試算価格を調整することで鑑定評価額が決定されます。税務評価の評価通達25（貸宅地の評価）と鑑定評価の底地割合法は以下のとおり似ていますが，複数の手法からアプローチして市場参加者の視点で１つの評価額に絞り込むという鑑定評価のプロセスは税務評価にはありません。

(2) 税務評価の貸宅地割合と鑑定評価の底地割合の違い

税務評価の評価通達25（貸宅地の評価）と鑑定評価の底地割合法は，その算式だけ見ると同じような形をしています。

図表11－5　税務評価の評価通達25（貸宅地の評価）と鑑定評価の底地割合法の算式

評価方法	算　式
税務評価 評価通達25（貸宅地の評価）	自用地価額－借地権の評価額 ＝自用地価額×（１－相続税路線価の借地権割合） ＝自用地価額×貸宅地割合
鑑定評価 底地割合法	更地価格×底地割合

出典：筆者作成

ただし，税務評価の貸宅地割合は，（１－相続税路線価の借地権割合）であり，その考え方は鑑定評価の底地の限定価格と同じで当事者間取引を前提としています。すなわち，第三者間取引を前提とした底地固有の市場性減価等が考慮されていません。一方，鑑定評価の底地割合は，不動産鑑定士が底地固有の市場性減価や契約減価を考慮して査定します。

図表11－6　鑑定評価の底地の正常価格と限定価格の関係

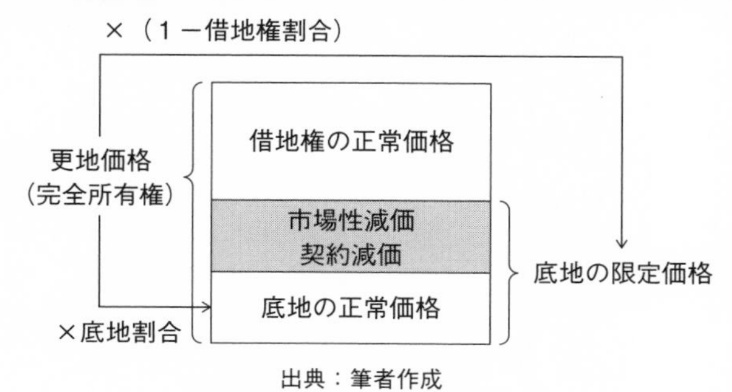

出典：筆者作成

借地権者以外の第三者（底地買取業者等）から見た市場性減価について，日本不動産研究所の書籍が参考になりますので以下ご紹介します（一般財団法人日本不動産研究所 賃料評価研究会『賃料評価の実務』（清文社，平成23年７月），359-360頁）。

> 当事者間取引以外の第三者間取引における需要者は，主に地代収入を目的として当該不動産を取得する個人投資家及び地場の不動産業者，借地権者への譲渡又は底地と借地権を同時に購入することを目的として完全所有権となる増分価値に着目する地場の不動産業者等が一般的である。
>
> 地代収入に着目した取引はある程度地代利回りが高いことが前提となるが，一般的には支払地代が比較的低廉であるものが多いため，地代収入を目的とする投資家は少ない。このような場合，借地権者への譲渡又は底地と借地権を同時に購入することを目的として完全所有権となる増分価値に着目して取引が行われるが，借地権者との交渉等が煩雑であるため，底地の取引価格は更地価格を100%として当該地域の慣行借地権割合を控除した残余の割合より低く，不動産業者（いわゆる底地ブローカー）の考え方は，次の通り値引率によって一定の掛け目がある。
>
> 更地価格×（100%－借地権割合（※１）×（100%－値引率（※２））＝底地価格
>
> ※１：借地権割合は通常，財産評価基準書路線価図の借地権割合を用いることが多い。
>
> ※２：値引率は50%程度が標準で，場合によっては70～80%になることもある。

また，やや古いですが，（社）日本不動産鑑定士協会の「底地取引の実態調査」（平成16年）より，地区別にみた第三者間取引の底地割合と相続税路線価の借地権割合に基づく貸宅地割合（資料では「国税底地割合」と記載されています）との比較資料（**図表11－７**）をご紹介します。

図表11－7　底地の平均底地割合（取引価格/更地価格の平均）と国税底地割合の平均

	北海道（１件）	東北（５件）	関東甲信（２件）	東京（10件）	愛知（２件）	大阪（３件）	九州（１件）
イ.平均底地割合	36.5%	38.4%	29.4%	27.2%	17.5%	31.0%	100.9%
ロ.事例地の国税底地割合の平均	50.0%	68.0%	60.0%	32.0%	50.0%	40.0%	50.0%
（イ/ロ）×100	73.0%	56.5%	49.0%	85.0%	35.0%	77.5%	201.8%

出典：（社）日本不動産鑑定士協会の「底地取引の実態調査」（平成16年）

資料がやや古く，データ数も多いとは言えませんが，九州の１事例を除き，どの地域でも国税底地割合よりも実際の第三者間取引の底地割合のほうが低い傾向は見て取れます。

こうした取引実態を踏まえ，相続税申告において，評価通達25（貸宅地の評価）ではなく鑑定評価で評価すれば底地の評価額を下げられるのではないかと思われる方もいるかもしれませんが，これはそう簡単にはいきません。これまでの相続税の裁決例や裁判例では，「底地は，第三者が取引を行うような一般的な市場及びそこにおける取引相場を想定することは困難であり，むしろ，取引があるとすれば将来的に借地契約の当事者間において売買が行われることが通常であるという特殊な財産であるというべきである。」（平成29年３月３日東京地裁判決TAINS：Z267-12986裁判所の判断部分より抜粋）という解釈がなされ，第三者間取引が捨象されてしまっています。したがって，当事者間取引を前提とすることが困難と認められる特別の事情がない限り，第三者間取引を前提にした底地固有の市場性減価を考慮した鑑定評価で相続税申告するのはハードルが高いのです。

⇒応用編の事例［F］もチェック
⇒応用編の事例［G］もチェック

(3)　将来見込まれる一時金の取扱いの違い

借地権者から地主に対して将来支払いが見込まれる一時金としては，更新料，増改築承諾料，条件変更承諾料，譲渡承諾料があります（第10章４．「税務評価と鑑定評価の異同点」参照)。

税務評価では，貸宅地の評価にあたってこれら将来支払いが見込まれる一時金については考慮されません。

一方，鑑定評価では，これら将来見込まれる一時金のうち更新料，増改築承諾料，および条件変更承諾料は地主が将来受領するものであるため，その発生の蓋然性が高い場合には，底地価格を高める要因として考慮します。具体的には，底地の収益価格の査定において，これら将来見込まれる一時金の現在価値を査定して加算する方法や底地の還元利回り（リスク）を低める方法が考えられます。

第12章

定期借地権の評価方法

1　税務評価の取扱い

(1)　定期借地権の評価体系

平成４年８月１日施行の借地借家法により導入された定期借地権については，個々の契約内容等によって極めて個別性が強いこと，契約期間満了に伴う更新がなく確定的に契約終了すること等から，地域の取引慣行に基づく借地権割合を基礎とした従来の借地権の評価方法（評価通達27）はなじまないということで，平成６年の評価通達改正で評価通達27-２，27-３が新設されました。併せて，定期借地権の底地の評価方法について定めた評価通達25(2)も新設されました。

(2)　評価通達27-２（定期借地権等の評価）本文（原則法）

評価通達27-２（定期借地権等の評価）では，「定期借地権等の価額は，原則として，課税時期において借地権者に帰属する経済的利益及びその存続期間を基として評定した価額によって評価する。」とだけ定めています。この定めは，鑑定評価の借地権の構成要素のうち経済的側面からみた利益とほぼ同じであり，この原則的な評価方法で評価しようとするならば，不動産鑑定士に鑑定評価を依頼する必要があります。裏を返せば，納税者および税理士ではこの原則的な評価方法では定期借地権の評価はできません。これでは実務が回らないので，評価通達27-２ただし書きおよび評価通達27-３で以下の簡便法も定められています。

(3)　評価通達27－2（定期借地権等の評価）ただし書き（簡便法）

評価通達27－2（定期借地権等の評価）ただし書きでは，「課税上弊害がない限り」，**図表12－1**の算式で評価すると定めています。

図表12－1　簡便法の算式

課税時期における自用地価額 ×（定期借地権設定時に借地権者に帰属する経済的利益の総額（注）／定期借地権設定時におけるその宅地の通常取引価額）×（課税時期における定期借地権の残存期間年数に応ずる基準年利率による複利年金現価率／定期借地権の設定期間年数に応ずる基準年利率による複利年金現価率）

- 定期借地権設定時に借地権者に帰属する経済的利益の総額（注）／定期借地権設定時におけるその宅地の通常取引価額：設定時の定期借地権割合
- 課税時期における定期借地権の残存期間年数に応ずる基準年利率による複利年金現価率／定期借地権の設定期間年数に応ずる基準年利率による複利年金現価率：定期借地権の逓減率
- 上記2つの積：課税時期の定期借地権割合

（注）定期借地権設定時に借地権者に帰属する経済的利益の具体例

定期借地権の設定形態	定期借地権設定時に借地権者に帰属する経済的利益の具体例
前払賃料方式の場合	前払賃料の額（平成17年文書回答事例）
権利金方式の場合	返還を要しない権利金等の額（評価通達27－3(1)）
保証金方式の場合	返還を要する保証金等の運用益相当額（評価通達27－3(2)）
地代が低い場合	毎年享受すべき差額地代の現在価値（評価通達27－3(3)）

出典：筆者作成

実務上，この算式は簡便法と呼ばれているものの，数学嫌いの方からしたら拒否反応が出そうな複雑な分数式等が組まれてしまっていることもあり，この算式だけ見ても何をやっているか全くイメージがわかないと思いますので，以下簡便法の算式を図式化したものを示します（**図表12－2**）。

図表12－2　簡便法のイメージ図（地価水準が一定と仮定）

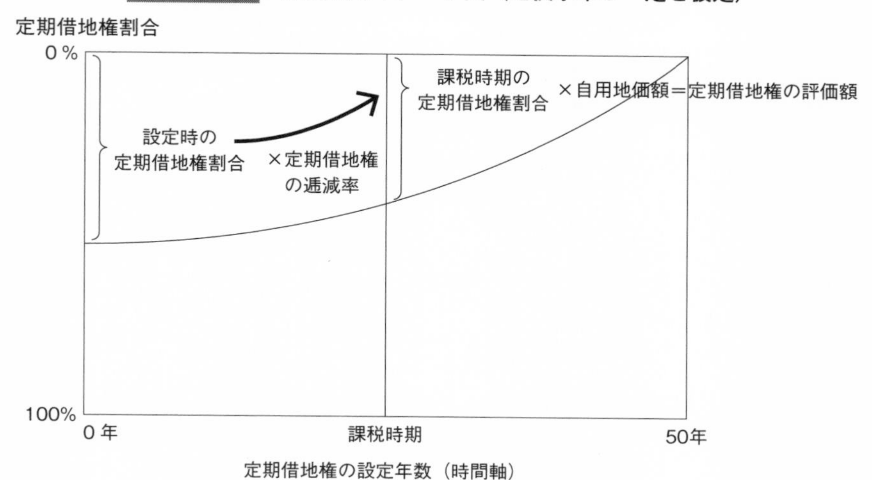

出典：筆者作成

結局，この簡便法は，定期借地権が契約期間満了により消滅するという性格に着目し，まず借地権設定時の定期借地権割合を求め，その割合が時の経過に伴いどんどん逓減していき，契約期間満了時にゼロになるように算式を組んでいるにすぎません。

そして，こうした簡便法の考え方が理解できると，自ずとその問題点も見えてきます。すなわち，簡便法は，借地権設定時に借地権者に帰属する経済的利益をベースに定期借地権割合を算出し，あとは逓減率を乗じて減らしていくだけですので，借地権設定時から課税時期までの間の借地権者に帰属する経済的利益の変化については全く見ていないという問題点があります。この問題点を逆手にとって，借地権設定後に権利金の追加払いをした場合，借地権者の現預金が権利金追加払い分減少しますが，定期借地権の価額はその分増加しないことになり，借地権者の相続財産を容易に減らすことができてしまいます。逐条解説では，このような場合を簡便法が使えない課税上弊害がある場合として例示しています（逐条解説247項）。

(4) 借地上の建物が貸家の場合

借地上の建物が貸家の場合における借地権を税務評価では貸家建付借地権と呼び，以下の算式で評価します（評価通達28（貸家建付借地権等の評価））。

貸家建付借地権の評価額＝定期借地権の評価額×（１－借家権割合×賃貸割合）

上記算式では，借家人が居付きであることにより建物について借地権者自らの自己使用が制限されていることから，下線部をマイナスすることとしています。

2 鑑定評価の取扱い

(1) 定期借地権単独の鑑定評価手法

「現時点の定期借地権に関する市場においては，定期借地権単独としての取引の慣行は観察されず，取引として観察されるもののほとんどが建物と一体となった定期借地権付建物として取引されている。このため，当面，定期借地権単独の価格を求める場面は，一般に，建物及びその敷地の評価の際に，原価法を適用する場面等に限定されると考えられる。（国土交通省ホームページ「定期借地権にかかる鑑定評価の方法等の検討（平成25年３月）」44項）」とされており，鑑定評価手法としては，借地権の取引慣行の成熟の程度が低い地域の①賃料差額還元法，②借地権残余法，③底地価格控除法の３つが考えられます。平成26年基準改正で定期借地権特有の評価上の留意事項等が追加されたものの，基準では定期借地権固有の評価方法は定められていません。以下，具体的な評価方法を解説します。

① 賃料差額還元法

賃料差額還元法は，借地権価格の構成要素のうち賃料差額（借り得）に基づく経済的側面から見た利益に着目した手法です。定期借地契約の場合，契約期間満了時に契約が確定的に終了するため，定期借地権価格を求めるにあたっては，還元利回りの代わりに残存期間に応じた複利年金現価率を用いる点（有期還元法）および更地返還が原則なため借地権者が負担する建物取壊し費用の現在価値を控除する点が普通借地権価格を求める場合と異なります（**図表12－3**）。

図表12－3　賃料差額還元法の算定式（定期借地権単独の価格を求める場合）

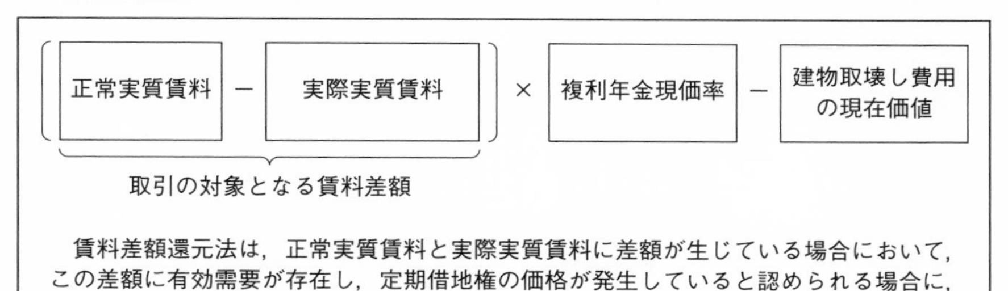

賃料差額還元法は，正常実質賃料と実際実質賃料に差額が生じている場合において，この差額に有効需要が存在し，定期借地権の価格が発生していると認められる場合に，有効な手法である。

出典：国土交通省ホームページ「定期借地権にかかる鑑定評価の方法等の検討（平成25年３月）」55頁

②　借地権残余法

借地権残余法は，借地上の建物の家賃収入から借地権価格にアプローチする手法です。定期借地契約の場合，契約期間満了時に契約が確定的に終了するため，定期借地権価格を求めるにあたっては，還元利回りの代わりに残存期間に応じた複利年金現価率を用いる点（有期還元法），および更地返還が原則なため借地権者が負担する建物取壊し費用の現在価値を控除する点が，普通借地権価格を求める場合と異なります（**図表12－４**）。

図表12－4　借地権残余法の算定式（定期借地権単独の価格を求める場合）

（［土地及び建物等に帰属する純収益］－［建物等に帰属する純収益］）×［複利年金現価率］－［建物取壊し費用の現在価値］

借地権付建物について現状を所与，又は最有効使用の借地権付建物等を想定し，それらに帰属する純収益から，建物等に帰属する純収益を控除した残余の借地権に帰属する純収益に複利年金現価率を乗じて定期借地権の経済価値を求める。

出典：国土交通省ホームページ「定期借地権にかかる鑑定評価の方法等の検討（平成25年３月）」50頁

③　底地価格控除法

底地価格控除法は，対象不動産の土地価格から底地価格を控除して借地権価格を試算する手法ですが，普通借地権の場合と同様以下のような事項に留意する必要があります（国土交通省ホームページ「定期借地権にかかる鑑定評価の方法等の検討（平成25年３月）」59頁）。

> 底地価格控除法は，「定期借地権の価格＋定期借地権付き底地価格＝更地又は建付地価格」の等式が成立する場合に有効な手法であるが，必ずしも当該等式が成立するとは限らないことに留意する必要がある。また，建物及びその敷地が最有効使用の状態と乖離しており，契約減価又は建付減価が発生している場合は，借地に係る契約上の残存期間及び建物の経済的残存耐用年数等に留意して当該減価率を求める必要がある。」

3　税務評価と鑑定評価の異同点

(1)　評価額決定プロセスの違い

税務評価では，定期借地権固有の評価方法である評価通達27-２（定期借地権等の評価）ただし書き（簡便法）に基づき評価額が１つ求められます。

鑑定評価では，現時点では借地権の取引慣行の成熟の程度が低い地域の複数の鑑定評価手法を適用して試算価格を求め，対象不動産の典型的な市場参加者の視点で試算価格を調整することで鑑定評価額が決定されます。複数の手法からアプローチして市場参加者の視点で１つの評価額に絞り込むという鑑定評価のプロセスは税務評価にはありません。

⑵　定期借地権の取引慣行の捉え方

税務評価も地域の取引慣行に基づく借地権割合を基礎とした従来の借地権の評価方法（評価通達27）はなじまないということで，定期借地権固有の評価通達27-２が定められていることから，鑑定評価と税務評価で評価額決定プロセスは異なりますが，ともに現時点では総じて定期借地権の取引慣行の成熟の程度が低いという認識は共通しています。

⑶　評価通達27-２（定期借地権等の評価）ただし書き（簡便法）と賃料差額還元法の違い

税務評価の評価通達27-２（定期借地権等の評価）ただし書き（簡便法）は，賃料差額（借り得）に着目している点が鑑定評価の賃料差額還元法と共通しています。しかし，評価通達27-２（定期借地権等の評価）ただし書き（簡便法）は契約時の賃料差額に基づく定期借地権割合を求めて逓減させていく手法ですが，賃料差額還元法は価格時点以降に持続する賃料差額のうち取引対象となる部分の現在価値の総和を求める手法であるため計算過程は大きく異なります。

⑷　保証金の取扱いの違い

契約時に借地権者から地主に預り金的性格を有する保証金が支払われる場合がありますが，当該保証金の取扱いが税務評価と鑑定評価で異なります。

税務評価では，返還を要しない保証金の運用益相当は借地権者に帰属する経済的利益に含まれることとされており（評価通達27-３⑵），定期借地権価格を構成します。なお，借地権者が地主に預託した保証金はその現在価値を借地権者の債権額として評価します。

一方，鑑定評価では，借地権者は地主に支払った保証金を運用することで得られたであろう運用益を喪失していると考えますので，当該保証金の運用益は地主に帰属し，借地権者に帰属する経済的利益には含まれません（定期借地権価格を構成しません）。具体的には，賃料差額還元法の賃料差額（借り得）の計算上，および借地権残余法の純収益の計算上当該保証金の運用損を控除することとなります（**図表12－５**）。なお，借地権者が地主に預託した保証金は税務評価と異なり，現在価値で評価することはなく，価格時点で預託中の保証金と定期借地権の鑑定評価額の合計を代金決済額とする等の付記事項が鑑定評価書に記載されます。

図表12－５　借地人が預託した差入敷金（保証金）の運用損の計上

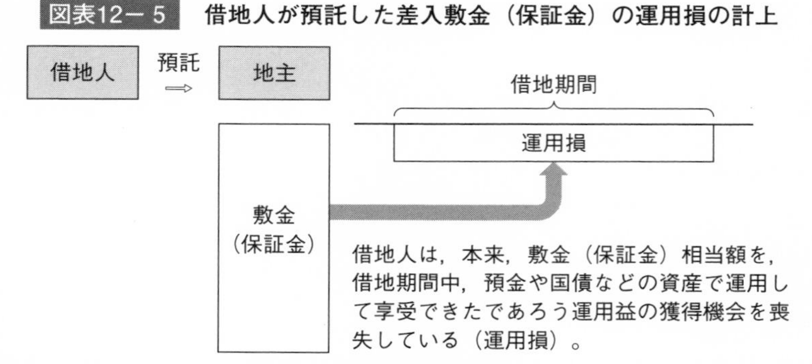

出典：国土交通省ホームページ「定期借地権にかかる鑑定評価の方法等の検討（平成25年３月）」72項

(5)　前払地代の取扱い

契約時に借地権者から地主に前払地代が支払われる場合がありますが，当該前払地代の取扱いが税務評価と鑑定評価で異なります。

税務評価では，前払地代は借地権者に帰属する経済的利益に含まれることとされており（平成17年文書回答事例），定期借地権価格を構成します。したがって，課税時期における未経過前払地代は定期借地権の評価額に反映されるため，定期借地権と別の財産として評価する必要はありません。

一方，鑑定評価では，借地権者にとって前払地代を支払うことはキャッシュ・フロー上不利であり，「定期借地権の価格及び定期借地権付建物の価格を求める場合には，前払地代を毎期の運営費用に計上するとともに，前払期間中，未経過前払地代の運用損相当額を計上することが一般的と考えられる。」とされています（国土交通省ホームページ「定期借地権にかかる鑑定評価の方法等の検討（平成25年３月）」40項）。価格時点における未経過前払地代は，税務評価と異なり定期借地権の評価額に含まれず，価格時点における未経過前払地代と定期借地権の鑑定評価額の合計を代金決済額とする等の付記事項が鑑定評価書に記載されます。

第13章

定期借地権の底地の評価方法

1　税務評価の取扱い

(1)　定期借地権の貸宅地の評価体系

現行の税務評価における定期借地権の貸宅地に関する評価体系の全体像を示せば**図表13－1**のとおりです。

図表13－1　定期借地権の貸宅地の評価体系

定期借地権の種類		貸宅地の評価方法
一般定期借地権（借地借家法22条）	借地権割合がC（70%）～G（30%）の地域区分に存し，かつ，課税上弊害がない場合	平成10年個別通達
	以下のいずれかに該当する場合 ✓　借地権割合がA（90%），B（80%） ✓　借地権の取引慣行のない地域 ✓　課税上弊害がある場合	評価通達25（貸宅地の評価）(2)
事業用定期借地権等（借地借家法23条）		
建物譲渡特約付借地権（借地借家法24条）		

出典：筆者作成

定期借地権の税務評価は，定期借地権の種類にかかわらず評価通達27-2（定期借地権等の評価）で評価します。一方，定期借地権の貸宅地に関しては，一般定期借地権の貸宅地について，平成10年個別通達で評価する場合と評価通達25（貸宅地の評価）(2)で評価する場合がありますので注意が必要です。

時系列的にみると，はじめに平成6年に評価通達25（貸宅地の評価）(2)が導入されましたが，定期借地権の貸宅地について従来の評価通達25（貸宅地の評価）⑵では評価額が高すぎるという問題が生じたため，定期借地権の実態調査が行われました。その調査結果を受けて，平成10年個別通達ができ，実態調査で把握できた一般定期借地権の貸宅地の評価額の大幅な引下げが行われました。

⑵　評価通達25⑵の取扱い

一般定期借地権のうち平成10年個別通達の適用要件を満たさないもの，事業用定期借地権等および建物譲渡特約付借地権の貸宅地の評価額は，評価通達25（貸宅地の評価）⑵を適用して求めます（**図表13－２**）。

図表13－２　評価通達25（貸宅地の評価）⑵による定期借地権の貸宅地の評価方法

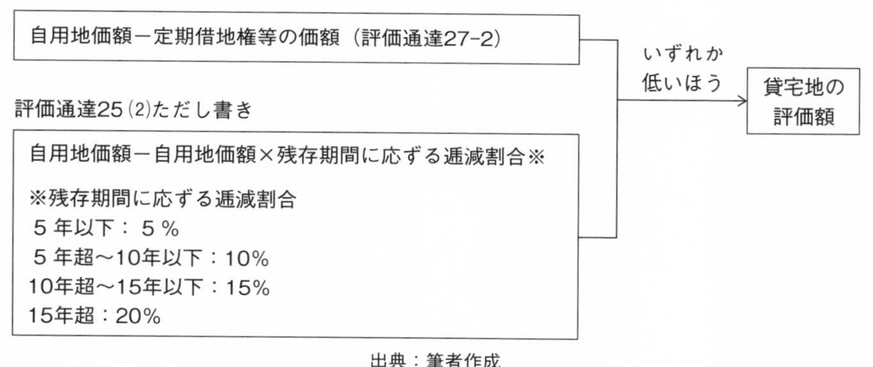

出典：筆者作成

評価通達25（貸宅地の評価）⑵本文の算式は，定期借地権割合＋貸宅地割合＝100％という建前から導き出される算式です。ただし，この算式を頑なに貫くと，定期借地権の評価額がゼロの場合には，貸宅地価額が自用地価額と等しくなってしまいます。いくら定期借地権の評価額がゼロの場合でも，そこに借地借家法に基づく定期借地権は存在するわけで，地主が自由に土地を使用収益できるわけではありません。

そこで，普通借地権の取引慣行がない地域の貸宅地でも評価額ゼロの借地権が付着していることによる地主の利用制限に基づき20％評価減する評価通達25

（貸宅地の評価）(1)の取扱いとの整合性も考慮して，評価通達25（貸宅地の評価）(2)ただし書きの算式による評価額と比較していずれか低いほうで評価することで，ただし書きの算式による評価額以上に貸宅地価額が上昇しないようになっています。

(3)　平成10年個別通達の取扱い

この平成10年個別通達（**図表13－3**）は，借地権割合がC（70%）～G（30%）の地域区分に存する一般定期借地権の貸宅地について，課税上弊害がない場合に限り適用されます。平成10年個別通達の適用ができない「課税上弊害がある」場合とは，借地権者が地主の親族や同族会社等の特殊関係者である場合をいい，具体的な内容は同通達に定められています。また，平成10年個別通達は要件を満たす場合には強制適用であり，評価通達25（貸宅地の評価）(2)との選択適用は認められていませんので留意する必要があります。

図表13－3　平成10年個別通達の評価方法

課税時期における自用地価額 － ［課税時期における自用地価額 ×（1－底地割合(注)）× 課税時期における一般定期借地権の残存期間年数に応ずる基準年利率による複利年金現価率 ／ 一般定期借地権の設定期間年数に応ずる基準年利率による複利年金現価率］

［　］内：一般定期借地権の価額に相当する金額

（注）底地割合

路線価図の借地権割合	C（70%）	D（60%）	E（50%）	F（40%）	G（30%）
底地割合	55%	60%	65%	70%	75%

出典：筆者作成

2　鑑定評価の取扱い

(1)　定期借地権の底地の鑑定評価手法

平成26年基準改正で定期借地権特有の評価上の留意事項等が追加されたものの，基準では定期借地権の底地に固有の評価方法は定められていません。したがって，定期借地権の底地も普通借地権の底地と同様に，①収益還元法と②取引事例比較法を適用することとなります。ただし，対象不動産と類似する定期借地権の底地の取引事例収集の困難性から，取引事例比較法の適用自体が断念される場合が多く，鑑定実務上は収益還元法がメインとなります。

①　収益還元法

普通借地権と異なる定期借地権の特徴として，契約期間満了により契約が確定的に終了し，原則として地主に更地返還される点が挙げられます。こうした特徴を踏まえ，「定期借地権が付着する底地の価格を求めるに当たっては，直接還元法（有期還元法：インウッド式）と DCF 法のいずれかを適用又は両者を併用する場合が考えられる。評価上は，借地期間中又は借地期間満了時において，底地の転売を想定する場合と転売を想定しない場合があるが，いずれが妥当であるかは，市場の需給動向及び典型的な市場参加者の行動原理に基づき案件ごとに適切に判断する必要がある。また，借地に係る契約上の残存期間が相当長期（例えば50年以上）である場合には，収益価格に占める復帰価格の割合が非常に小さくなるため，直接還元法の適用に当たっては，有期還元法ではなく永久還元法を適用して収益価格を求める方法も考えられる。」とされています（国土交通省ホームページ「定期借地権にかかる鑑定評価の方法等の検討（平成25年３月）」83項）。

還元利回りの代わりに残存期間に応じた複利年金現価率を用いる点（有期還元法）および更地返還が原則なため，更地価格の現在価値を加算する点が普通借地権の底地の場合と異なります。

有期還元法（インウッド式）による定期借地権の底地の収益価格の算式は**図表13－4**を，イメージ図は**図表13－5**をそれぞれご確認ください。

図表13－4　定期借地権の底地の収益価格の算式

定期借地権の底地の収益価格 ＝ 純収益 × 複利年金現価率 ＋ 契約期間満了時の更地価格の現在価値

出典：筆者作成

図表13－5　借地期間満了までの保有を前提とした場合の底地の収益還元法のイメージ

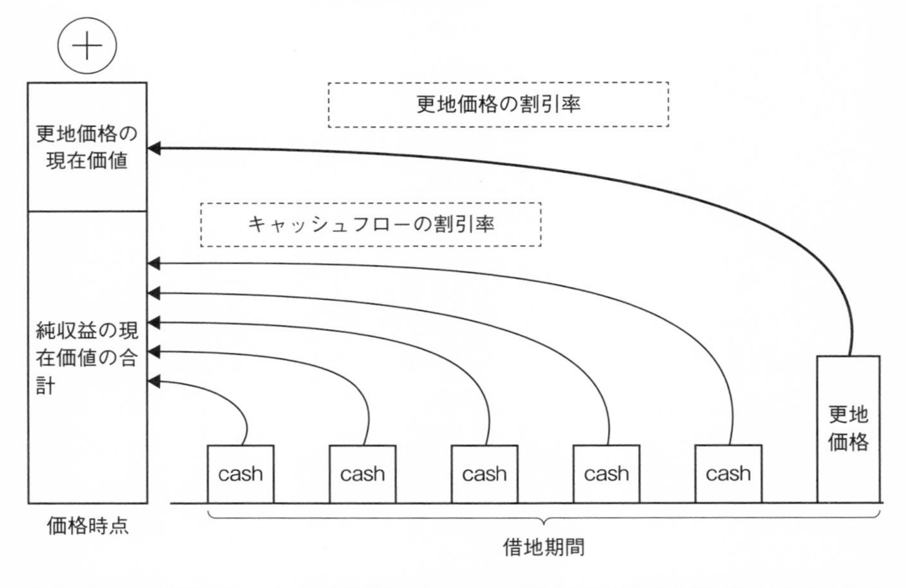

出典：国土交通省ホームページ「定期借地権にかかる鑑定評価の方法等の検討（平成25年３月）」82項

なお，有期還元法（インウッド式）による定期借地権の底地の収益価格の試算例として，国土交通省ホームページ「定期借地権にかかる鑑定評価の方法等の検討（平成25年３月）」の設例が参考になるのでご紹介します。

図表13－6　定期借地権が付着する底地の有期還元法（インウッド式）の試算シート（例）

A．運営収益

項目	金額	査定根拠
①　地代	60,000,000円	年額実際支払地代を計上。
②　その他収入	0円	
③　貸倒れ損失	0円	保証金により担保されているため計上しない。
④　合計	60,000,000円	①＋②－③

B．運営費用

項目	金額	査定根拠
①　プロパティマネジメントフィー	600,000円	運営収益の1.0%と査定。
②　公租公課（土地）	10,000,000円	平成24年度の実額を計上。
③　その他費用	0円	
④　合計	10,600,000円	①＋②＋③

C．運営純収益

項目	金額	査定根拠
①　運営収益	60,000,000円	上記Aより。
②　運営費用	10,600,000円	上記Bより。
③　運営純収益	49,400,000円	①－②
（参考）　OER（運営費用／運営収益）	17.7%	

D．純収益

項目		金額	査定根拠
①　運営純収益		49,400,000円	上記Cより。
②　保証金運用益	(a)　保証金残高	50,000,000円	
	(b)　未経過前払地代	0円	
	(c)　一時金の運用益	1,000,000円	金融資産の長期的な運用利回り等に基づき一時金の運用利回りを2.0%と査定。
③　純収益		50,400,000円	①＋②(c)

E．インウッド式による収益価格

項目		記号	金額	査定根拠
①　純収益		a	50,400,000円	上記Dより。
②　割引率	iv	r	6.0%	類似不動産の取引に係る割引率等より査定。
③　収益期間	i	N	8年	借地に係る契約上の残存期間。

④　N年後の土地価格　ii		Pln	1,000,000,000円	収益価格を重視し，比準価格を参考のうえ査定。
	土地の比準価格	—	1,200,000,000円	
	土地の収益価格	—	1,000,000,000円	
⑤　売却費用（仲介手数料等）		E	0円	N年後の土地価格の0％相当額と査定。
⑥　インウッド式による収益価格			940,000,000円	$\left(a \times \frac{(1+r)^N - 1}{r(1+r)^N} + \frac{Pln - E}{(1+r)^N}\right)$

（上位3桁未満四捨五入）

（資産上の前提となる借地条件）
- 借地上の建物は，S造3階建て，延べ面積10,000㎡，商業施設
- 価格時点における借地に係る契約上の残存期間8年
- 建物賃貸収益獲得に係る残存期間7年（建物取壊に要する期間1年）
- 敷地利用権は，建物取壊し更地返還型の事業用定期借地権（借地期間20年）
- 前払地代なし
- 地主への差入敷金・保証金あり
- 借地期間満了まで保有し，借地に係る契約上の残存時間の途中で転売しない想定

注：図表25における赤字の「ⅰからⅳ」は，試算シートにおける下記ⅰからⅳの定期借地権固有の価格形成要因の反映箇所を示す。

ⅰ　有期性

借地期間満了時に借地権者から返還されることを想定しているため，有期還元法における収益期間を，借地に係る契約上の残存期間（8年）としている。

ⅱ　借地期間満了時の建物等の取扱い

借地期間満了時に借地権者から更地返還されることを想定しているため，借地期間満了時である8期目末における更地価格を査定し，当該更地価格の現在価値を，収益期間中の純収益の現在価値合計額に加算することにより有期還元法（インウッド式）による収益価格を試算している。

ⅲ　建物の建築，取壊しにより複合不動産としての使用収益が期待できない期間等

建物の建築，取壊期間中においても地代は受領できるため，当該項目については特段考慮していない。

ⅳ　市場性

収益期間中における純収益の変動予測とその不確実性及び借地期間満了時までの地価変動リスク等を総合的に勘案の上，割引率を査定している。

出典：国土交通省ホームページ「定期借地権にかかる鑑定評価の方法等の検討（平成25年3月）」87-88項

② 取引事例比較法

先に記載のとおり，定期借地権の底地の取引事例収集の困難性より，取引事例比較法の適用自体が断念される場合が多いと思われます。この点，「定期借地権が付着する底地の価格は，定期借地期間における純地代収入の現価の総和と復帰する不動産（建物が付着したまま復帰する場合もある。）の現在価値によって構成されるが，契約内容が判明すれば，各種要因の比準も可能な場合もあると考えられる。しかしながら，借地関係は属人的要素も強く，公表される情報も限られるため，契約内容の確定には困難が伴うことが多いと推測される。」とされています（国土交通省ホームページ「定期借地権にかかる鑑定評価の方法等の検討」（平成25年３月），90項）。

3　税務評価と鑑定評価の異同点

(1) 評価額決定プロセスの違い

税務評価では，定期借地権の貸宅地固有の評価方法である評価通達25（貸宅地の評価）(2)や平成10年個別通達に基づき評価額が１つ求められます。

鑑定評価では，複数の鑑定評価手法を適用して試算価格を求め，対象不動産の典型的な市場参加者の視点で試算価格を調整することで鑑定評価額が決定されます。定期借地権の底地の場合，取引事例収集の困難性から収益価格がそのまま鑑定評価額とされる場合が多いかと思われますが，市場性からの検証の観点は求められます。

⇒応用編の事例［H］もチェック

(2) 保証金の取扱い

契約時に，借地権者から地主に預り金的性格を有する保証金が支払われる場合があります。その際，当該保証金の取扱いが，税務評価と鑑定評価で異なります。

税務評価では，返還を要しない保証金の運用益相当額は借地権者に帰属する経済的利益に含まれることとされており（評価通達27-３(2)），定期借地権価格を構成します。すなわち，定期借地権の底地の価格を構成しません。なお，地主が借地権者から預託された保証金はその現在価値を地主の債務額として評価します。

一方，鑑定評価では，地主は借地権者から受領した保証金を運用することで運用益を得ることができると考えますので，当該保証金の運用益は地主に帰属し，定期借地権の底地の価格を構成します（**図表13－７**）。具体的には，収益還元法の純収益の計算上，当該保証金の運用益を加算することとなります。なお，地主が借地権者から預託された保証金は税務評価と異なり，現在価値で評価することはなく，価格時点で預託中の保証金を定期借地権の底地の鑑定評価額から控除した金額を代金決済額とする等の付記事項が鑑定評価書に記載されます。

図表13－７　借地人から預託を受けた預り敷金（保証金）の運用益の計上

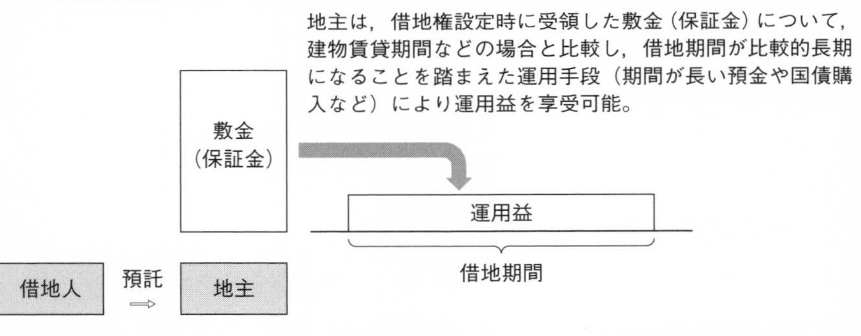

出典：国土交通省ホームページ「定期借地権にかかる鑑定評価の方法等の検討」（平成25年３月），73項

(3)　前払地代の取扱い

契約時に，借地権者から地主に前払地代が支払われる場合，当該前払地代の取扱いが税務評価と鑑定評価で異なります。

税務評価では，前払地代は借地権者に帰属する経済的利益に含まれることとされており（平成17年文書回答事例），定期借地権価格を構成します。したがって，課税時期における未経過前払地代は定期借地権の評価額に反映され，定期借地権の貸宅地の評価上減額されますので，別の債務として評価することはできません。

一方，鑑定評価では，地主にとって前払地代を受領することはキャッシュ・フロー上有利で，「定期借地権が付着する底地の価格を求める場合には，前受地代を毎期の運営収益に計上するとともに，前受期間中，未経過前受地代の運用益相当額を計上することが一般的と考えられる。」とされています（国土交通省ホームページ「定期借地権にかかる鑑定評価の方法等の検討」（平成25年３月），40項）。価格時点における未経過前払地代は，税務評価と異なり定期借地権の評価額に含まれず，価格時点における未経過前払地代を定期借地権の底地の鑑定評価額から控除した金額を代金決済額とする等の付記事項が鑑定評価書に記載されます。

第14章

自用の建物及びその敷地の評価方法

1　鑑定評価の自用の建物及びその敷地と税務評価の土地建物との関係

鑑定評価の自用の建物及びその敷地とは土地建物一体の複合不動産の類型の１つであり，「建物所有者とその敷地の所有者とが同一人であり，その所有者による使用収益を制約する権利の付着していない場合における当該建物及びその敷地」と定義されています。

評価通達には土地建物を一体として評価する概念がなく，土地は土地，建物は建物として別々に評価方法が定められています。

したがって，基準の自用の建物及びその敷地に対応する税務評価の土地建物としては，自用の宅地，および自用の家屋となります。

2　税務評価の取扱い

(1)　自用の宅地の評価方法

自用の宅地は，評価通達13（路線価方式）または評価通達21（倍率方式）により評価します（第８章３.「税務評価の取扱い」参照)。

(2)　自用の家屋の評価方法

自用の家屋は，その基準年度の固定資産税評価額に倍率（1.0）を乗じて表することとされていますので，その評価額は固定資産税評価額となります（評価通達89（家屋の評価））。

3　鑑定評価の取扱い

(1)　最有効使用に応じた鑑定評価手法の適用方針

自用の建物及びその敷地の鑑定評価手法の適用方針は，①現況利用の継続，②用途変更・構造改造等，③建物取壊しのいずれが最有効使用かにより異なります。

(2)　現況利用の継続が最有効使用の場合

現況利用の継続が最有効使用の自用の建物及びその敷地の鑑定評価手法の適用方針は，基準では以下のとおり定められています（基準各論第１章第２節Ｉ自用の建物及びその敷地。ただし，①②③は筆者加筆）。

> 自用の建物及びその敷地の鑑定評価額は，①積算価格，②比準価格及び③収益価格を関連づけて決定するものとする。

基準では，①②③を関連づけることとしており，３手法のうち特に重視する手法等の優劣はつけていません。ただし，以下取引事例比較法の箇所で記載のとおり，鑑定実務上，取引事例比較法の適用が断念される場合が多く，①積算価格と②収益価格を２つ試算して，対象不動産の典型的な市場参加者の視点で説得力の有無を判断して調整の上で鑑定評価額を決定する場合が多いです。

①　原価法

原価法について詳細は，第７章２．「鑑定評価の取扱い」をご参照ください。

②　収益還元法

自用の建物及びその敷地の場合，現に賃貸されていないため，保有期間における将来キャッシュ・フローの査定が難しく，ものによりますが，DCF法を適用せず直接還元法が適用される場合が多いと思われます。

自用の建物及びその敷地は，現に賃貸されていないので，収益還元法の適用にあたっては，現況建物の賃貸を想定する必要があります。具体的には，市場分析の結果を踏まえ，居住用か業務用か，一棟貸しかフロア貸しか，敷金・礼金の有無等の賃貸形式の想定を行い，想定した賃貸形式に応じて類似性の高い賃貸事例（家賃の成約事例）を同一需給圏から収集・選択して貸室賃料収入を査定します。

なお，戸建住宅や自社工場等もともと賃貸用に建てられておらず，また，賃貸需要も乏しい地域では，土地建物価格に見合った十分な賃料水準が形成されておらず，収益価格が積算価格に比べて低位に試算されることも多いです。

③　取引事例比較法

土地建物一体の複合不動産の場合，土地の個別性に建物の個別性が加わることで，対象不動産と合理的に要因比較可能な類似の複合不動産の取引事例の収集が困難な場合が多く，取引事例比較法の適用が断念される場合も多いです。

ただし適用を断念する場合でも，取引事例比較法の適用を断念した理由，取引事例比較法の考え方が他の手法のどこに反映されているか等を鑑定評価書上に明記する必要があります。たとえば，原価法と収益還元法において市場性の考え方が反映されている部分を挙げれば**図表14－1**のとおりです。

(3)　用途変更・構造改造等が最有効使用の場合

用途変更・構造改造等が最有効使用の自用の建物及びその敷地の鑑定評価手法の適用方針は，基準では以下のとおり定められています（基準各論第1章第2節Ⅰ自用の建物及びその敷地）。

> なお，建物の用途を変更し，又は建物の構造等を改造して使用することが最有効使用と認められる場合における自用の建物及びその敷地の鑑定評価額は，用途変更等を行った後の経済価値の上昇の程度，必要とされる改造費等を考慮して決定するものとする。

図表14－1　原価法と収益還元法において市場性の考え方が反映されている部分

手法	市場性の考え方が反映されている部分
収益還元法	想定した賃貸形式に応じて類似性の高い賃貸事例（家賃の成約事例）から比準して貸室賃料収入を査定する部分
	還元利回り・割引率の査定において，類似性の認められる自用の建物及びその敷地の取引事例の取引利回りをもとに求める部分
原価法	土地の再調達原価の査定において，更地の取引事例比較法を適用する部分
	建物の再調達原価の査定において，間接法を適用して類似性の認められる建設事例の建築費から比準して求める部分
	土地建物一体としての増減価の査定において，市場性を考慮して増減価修正を行う部分（ただし常に行うとは限らない）

出典：筆者作成

この場合には，用途変更，構造改造等を実施した後を想定して用途変更・構造改造等による経済価値上昇を考慮した価格をまず求め，そこから用途変更・構造改造等に要する費用を控除することで鑑定評価額を決定します。

鑑定評価にあたっては，用途変更等実施後の最有効使用の建物想定，および用途変更・構造改造等に要する費用の査定がポイントになります。精度を高めるためには，リノベーション工事の専門業者から工事見積書等を入手する必要があります。

(4)　建物取壊しが最有効使用の場合

建物取壊しが最有効使用の自用の建物及びその敷地の鑑定評価手法の適用方針は，基準では以下のとおり定められています（基準各論第1章第2節Ⅰ自用の建物及びその敷地）。

> また，建物を取り壊すことが最有効使用と認められる場合における自用の建物及びその敷地の鑑定評価額は，建物の解体による発生材料の価格から取壊し，除去，運搬等に必要な経費を控除した額を，当該敷地の最有効使用に基づく価格に加減して決定するものとする。

この場合，まず建物解体後の更地価格を求め，そこから建物解体費用を控除することで鑑定評価額を求めます。基準では「建物解体による発生材料の価格」と書いてありますが，現実には建物取壊しによる発生材料に価値がある場合は稀ですので，発生材料に価格を見積り加算することは通常なされません。なお，更地価格は先に解説したとおり，基準に則って査定します。建物解体費用は，建物の構造に応じて１坪当たりの相場感はありますが，精度を高めるためには，実際に解体業者から現況建物の解体工事見積書等を入手する必要があります。

4　税務評価と鑑定評価の異同点

税務評価では，土地と建物につき評価通達に基づき別々に評価します。

鑑定評価では，複数の鑑定評価手法を適用して試算価格を求め，対象不動産の典型的な市場参加者の視点で試算価格を調整することで鑑定評価額が決定されます。特に自用の建物及びその敷地は，他の複合不動産の類型に比べて，用途変更・構造改造等や建物取壊しが最有効使用と判定される場合も多く，最有効使用によって鑑定評価手法の適用方針が異なります。

税務評価の土地と建物を別々に評価する点が鑑定評価の原価法に似ていますが，複数の手法からアプローチして市場参加者の視点で１つの評価額に絞り込むという鑑定評価のプロセスは税務評価にはありません。

第15章

貸家及びその敷地の評価方法

1　鑑定評価の貸家及びその敷地と税務評価の土地建物との関係

鑑定評価の貸家及びその敷地とは土地建物一体の複合不動産の類型の１つであり，「建物所有者とその敷地の所有者とが同一人であるが，建物が賃貸借に供されている場合における当該建物及びその敷地」と定義されています。

評価通達には基準のように土地建物を一体として評価する概念がなく，土地は土地，建物は建物として別々に評価方法が定められています。

したがって，基準の貸家及びその敷地に対応する税務評価の土地建物としては，貸家建付地，および貸家となります。

2　税務評価の取扱い

(1)　貸家建付地の評価方法

貸家建付地は，まず路線価方式または倍率方式により自用地価額を算出し，次に評価通達26（貸家建付地の評価）を適用して評価します（第９章２.「税務評価の取扱い」参照)。

(2)　貸家の評価方法

貸家は，まず自用家屋の評価額（基準年度の固定資産税評価額×1.0）を算出し，評価通達93（貸家の評価）を適用して以下の算式で評価します。

貸家の評価額＝自用家屋の価額×（1－借家権割合（注1）×賃貸割合（注2））

注1：借家権割合は全国で30%と定められています。

注2：賃貸割合は，その貸家の各独立部分の床面積合計のうち，課税時期において賃貸されている部分の占める割合をいいます。

評価通達93（貸家の評価）の算式では，借家人が居付きであることにより所有者自らの自己使用が制限されていることから，下線部をマイナスすることとしています。

3　鑑定評価の取扱い

(1)　最有効使用に応じた鑑定評価手法の適用方針

貸家及びその敷地の鑑定評価手法は，①現況利用の継続，②用途変更・構造改造等，③建物取壊しのいずれが最有効使用かにより異なります。

ただし，貸家及びその敷地は自用の建物及びその敷地と異なり，②用途変更・構造改造等や③建物取壊しを想定するには借家人に対して立ち退き交渉を行い，立退料を負担する必要がありその実現性が低いと判断され，①現況利用の継続が最有効使用と判定される場合が多いです。

(2)　貸家及びその敷地の鑑定評価方法

現況利用の継続が最有効使用の貸家及びその敷地の鑑定評価手法の適用方針は，基準では以下のとおり定められています（基準各論第1章第2節Ⅱ貸家及びその敷地。ただし，①②③は筆者加筆）。

> 貸家及びその敷地の鑑定評価額は，①実際実質賃料（売主が既に受領した一時金のうち売買等に当たって買主に承継されない部分がある場合には，当該部分の運用益及び償却額を含まないものとする。）に基づく純収益等の現在価値の総和を求めることにより得た収益価格を標準とし，②積算価格及び③比準価格を比較考量して決定するものとする。

基準では，①収益価格を②積算価格および③比準価格より重視して鑑定評価額を決定することと定められています。以下取引事例比較法の箇所で記載のとおり，鑑定実務上，取引事例比較法の適用が断念される場合が多く，①収益価格を重視して②積算価格を比較考量して鑑定評価額を決定する場合が多いです。

貸家及びその敷地は，自用の建物及びその敷地と異なり借家人が居付きの状態であるため，典型的な市場参加者は，賃貸事業に基づく収益性を重視して取引意思決定を行うと考えられるため，鑑定実務上も基本的には収益価格重視となります。ただし，常に収益価格重視かというと決してそういうわけではなく，以下のような場合には収益価格の説得力が低くなります。

- 戸建住宅地域のようにそもそも投資目的の需要が低い場合
- 鑑定評価に必要な対象不動産の賃貸借契約等の賃料に不足がある場合
- 同族会社と代表取締役の賃貸借契約など，家賃が極めて割安または割高で契約当事者が代わった場合に当該家賃水準が継続されないと見込まれる場合

①　収益還元法

収益還元法の詳細は第７章をご参照ください。証券化対象不動産の鑑定評価では，DCF法を適用しなければなりませんが，それ以外の貸家及びその敷地の収益価格を求めるにあたっては，DCF法と直接還元法を両方併用する場合，または直接還元法のみ適用する場合があります。DCF法は，収益価格を求める過程を明示するため説明性に優れていますが，直接還元法よりも優れた手法であるという意味ではありません。「直接還元法及びDCF法は，毎期の純収益及び価格の変動予測が適切に評価の過程に織り込まれる場合には，両者に手法上の優劣があるとは言えない。」（要説236項）とされています。

また，基準にある「実際実質賃料」とは，実際に支払われている賃料（実際支払賃料）に敷金・保証金等の預り金的性格を有する一時金の運用益，および権利金・礼金等の賃料の前払的性格を有する一時金の運用益と償却額を加えたものを意味します（**図表15－１**）。このうち貸家及びその敷地の売主がすでに受領済みの権利金・礼金等は売買の際に買主に引き継がれませんので，これを除き買主に引き継がれる敷金・保証金等の運用益を実際支払賃料に加えた部分に基づき収益価格を試算します。

図表15－1 実際実質賃料のイメージ

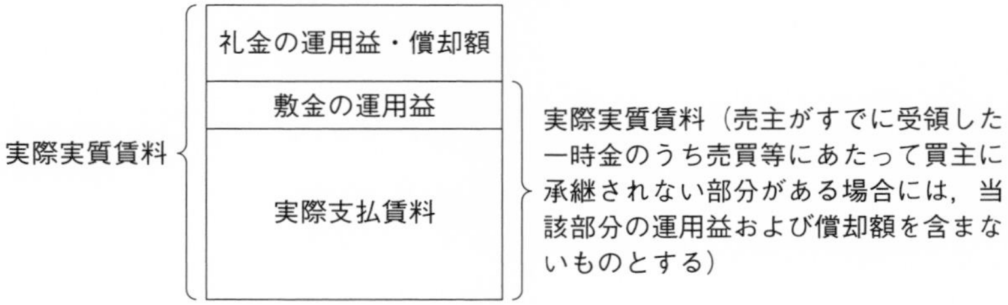

実際実質賃料	
礼金の運用益・償却額	
敷金の運用益	実際実質賃料（売主がすでに受領した一時金のうち売買等にあたって買主に承継されない部分がある場合には，当該部分の運用益および償却額を含まないものとする）
実際支払賃料	

出典：筆者作成

貸家及びその敷地の収益還元法の適用にあたっては，特に賃料の査定が重要であり，原則として，稼働部分は実際の現行賃料に基づき査定し，空室部分や自用部分は新規に賃貸することを想定して類似性の高い賃貸事例（家賃の成約事例）から比準して新規賃料を査定する必要があります。稼働部分の現行賃料と市場賃料水準が乖離している場合，DCF法においてキャッシュ・フロー表上の各期の賃料予測において市場賃料水準に収斂させる方法，直接還元法において中長期的な賃料を想定する方法等が考えられますが，乖離の程度が大きい場合には想定要素が強くなり収益価格自体の説得力が低くなります。

還元利回りおよび割引率は，類似不動産の取引利回りから求める方法と金融資産の利回りに不動産の個別性を加味する方法（積み上げ法）が用いられることが多いですが，長期国債金利が短期ベースでマイナス金利となっており，長期ベースでも１%未満の現況下では積み上げ法の説得力は低いと考えられます。

② 原価法

原価法について詳細は，第７章２．「鑑定評価の取扱い」をご参照ください。貸家及びその敷地の原価法の適用において，自用の建物及びその敷地と異なる点を挙げれば**図表15－２**のとおりです。

図表15－2　**貸家及びその敷地と自用の建物及びその敷地の原価法の相違点**

査定項目	自用の建物及びその敷地の原価法との相違点
再調達原価（付帯費用）	現況の借家人が居付きの状態の再調達原価を査定するため，付帯費用としてテナント募集費用（リーシングフィー）を加算する必要があります。
再調達原価（建物）	賃貸用の物件の場合，自己使用の物件よりも建物の仕様・グレード等が１ランク落ちる場合もあるので建物再調達原価にあたり留意する必要があります。
減価修正	収益物件として代替競争関係にある他の不動産と比べた市場競争力の程度を踏まえた減価修正を行う必要があります。 具体的には，テナント属性，賃料滞納の有無，賃貸借契約書内容（普通貸家か定期貸家か等），空室率の推移，現行賃料水準と市場賃料水準の乖離の程度等の賃貸経営管理の良否を反映させて土地建物一体としての増減価を検討します。

⇒応用編の事例［J］もチェック

出典：筆者作成

③　取引事例比較法

貸家及びその敷地の場合，土地建物一体としての類似性に加え賃貸借契約内容の類似性が認められ，合理的に要因比較可能な類似の取引事例の収集が困難な場合が多く，取引事例比較法の適用が断念される場合も多いです。

ただし，適用を断念する場合でも，取引事例比較法の適用を断念した理由，取引事例比較法の市場性の考え方が他の手法のどこに反映されているか等を鑑定評価書上に明記する必要があります。たとえば，原価法と収益還元法において市場性の考え方が反映されている部分を挙げれば**図表15－３**のとおりです。

図表15－3　原価法と収益還元法において市場性の考え方が反映されている部分

手法	市場性の考え方が反映されている部分
収益還元法	空室部分の貸室賃料収入の査定において，類似の賃貸事例から比準して求める部分
	還元利回り・割引率の査定において，類似性の認められる貸家及びその敷地の取引事例の取引利回りをもとに求める部分
原価法	土地の再調達原価の査定において，更地の取引事例比較法を適用する部分
	建物の再調達原価の査定において，間接法を適用して類似性の認められる建設事例の建築費から比準して求める部分
	土地建物一体としての増減価の査定において，市場性を考慮して増減価修正を行う部分（ただし常に行うとは限らない）

出典：筆者作成

4　税務評価と鑑定評価の異同点

(1)　評価額決定プロセスの違い

税務評価では，土地と建物につき評価通達に基づき別々に評価します。

鑑定評価では，複数の鑑定評価手法を適用して試算価格を求め，対象不動産の典型的な市場参加者の視点で試算価格を調整することで鑑定評価額を決定します。

税務評価の土地と建物を別々に評価する点が鑑定評価の原価法に似ていますが，複数の手法からアプローチして市場参加者の視点で１つの評価額に絞り込むという鑑定評価のプロセスは税務評価にはありません。

(2)　収益性を考慮するか否かの違い

税務評価では，貸家の賃貸割合が高いほど（空室率が低いほど）評価通達26（貸家建付地の評価）および評価通達93（貸家の評価）の算式による評価減の金額が大きくなり，貸家建付地と貸家の評価額が下がりますが，これは鑑定評価の収益還元法と真逆の考え方になります（**図表15－４**）。

図表15－4　賃貸割合が貸家建付地と貸家の価格に与える影響

賃貸割合 （空室率）	税務評価 評価通達26（貸家建付地の評価） 評価通達93（貸家の評価）	鑑定評価 収益還元法
賃貸割合高い （空室率低い）	所有者の利用制限強い →価格にマイナスの影響	収益性高い →価格にプラスの影響
賃貸割合低い （空室率高い）	所有者の利用制限弱い →価格にプラスの影響	収益性低い →価格にマイナスの影響

出典：筆者作成

建付地の税務評価と鑑定評価の異同点で解説済みですが，税務評価では，借家人が居付きであることによる所有者の利用制限にのみ着目し，個々の収益物件の収益性を考慮していません。これによりたとえば，地方の築年数の古い賃貸アパートなどで収益性が低い物件の場合には，鑑定評価額（収益価格重視）が通達評価額を下回る場合もあります（鑑定評価額<通達評価額）。また，新型コロナウイルス感染症の影響で入居テナント退去等により空室率が高まると，鑑定評価額（収益価格重視）にはマイナスの影響を，通達評価額にはプラスの影響となり同一の価格形成要因でも逆のベクトルに作用してきます。ただし，こうした低収益物件について，鑑定評価額（収益価格重視）で相続税申告が税務署に認められるには，特に還元利回り等の将来予測を含む査定項目につき，より客観的な査定根拠が求められますので，鑑定評価が越えなければいけないハードルは高いです。

⇒応用編の事例［D］もチェック

⇒応用編の事例［I］もチェック

(3)　高収益物件を用いた相続税節税スキームと６項否認

個々の物件の収益性を考慮するか否かの違いにより，特に収益性の高い物件では鑑定評価額（収益価格重視）と通達評価額の差異が相当大きくなります（鑑定評価額>>通達評価額）。この乖離に着目して，被相続人が生前に多額の借入により高収益物件を購入し，購入価額より相当低く算出される通達評価額で収益物件を評価して借入金の債務控除をとる相続税節税スキームがあります（**図表15－５**）。

図表15－5 高収益物件を用いた相続税節税スキームのイメージ

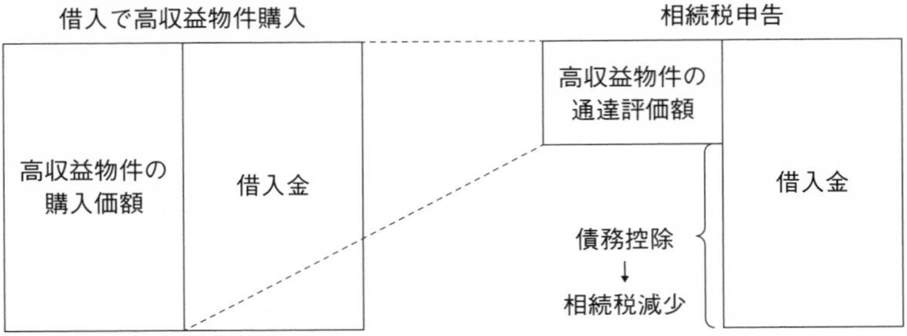

出典：筆者作成

直近でもこの相続税節税スキームに対して，国税庁が評価通達６項を適用して通達評価額によらず鑑定評価額で不動産を評価すべきとして争われた裁判例が２件あります（事例１，２）。

> 評価通達６項（この通達の定めにより難い場合の評価）
> この通達の定めによって評価することが著しく不適当と認められる財産の価額は，国税庁長官の指示を受けて評価する。

事例１：90歳の被相続人が相続開始の約３年半前に高収益物件を取得し，相続人らが相続後も保有継続していたが，国税から６項否認を受け鑑定評価額により評価された事例
令和元年８月27日東京地裁判決（棄却・控訴）TAINS：Z888-2271
令和２年６月24日東京高裁判決（棄却・上告）TAINS：Z888-2346

事例２：89歳肺がん宣告を受けた被相続人が相続直前に高収益物件を取得し，相続人らが相続後も管理運用して保有継続していたが，国税から６項否認を受け鑑定評価額により評価された事例
令和２年11月12日東京地裁判決（平成30年（行ウ）第546号）（棄却・控訴）
裁判所ホームページ（https://www.courts.go.jp/app/hanrei_jp/detail5?id=90129）

直近２件の裁判例において，評価通達によらない「特別の事情」の存在を基礎づける事実として，以下２つの判断基準が，裁判所の判断で示されています。

〈直近２件の裁判例において示された評価通達によらない「特別の事情」の判断基準〉

- 判断基準１：被相続人らは，近い将来発生することが予想される被相続人の相続において，相続税の負担を減じさせるものであることを認識し，かつ，これを期待して不動産の取得及び借入れを実行に移したものであること
- 判断基準２：通達評価額が鑑定評価額と大きくかい離しており，これによって課税額に大きな差が生じていること

筆者としては，判断基準１の起点となる「近い将来発生することが予測される被相続人の相続において」の判断が特に重要であると考えます。具体例には，収益物件購入時の被相続人の年齢（事例１：90歳，事例２：89歳），および病状（事例２：肺がん）という動かし難い事実から被相続人の相続が近い将来予想される状況下での相続税対策というストーリーが認定されやすいと考えられます。

平成時代の不動産を用いた６項否認事例は，相続開始直前に不動産を購入し，相続開始直後に売却するというタイプが多かったですが，令和時代の６項否認事例１は相続開始の約３年半前に高収益物件を取得し，相続人らが相続後も保有継続していましたが，６項否認を受けています。事例２も，相続人らが相続後も管理運用して保有継続していましたが，６項否認を受けています。

筆者としては，平成時代の６項否認事例（直前購入・直後売却）のタイプと令和時代の６項否認事例１・２は別タイプとみたほうがよいのではないかと考えます。すなわち，平成時代の６項否認事例のタイプにあたらないように相続開始直前購入や相続開始直後売却を避けても，不動産購入時の被相続人の年齢，および病状という動かし難い事実から被相続人の相続が近い将来予想される状況下での相続税対策というストーリーが認定されやすく，６項否認リスクが顕在化しやすいという点に細心の注意を払う必要があると思われます（**図表15－６**）。

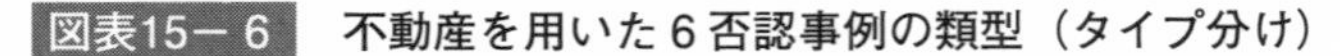
図表15－6　不動産を用いた6否認事例の類型（タイプ分け）

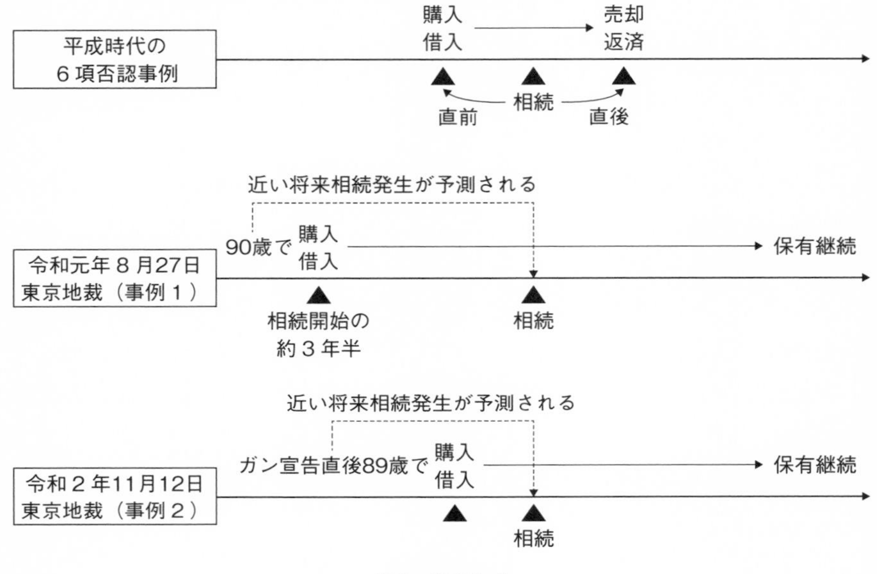

出典：筆者作成

高収益物件を用いた相続税節税スキームに関して，一般的な見方をすれば，過度な節税に走った被相続人および相続人やそれを斡旋した金融機関等が悪いように見えますが，筆者としては，国税庁は評価通達6項で対処するだけでなく，評価通達の欠陥というか設計ミスについてもう少し目を向けてもよいのではないかと思います。たとえば，極端な話，乖離の原因である評価通達26（貸家建付地の評価）および評価通達93（貸家の評価）を廃止するとか，課税時期前3年以内に取得し，かつ，取得価額と通達評価額が○○%以上乖離していたらこれら評価通達を適用できないとか，今後今回のような事案が続くようなら検討してもよいのではないかと思っています。相続税路線価が地価公示価格の8割水準である点，および建物評価額が固定資産税評価額ベースである点も通達評価額と鑑定評価額が乖離する原因ですが，この辺りを変更してしまうと貸家及びその敷地に限らず他の不動産の評価全般に影響してしまうので，やはり評価通達26，93の2つは今後見直しを期待したいところです。

Column 4　旧措置法69条の4の創設と廃止

相続税申告における不動産の評価額は時価であり（相続税法22条），原則として評価通達に基づく通達評価額が用いられますが，昭和60年代から平成初期にかけてのバブル経済下では短期間で地価が高騰し，実勢価格が通達評価額を大きく上回る事態が生じていました。当時，こうした実勢価格と通達評価額の乖離を利用して相続直前に借入金等で土地を購入するといった相続税対策が横行していました。

こうした過度な相続税対策に対処するために昭和63年12月に旧措置法69条の4が創設されました。旧措置法69条の4の概要は，「個人が相続により取得した財産のうちに，その相続開始前3年以内に被相続人が取得又は新築をした土地等又は建物等（被相続人の居住の用に供されていた土地等又は建物等ほか一定の要件に該当するものは除く。）がある場合には，相続税の課税価格に算入すべき価額は，同法22条の規定にかかわらず，その土地等又は建物等の取得価額として政令で定めるものの金額とする。」と規定されており，通称「取得価額課税」などと呼ばれていました。

図表16－7　旧措置法69条の4の適用イメージ

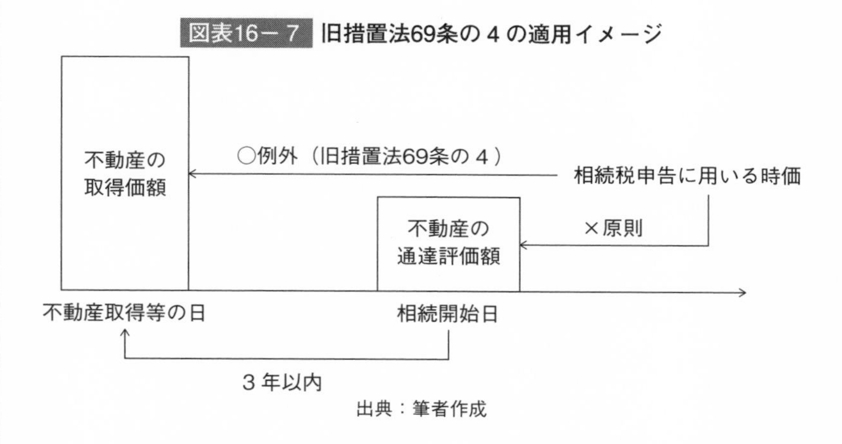

出典：筆者作成

ただし，その後のバブル崩壊に伴う地価の大幅な下落，および旧措置法69条の4の合憲性を争う訴訟等を踏まえ，平成8年度税制改正で廃止されました。

現在でも，高収益物件やタワーマンションの高層階住戸等では実勢価格が通達評価額を大きく上回るため，実勢価格と通達評価額の乖離を利用して相続直前に借入金等でこれら不動産を購入するといった相続税対策が巷では行われていますが，国税庁は評価通達6項を適用して通達評価額ではなく鑑定評価額で時価評価することで対処しています。

第16章

区分所有建物及びその敷地の評価方法

鑑定評価の区分所有建物及びその敷地とは，土地建物一体の複合不動産の類型の1つであり，「建物の区分所有等に関する法律第2条第3項に規定する専有部分並びに当該専有部分に係る同条第4項に規定する共用部分の共有持分及び同条第6項に規定する敷地利用権をいう」と定義されています。区分所有建物及びその敷地としては商業用途のものもありますが，代表例であるマンション住戸について，以下税務評価と鑑定評価の取扱いを解説します。

1 税務評価の取扱い

(1) 土地部分（敷地利用権の共有持分）の評価方法

マンション住戸の土地部分の評価額は，まず一棟のマンションの土地全体を路線価方式または倍率方式により評価し，その評価額に敷地利用権の持分割合を乗じることで求めます（評価通達2（共有財産））。敷地利用権の持分割合は，管理規約で特に定められている場合を除き，専有部分の床面積の割合とされていますが，実務上は登記簿で確認します。

土地部分の評価額＝土地全体の自用地評価額×敷地利用権の持分割合

なお，専有部分を第三者に賃貸している場合には，評価通達26（貸家建付地の評価）の適用もあります。

(2) 建物部分（専有部分と共用部分の共有持分）の評価方法

「分譲マンションのように区分所有している建物の評価においては，その建物１棟の評価額をまず算出し，次いで，その専有部分を使用等の状況に応じて按分し，また共用部分が例えば全員の共有でその持分は専有部分の床面積の割合によるのであれば，その部分をその割合で評価することになる。」（逐条解説14項）とされています。

実務上は固定資産税課税明細書等に記載の家屋の固定資産税評価額（基準年度のもの）に評価倍率（1.0）を乗じて求めますので，建物部分の評価額は固定資産税評価額とイコールになります（評価通達89（家屋の評価））。

建物部分の評価額＝基準年度の固定資産税評価額×1.0

なお，専有部分を第三者に賃貸している場合には，評価通達93（貸家の評価）の適用もあります。

2　鑑定評価の取扱い

(1) 最有効使用に応じた鑑定評価手法の適用方針

区分所有建物及びその敷地の鑑定評価手法は，①現況利用の継続，②用途変更・構造改造等，③建物取壊しのいずれが最有効使用かにより異なります。

ただし，現況マンションを取り壊して建替えを行うには建替決議等の手続き的な困難性が高く，用途変更・構造改造等も容易に行えないため，①現況利用の継続が最有効使用と判定される場合が多いです。

(2) 区分所有建物及びその敷地の鑑定評価方法

基準では，専有部分が自用の場合（ファミリータイプの分譲マンション等），積算価格，比準価格および収益価格を関連づけて鑑定評価額を決定することとされています。ただし，対象不動産の典型的な市場参加者（自己居住目的の個人エンドユーザー）は，代替競争関係にある他のマンションの取引価格と比較して取引意思決定を行うと考えられますので，市場性を反映した比準価格を重視して鑑定評価額を決定する場合が鑑定実務上多いです。

一方，専有部分が賃貸されている場合（投資用のワンルーム賃貸マンション等），収益価格を標準とし，積算価格および比準価格を比較考量して鑑定評価額を決定することとされています。この場合，対象不動産の典型的な市場参加者（賃貸収入目的の個人投資家等）は，賃貸事業に基づく収益性を重視して取引意思決定を行うと考えられますので，基準の取扱いと同じく収益性を反映した収益価格を重視して鑑定評価額を決定する場合が鑑定実務上多いです。

① 原価法

> 積算価格は，区分所有建物の対象となっている一棟の建物及びその敷地の積算価格を求め，当該積算価格に当該一棟の建物の各階層別及び同一階層内の位置別の効用比により求めた配分率を乗ずることにより求めるものとする（基準各論第１章第２節Ⅳ２．(1)）。

積算価格の査定上ポイントとなる配分率は，対象不動産の属する階の階層別効用比率に対象不動産の位置別効用比率を乗じて求めます。各効用比率の計算のもとになる階層別効用比と位置別効用比は新築分譲時の分譲価格比等により査定します。

なお基準では，１棟の建物及びその敷地の積算価格に配分率を乗じたあとに個別格差補正を行う旨は明記されていませんが，対象専有部分の個別的要因のうち，配分率で考慮済みの階層と位置以外の要因につき必要に応じて補正する必要があります。特に，中古マンションの場合には専有部分の維持管理状況やリフォーム等の有無を内覧等により適切に把握して反映する必要があります。

以上を踏まえ，区分所有建物及びその敷地の積算価格の試算過程および配分率の試算別表例を示せば**図表16－１**および**16－２**のとおりです。

図表16－1　区分所有建物及びその敷地の積算価格の試算過程イメージ

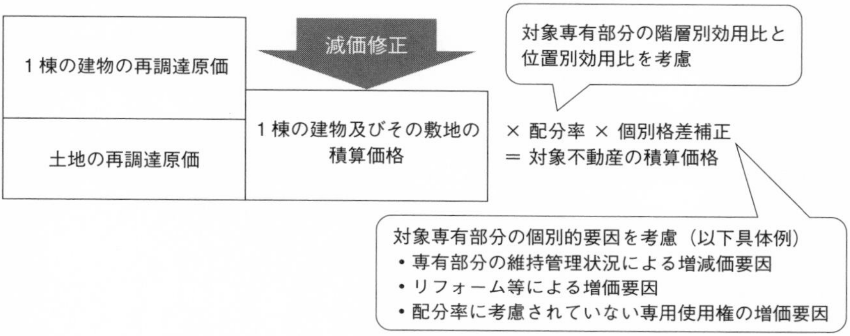

出典：筆者作成

図表16－2　配分率の試算別表例

別表例　配分率および対象不動産（506号室）の積算価格

1．階層別効用比率

階層	用途	床面積	割合	① 専有面積 （注1）	② 階層別効用化 （注2）	③ 階層別効用積数 ＝①×②	⑤ 階層別効用比率 ＝③÷④
5	共同住宅	536.62㎡	85.0%	455.79㎡	110	50,137	0.2119
4	共同住宅	623.65㎡	85.0%	532.24㎡	105	55,885	0.2362
3	共同住宅	684.46㎡	78.0%	532.24㎡	100	53,224	0.2250
2	共同住宅	628.79㎡	84.0%	530.47㎡	95	50,395	0.2130
1	共同住宅	661.92㎡	44.0%	289.61㎡	93	26,934	0.1138
計		3,135.44㎡	74.6%	2,340.35㎡		④　236,575	1

（注1）各階層の専有面積については，販売時資料記載の専有面積を採用した。
（注2）対象不動産の存する3階を基準階とし，新築分譲時の分譲単価比をもとに階層別効用比を査定した。

2．位置別効用比率

階層	区分	専有面積	割合	① 専有面積	② 位置別効用化 （注3）	③ 位置別効用積数 ＝①×②	⑤ 位置別効用比率 ＝③÷④
5	501	76.45㎡	100%	76.45㎡	110	8,410	0.1516
	502	76.51㎡	100%	76.51㎡	99	7,574	0.1365
	503	73.48㎡	100%	73.48㎡	100	7,348	0.1324
	504	86.50㎡	100%	86.50㎡	110	9,515	0.1715
	505	69.26㎡	100%	69.26㎡	103	7,134	0.1286
	506	83.16㎡	100%	83.16㎡	110	9,148	0.1649
	507	66.88㎡	100%	66.88㎡	95	6,354	0.1145
	計	532.24㎡	100%	532.24㎡		④　55,483	1

（注3）西向きの503号室を基準住戸とし，新築分譲時の分譲単価比をもとに位置別効用比を査定した。

３．配分率

① 階層別効用比率	② 位置別効用比率	③ 配分率 ＝①×②
0.2119	0.2649	0.0349

４．対象不動産の積算価格

① 一棟の建物及びその敷地の 積算価格	② 配分率	③ 個別格差※	④ 対象不動産の積算価格 =①×②×③
1,500,000,000円	0.0349	100/100	52,400,000円 （　630,000円/㎡　）

※個別格差（階層別・位置別効用比を除く）の根拠
専有部分につき，リフォーム等は実施されておらず，かつ，効用比に反映できていない専用使用権もなし。

出典：筆者作成

②　取引事例比較法

取引事例比較法の適用にあたっては，同一需給圏から対象不動産と類似するマンション住戸の取引事例を複数収集・選択し，事情補正および時点修正を行います。次に取引事例の階層・位置等の個別的要因を標準的なものに補正して取引事例のマンションの標準住戸価格を求めます（標準化補正①）。さらに，取引事例のマンションと対象不動産のマンションとの地域要因の格差を補正し（地域格差補正②），取引事例のマンションと対象不動産のマンションとの建物グレード等の格差を補正することで（建物品等格差補正③），対象不動産のマンションの中で個別的要因が標準的な住戸の価格を査定します。最後に，標準住戸価格に対象不動産の階層・位置等の個別格差率を乗じることで対象不動産の比準価格が試算されます。

以上を踏まえ，区分所有建物及びその敷地の比準価格の試算イメージおよび試算別表例を示せば**図表16－３**のとおりです。なお，図表では１つの事例しか記載していませんが，実際には複数の事例から対象不動産のマンションの標準住戸価格を査定し，それぞれ比較考量して１つの価格に絞り込みます。

図表16－3　区分所有建物及びその敷地の比準価格の試算イメージおよび試算別表例

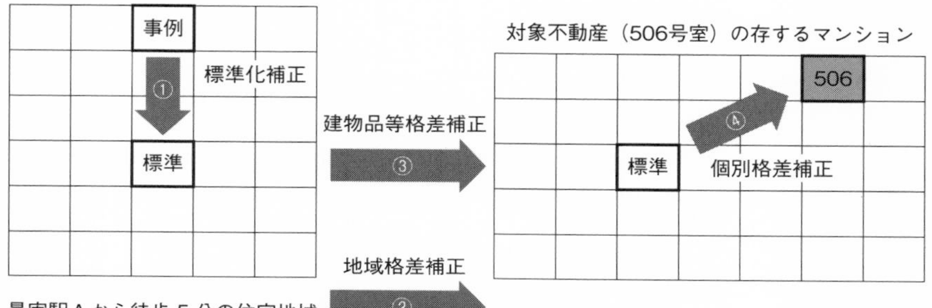

別表例　対象不動産（506号室）の比準価格

事例	取引価格	事情補正	時点修正	標準化補正①	地域格差②	建物品等格差③	標準住戸の比準価格
(a)	650,000円/㎡	×100/100	×100.0/100	×100/115	×100/98	×100/105	≒549,000円/㎡

対象	標準住戸の比準価格	個別格差④			対象不動産の比準価格（単価）
		階層別格差	位置別格差	その他の個別格差※	
506号室	549,000円/㎡	×110/100	×110/100	×100/100	≒664,000円/㎡

※個別格差（階層別・位置別効用比を除く）の根拠
専有部分につき，リフォーム等は実施されておらず，かつ，効用比に反映できていない専用使用権もなし。

出典：筆者作成

③　収益還元法

収益還元法の適用にあたっては，特に賃料査定が重要です。専有部分が自用の場合には，新規に賃貸することを想定して対象不動産と類似性の高い賃貸事例（家賃の成約事例）から比準して新規賃料を査定します。専有部分が賃貸されている場合には，実際の現行賃料に基づき査定します。

総費用の査定にあたっては，共用部分に係る費用として管理費・修繕積立金を計上するだけでなく，専有部分に係る費用（賃借人の入れ替えに伴いオーナー負担の原状回復費等）も計上する必要があります。

還元利回りおよび割引率について，詳細は第7章をご参照ください。類似不動産の取引利回りから求める方法と金融資産の利回りに不動産の個別性を加味する方法（積み上げ法）が用いられることが多いですが，長期国債金利が短期ベースでマイナス金利となっており，長期ベースでも１％未満の現況下では積み上げ法の説得力は低いと考えられます。

3　税務評価と鑑定評価の異同点

(1)　評価額決定プロセスの違い

税務評価では，土地部分（敷地利用権の共有持分）と建物部分（専有部分および共用部分の共有持分）につき評価通達に基づき別々に評価します。

鑑定評価では，複数の鑑定評価手法を適用して試算価格を求め，対象不動産の典型的な市場参加者の視点で試算価格を調整することで鑑定評価額を決定します。

昭和40年代から50年代にかけて，首都圏の人口増加の受け皿として旧日本住宅公団や地方住宅供給公社により団地型マンションが数多く供給されました。こうしたマンションの中には，広い敷地に許容容積未消化の低層マンションが建っているようなものが多くみられます。こうしたマンションの住戸価格を評価通達で評価すると，広い敷地の評価額が専有部分の床面積の割合で配分され，市場価格と比べて通達評価額が大きくなってしまう場合があります（**図表16－４**）。鑑定評価でも積算価格は同様の理由で大きく試算される可能性がありますが，居住用の分譲マンションであれば比準価格を重視して，投資用の賃貸マンションであれば収益価格を重視して鑑定評価額が決定されます。したがって，こうしたマンション住戸の評価にあたっては，評価通達によらず，鑑定評価を検討する必要があると考えます。

図表16－4　**広い敷地に建つ許容容積未消化の低層マンション**

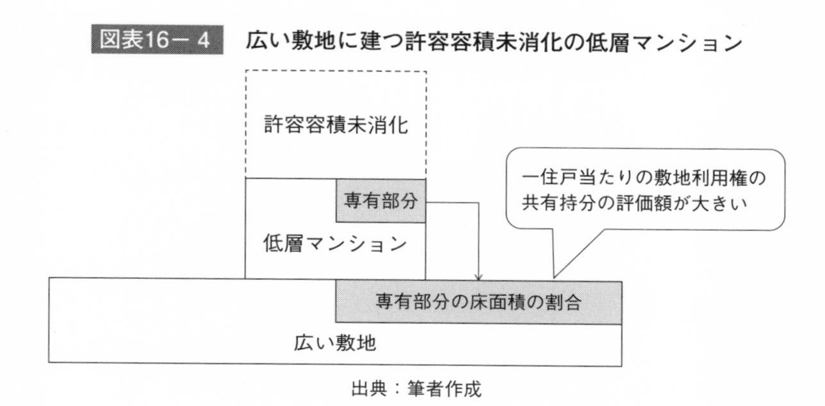

出典：筆者作成

⇒応用編の事例［L］もチェック

(2)　1棟の建物や専有部分の個別的要因の取扱いの違い

税務評価では，建物部分（専有部分および共用部分の共有持分）は固定資産税評価額をそのまま用いますが，固定資産税評価額では，**図表16－5**のような1棟の建物や専有部分の個別的要因が十分考慮されていません。一方で鑑定評価では，1棟の建物や専有部分の個別的要因を考慮して評価します。

図表16－5　**基準が定める区分所有建物及びその敷地の個別的要因の一部抜粋**

1棟の建物の個別的要因	専有部分の個別的要因
・建築（新築，増改築等または移転）の年次 ・面積，高さ，構造，材質等 ・設計，設備等の機能性 ・施工の質と量 ・玄関，集会室等の施設の状態 ・建物の階数 ・建物の用途および利用の状態 ・維持管理の状態 ・居住者，店舗等の構成の状態 ・耐震性，耐火性等建物の性能 ・有害な物質の使用の有無およびその状態	・階層および位置 ・日照，眺望および景観の良否 ・室内の仕上げおよび維持管理の状態 ・専有面積および間取りの状態 ・隣接不動産等の利用の状態 ・エレベーター等の共用施設の利便性の状態 ・敷地に関する権利の態様および持分 ・区分所有者の管理費等の滞納の有無

出典：筆者作成

したがって，こうした個別的要因次第では，鑑定評価額が通達評価額を下回る場合もあります。たとえば，築年数が古い旧耐震基準の老朽化マンションや専有部分の維持管理の状態が特に悪い場合には，相続税申告にあたり鑑定評価を検討する必要があると考えます。また，逆に，タワーマンションの高層階住戸のように鑑定評価額（市場価格）が通達評価額を大きく上回る場合もあります。

⇒応用編の事例［K］もチェック

(3)　タワーマンションの高層階住戸を用いた相続税節税スキームと6項否認

一般に，マンションの高層階ほど眺望景観が優れ市場価格は高くなる傾向があります。また，同一階層でも南東や南西の角住戸は，採光に優れ，隣住戸の騒音も軽減され，角住戸という希少性も加わり市場価格はより高くなります。評価通達ではこうした対象不動産の専有部分の個別的要因（階層・位置）を全く反映しない専有部分の床面積の割合が配分率として採用されています。したがって，マンションの高層階ほど市場価格と通達評価額の乖離が大きくなります（市場価格>>通達評価額）。国税庁の調査によれば，タワーマンションの市場価格（中古物件としての売却価格）と通達評価額との乖離率は平均で3.04倍となっているようです（税務通信No.3383号より抜粋）。

この乖離に着目して，被相続人が生前に多額の借入によりタワーマンション高層階住戸を購入し，購入価額より相当低く算出される通達評価額で評価して借入金の債務控除をとる相続税節税スキームが行われてきました。

こうした背景もあり，平成29年度地方税法改正により，居住用超高層建築物（高さ60m超で，複数の階に住戸がある建築物）について，専有部分の床面積を「階層別専有床面積補正率」により補正して，全体の固定資産税額を各区分所有者に按分することとされました（都市計画税も同様）。

図表16－6　タワーマンション住戸に係る固定資産税額の計算方法の改正

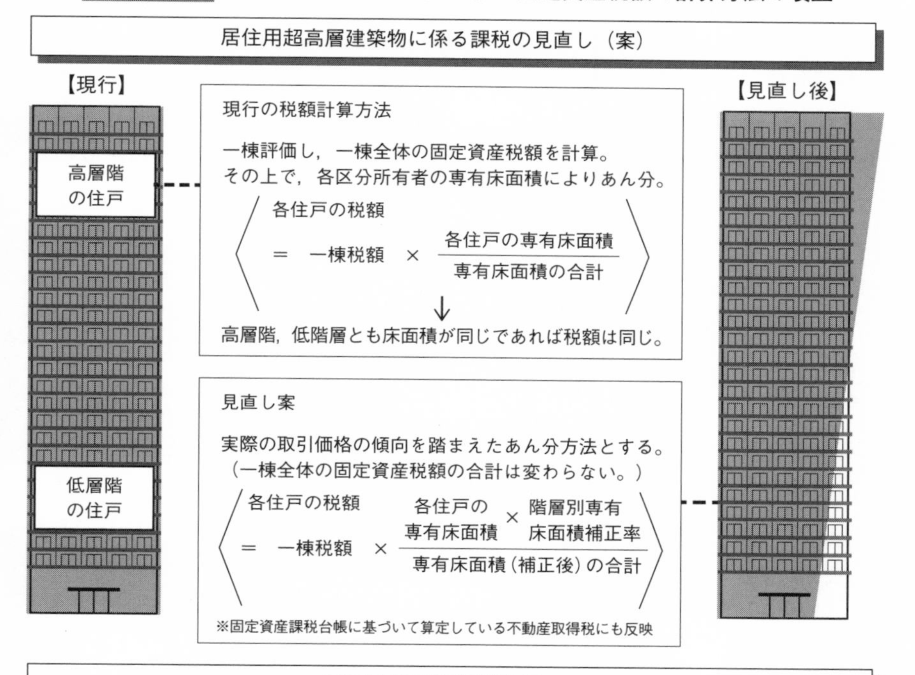

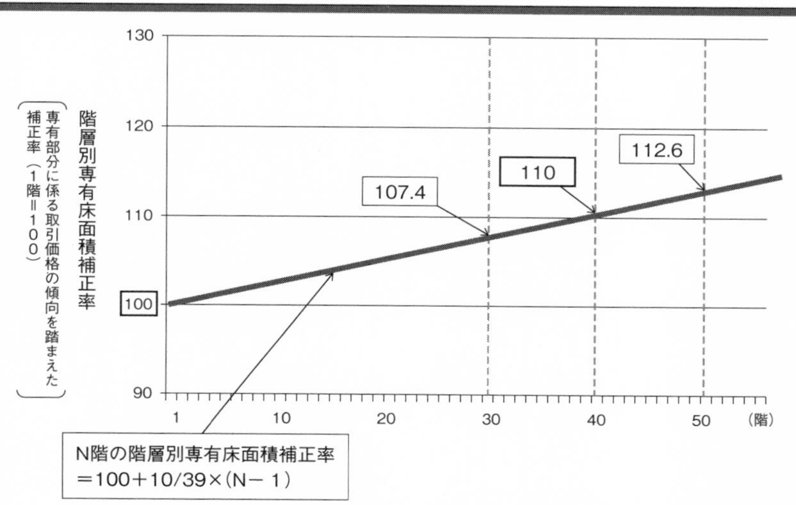

出典：総務省「平成29 年度地方税制改正（案）について」（平成28年12月）

ただし，この地方税の改正は，あくまでも固定資産税額の計算方法の見直しであり，各住戸の固定資産税評価額は改正されていませんので依然として市場価格と通達評価額との乖離は埋まっていません。この点，国税庁は平成27年10月29日に記者発表で「当庁としては，実質的な租税負担の公平の観点から看過しがたい事態がある場合には，これまでも財産評価基本通達６項を活用してきたところですが，今後も，適正な課税の観点から財産評価基本通達６項の運用を行いたいと考えております。」との見解を示しています。

現行の評価通達の専有部分の床面積割合を，鑑定評価と同様の階層別・位置別の効用比による配分率に変更することで上記乖離の程度を多少小さくできると考えられますが，階層別効用比はともかく位置別効用比はマンションごとの個別性が強く，全国のマンションに画一的に適用可能な配分率を定めるのはほぼ不可能ですので，階層別・位置別効用比による配分率を評価通達に導入するのは困難であると思われます。位置別効用比の反映は断念して階層別効用比のみ反映した配分率なら作れるかもしれませんが，それでは片手落ちなのでそれも行われることはないのではないかと思われます。

Column 5　配偶者居住権の鑑定評価ニーズ

平成30年の民法改正によって配偶者居住権が創設されました。配偶者居住権は，残された配偶者が被相続人の所有する建物に居住していた場合で，一定の要件を満たすときに，被相続人が亡くなった後も，無償でその建物に住み続けることができる権利です。

この配偶者居住権の鑑定評価ニーズとしては大きく以下２つが考えられます。

①相続税申告における時価評価
②遺産分割（任意協議，調停・審判等の裁判所の手続き）における時価評価

このうち①のニーズについては，残念ながら以下のとおり鑑定評価額で相続税申告することはできないこととされています（財務省「令和元年度税制改正の解説」より抜粋）。

> なお，遺産分割等においては，相続税法の法定評価によらず，例えば相続人間で合意した価額で配偶者居住権を設定することも当然ながら可能です

が，相続税の計算においては，法定評価を用いて評価しなければならず，他の評価方法で申告することは認められません。

相続税法の法定評価とは，評価通達ではなく相続税法に評価方法が規定されているものをいい，具体的には，地上権及び永小作権（同法23条），配偶者居住権等（同法23条の２），定期金に関する権利（同法24条），立木（同法26条）があります。納税者としては，評価通達には拘束されませんが，相続税法には従う必要があります。したがって，もし配偶者居住権の評価方法が，相続税法ではなく評価通達に定められていれば鑑定評価額による相続税申告の余地も出てきますが，相続税法に評価方法が規定されてしまっている以上，相続税申告上はそれに従わないといけないということです。

ということで，鑑定評価ニーズとしては「②遺産分割等における時価評価」の場面が考えられます。こうしたニーズに対応できるように，配偶者居住権等の鑑定評価方法に関して，（公社）日本不動産鑑定士協会連合会ホームページ（https://www.fudousan-kanteishi.or.jp/research/report/）上で「配偶者居住権等の鑑定評価に関する研究報告（令和元年12月）」が公表されています。

第III部

【応用編】
裁判例・裁決例に学ぶ
「鑑定評価」の読み方・使い方

納税者による鑑定評価額に基づく相続税申告が認められる要件

相続税申告においては評価通達に基づき財産評価するのが基本です。しかし，高収益物件やタワーマンションを用いた相続税の節税スキーム事案に対して国税庁が評価通達6項を用いて通達評価額によらず鑑定評価額で評価することがあります（鑑定評価額＞通達評価額のケース）。そして，納税者が不動産の評価について，通達評価額によらず鑑定評価額に基づき相続税申告を行うことも，通達に拘束されない納税者の権利であり，そのこと自体問題はありません（鑑定評価額＜通達評価額のケース）。

ただし，通達評価額より低い鑑定評価額による相続税申告が税務署に認められるためには，評価通達によらない「特別の事情」が認められることが必要とされています。この「特別の事情」が認められる要件について，山田重將先生の税大論叢の論文では2つの考え方（合理性欠如説，合理性比較説）が解説さ

図表Ⅲ－1　納税者による鑑定評価額に基づく相続税申告が認められる要件

合理性欠如説　　合理性比較説

①鑑定評価額の金額要件
鑑定評価額が通達評価額を下回ること（鑑定評価額＜通達評価額）

②鑑定評価書のクオリティ要件
その鑑定が不動産鑑定評価基準に厳密に則っていること等

＋

③評価通達の合理性欠如要件
他の諸事情をも考慮して，当該事例において評価通達による評価額が時価を超えていることが明らかと認められること

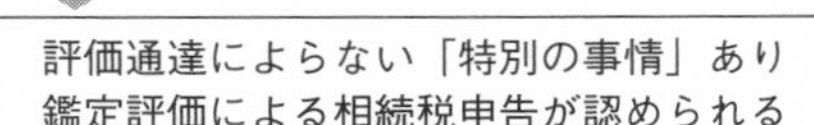

出典：国税庁ホームページ「財産評価基本通達の定めによらない財産の評価について－裁判例における「特別の事情」の検討を中心に－」を参考に筆者作成

れており，合理性欠如説が支持されています。山田重將先生の論文を参考に筆者が作成した納税者による鑑定評価額に基づく相続税申告が認められる要件は**図表Ⅲ－1**のとおりです。

相続税申告に係る過去の裁判例や裁決例では，図表Ⅲ－1②鑑定評価書のクオリティ要件を満たさず，納税者の鑑定評価が認められないケースが圧倒的に多いです。図表Ⅲ－1③評価通達の合理性欠如要件としては，路線価評定に反映されていない地域要因に基づく減価要因を指摘する方法，または，各評価通達の補正率では補足しきれていない対象不動産に係る個別的要因に基づく減価要因を指摘する方法が考えられますが，相続税申告に係る過去の裁判例や裁決例を踏まえると実務上は後者の方法によることがほとんどです。ただし，実際に相続税申告で各評価通達の補正率では補足しきれていない対象不動産に係る個別的要因に基づく減価要因の指摘が認められるケースはかなり限られています（認められたケースとして応用編の事例G，K参照）。したがって，相続税申告で納税者による鑑定評価が認められるためのハードル（図表Ⅲ－1②③の要件）は総じて高いといえます。

また，相続税申告以外の譲渡時価算定の場面等で鑑定評価を使う際には，鑑定評価書のクオリティ要件の検証が必須となります。

以上より，応用編では，納税者が鑑定評価で相続税（贈与税）申告や更正の請求を行った事例を複数取り上げ，特に鑑定評価書のクオリティ要件について，審判所・裁判所がどう判断したか，およびそれに対する筆者コメントを入れて解説しています。併せて，税理士への助言として，相続税申告の場面だけでなく譲渡時価算定の場面等にも生かせるように鑑定評価書のクオリティをチェックする際の注意点をコメントしております。

納税者による売却価額に基づく相続税申告が認められる要件

相続税の納税資金を捻出するため，または相続した不動産が不要なため等の理由で相続人が相続した不動産を売却するケースも多いです。そして，不動産の売却価額が通達評価額よりも低い場合に納税者が通達評価額によらず売却価額に基づき相続税申告を検討する場合もあります。

通達評価額より低い売却価額による相続税申告が税務署に是認されるための要件について明文規定等はありませんが，山田重將先生の税大論叢の論文や過去の裁決例等を参考に筆者が考える要件を示せば**図表Ⅲ－2**のとおりです。

鑑定評価の正常価格の概念と現実の市場で成立した取引価格は必ずしも同じではないため，図表Ⅲ－2の要件③に特に留意する必要があると考えます（本書第5章2．⑵「正常価格の定義とその前提条件」参照）。要件③の確認のために，鑑定評価額（正常価格）をとるのも一法かと思われます。

なお，本書の応用編でも実際の売却価額で相続税申告を行った事例を取り上げ，図表Ⅲ－2の要件を満たすか否か，筆者コメントを入れて言及しています。

図表Ⅲ－2　通達評価額より低い売却価額による相続税申告が認められるための要件

①遡及的な時点修正の可能性要件
相続開始日と相続開始後の売却日の間隔が短く遡及的時点修正が可能と認められること（間隔が長くなればなるほどその間の価格形成要因の変化も加味して補正する必要が出てきてしまうため）

②売却価額の金額要件
必要に応じて時点修正した売却価額が通達評価額を下回ること

③鑑定評価の正常価格要件
売却価額が不動産鑑定評価基準の正常価格の要件（注）を満たすこと
（注）市場参加者の合理性，取引形態の合理性，相当の市場公開期間の3要件

＋

④評価通達の合理性欠如要件
他の諸事情をも考慮して，当該事例において評価通達による評価額が時価を超えていることが明らかと認められること

評価通達によらない「特別の事情」あり
必要に応じて時点修正した売却価額による相続税申告が認められる

出典：筆者作成

遡及的時点修正率を用いた過去時点の鑑定評価の妥当性が争われた事例

(平成24年4月20日東京高裁TAINS：Z262-11933)(上告不受理・確定)

事例概要

本件は，原告（納税者）が，被相続人（平成14年３月27日相続開始）から相続により取得した北海道内の山林について，遡及的時点修正率を用いた過去時点の鑑定評価額を主張し，その妥当性が争われた事例です。

図表Ａ－１　双方が主張する本件山林の評価額

本件山林の評価額	概　要
被告（国）主張の通達評価額 84,723,335円	当該山林は，評価通達で定める純山林（倍率方式）である。
原告主張の鑑定評価 36,650,000円	当該鑑定評価は，裁判所が選任した鑑定人Eが行ったものであり，その手順は以下のとおりである。 ①取引事例比較法（平成20年８月から平成21年10月までの取引事例を採用）により求めた現在時点（平成22年６月１日）における近隣地域の標準価格をもとに，同一需給圏内の類似地域に所在する林地の基準地（勇払郡および日高郡）の価格に比準した価格との均衡に留意して，現在時点における近隣地域の標準価格を査定し，②標準的画地に対する各物件の個性に基づく増減価要因を検討した上で，格差修正率を求め，③査定された標準的画地の価格と格差修正率とを乗じて，各物件の単価を査定し，これを各物件の数量に乗じて，本件山林の現在時点における林地価格を査定し，④最後に，現在時点における林地価格に基準地の価格をもとにした遡及的時点修正率を乗じて，本件山林の鑑定評価額を決定している。

出典：筆者作成

原告主張の鑑定評価の手順①～④について非常に簡単ではありますが，図解すると**図表Ａ－２**のとおりです。

図表Ａ－２　原告主張の鑑定評価の手順イメージ

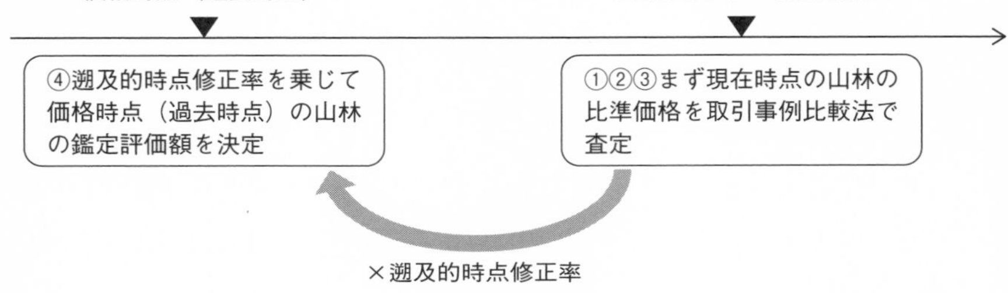

出典：筆者作成

高裁の判断

高裁は，以下のとおり，原告主張の鑑定評価が遡及的時点修正を行っている点を問題視しています。結果，原告の主張は認められませんでした。

> しかるに，本件鑑定は，取引事例比較法により，平成20年８月から平成21年10月までの取引事例に基づいて近隣地域の標準的画地の標準価格を算定し，これに現在時点における格差修正率を乗じた上，遡及的時点修正を加えて評価している。
>
> しかし，本件においては，価格時点として，相続開始時である平成14年３月27日の本件山林の鑑定評価額が問題となっているのであるから，適正な鑑定をするためには，上記相続開始時に近い時点の確認資料等をできる限り収集し，それを基礎に価格を決定するべきであり，それが可能である〔被控訴人提出の鑑定書は相続開始時に近接する時点での取引事例を収集している。〕のに，本件鑑定ではそれが行われていない。また，本件鑑定は，補充鑑定申出書に係る回答を含めると平成20年７月から平成21年10月までの取引事例に基づき，上記時点から７年前後を経過した現在時点の標準価格を査定しているが，価格時点から７年前後も異なった場合には地域要因の変化が発生するおそれがあり，また，

地域の経済環境にも大きな変化があり得るから，７年間前後の時点修正を正確に行うことは極めて困難である。

 筆者コメント

〈鑑定評価書のクオリティ〉

原告主張の鑑定評価は，相続開始から約７ ～ ８年程度経過したのちに裁判所が選任した鑑定人により行われたものであり，鑑定評価を行った時点（平成22年６月１日：現在時点）からみると，価格時点である相続開始日（平成14年３月27日）は過去時点となります。

過去時点の鑑定評価にあたっては，基準留意事項によれば，当時の対象不動産の状況を依頼者ヒアリング等で確認し，かつ，鑑定評価に必要な各種資料も当時のものをできる限り収集する必要があります。

過去時点の鑑定評価として，本件のように価格時点よりも新しい時点の取引事例の取引価格に遡及的時点修正率を乗じて逆算する方法は基準および基準留意事項にも定められておらず，当該方法の問題点については以下のとおり解説されています（(公社）日本不動産鑑定士協会連合会に寄せられた質疑応答集 質問番号70「過去時点の評価・取引事例の収集」の回答より抜粋)。

「価格時点よりも新しい事例については，同様に取引時点までの各種要因の動態的分析及び取引時点までに得られた各種資料等に基づく予測を反映させて形成されるものですが，価格時点を基準に考えると，当該事例の存在そのものが価格時点において未知のものであり基準たり得ないこと，価格時点以降の事象の変化について，鑑定評価を行う時点においては既知の事柄ではあっても，価格時点においては，誰もがそれ以降についての価格形成要因の変化の状況は知るよしもなく，その価格判断の確定的な基礎資料となり得ず，予測の対象でしかないことなどが，価格時点以前の取引事例と異なることになります。

したがって，過去時点でも現在時点の鑑定評価でも，価格時点よりも取引時点が新しい事例については，理論上，価格時点における市場の判断基準が異なり，その後の要因変化の状況と価格時点における予測の程度との差異を判断することが容易でない等から，価格時点より新しい取引時点の事例は原則採用しない

とされ，例外的に採用するとしても，単純に物理的な期間の長短だけで判断することはできず，価格時点と取引時点の間隔が短いことに加え，価格時点以降の価格形成要因の変化の状況が価格時点において市場が予測したとおりに推移し，価格時点における価格判断の確定的な基礎資料となり得たと客観的に判断でき，かつ，それを確実な証拠を持って立証できる場合に限られるとされています。」

以上より，原告主張の鑑定評価書のクオリティは低いと言わざるを得ません。

〈税理士への助言〉

過去時点の鑑定評価のポイントは，いかに相続開始時の対象不動産の状況および各種資料収集等が可能かによりますので，時間が経てば経つほど相続開始日から対象不動産それ自体およびその価格形成要因が変化し，過去時点の鑑定評価の困難性も高まります。

ですので，たとえば相続開始日からある程度時間が経過したのちに鑑定評価で更正の請求を検討するような場合には，こうした過去時点の鑑定評価の困難性も考慮して，そもそも鑑定評価自体が可能か否かも含めて不動産鑑定士に相談する必要があるでしょう。

B

リーマンショックの影響を二重で減価している鑑定評価書の問題点が指摘された事例

（平成24年8月16日公表裁決）

事例概要

本件は，請求人（納税者）が，被相続人（平成21年１月相続開始）から遺贈により取得した土地について，換価分割における実際の売却価格で相続税申告したものの，原処分庁が通達評価額で更正処分し，その評価方法が争われた事例です。本件土地は，地積329.17㎡のほぼ正方形の宅地で，南西側で幅員約５ｍの市道に接面し，地勢は平坦です。請求人は，異議申立てに際し，不動産鑑定士R作成の鑑定評価書を提出し，当初申告で採用した実際の売却価格の妥当性を主張しました。

図表Ｂ－１　双方が主張する本件土地の評価額

本件土地の評価額	概　　要
原処分庁の通達評価額 102,042,700円	路線価310,000円×地積329.17㎡（路線価方式）
請求人の売却価額 65,000,000円	本件売買に至る経緯 ①平成21年２月初旬，本件仲介業者は，本件遺言書に基づく本件土地の換価について，本件土地の地積が約100坪と大きいため不動産業者以外の者への販売は難しいと判断し，不動産業者数社に対してのみ売込みをした。 ②平成21年２月下旬，上記①の売込みを受けたK社は，本件土地を65,000,000円で買い付ける旨を本件仲介業者に申し入れた。 ③請求人らは，インターネットで本件土地の時価を調べ，だいたい坪100万円ぐらいであるとの認識はあったが，平成21年３月上旬頃に，本件遺言執行者から，上記②に至る経緯，売買金額，売買条件等のほか，面積が大きすぎて売れないなどとの説明を受けて上記②の申し入れを了承し，その後，同月７日，本件売買が成立した。
請求人の鑑定評価額 65,000,000円	取引事例比較法による比準価格と開発法による価格を試算し，開発法による価格を重視して鑑定評価額を決定。

出典：筆者作成

審判所の判断

審判所は，以下のとおり，請求人の売却価格は取引当事者が限定されており，客観的交換価値の前提を欠くと判断しています。

> 本件売買は，①本件仲介業者の判断により購入者が不動産業者に限定され，②K社の申入れ価額のまま契約が成立したものであるところ，相続税法第22条に規定する時価とは，「不特定多数の当事者間で自由な取引が行われる場合に通常成立すると認められる価額」（客観的交換価値）を示すものであるから，「特定の者の間で限定的に行われた取引」における価額は，客観的交換価値としての前提を欠くものである。

また，審判所は，請求人の鑑定評価書について，以下のとおり，リーマンショックの影響を二重で減価している問題点を指摘しています。結果，請求人の主張は認められませんでした。

> 本件鑑定書では，リーマンショックの影響について取引事例比較法における市場性減価の率及び開発法における事業期間の査定で考慮されているところ，鑑定評価額の決定においてもリーマンショック直後という経済状況を加味して開発法による価格68,700,000円を下方修正しているが，このように重ねてリーマンショックの影響について下方修正を行うべき理由が認められない。

筆者コメント

〈売却価額に基づく相続税申告について〉

本件は，相続開始日から売却日まで約２カ月程度と短く，売却価額の時点修正可能性に関しては審判所も問題視していませんが，取引当事者が限定されている点を問題視しています。事実認定の部分ですので断言はできませんが，個人的には相続開始日から売却日までの期間が非常に短いので請求人側に売り急ぎの事情があったのではないか，または相当の市場公開期間が取れていないのではないかと推察しています。いずれにしても，請求人の売却価額は鑑定評価の正常価格の成立要件を満たしていない可能性が高いと推察されます。

〈鑑定評価書のクオリティについて〉

本文より読み取れる範囲で，請求人の鑑定評価書においてリーマンショックの影響をどこでどう考慮しているのか図示すると，**図表B－2**のとおりです。

図表B－2　請求人の鑑定評価書上リーマンショックの影響を考慮した部分

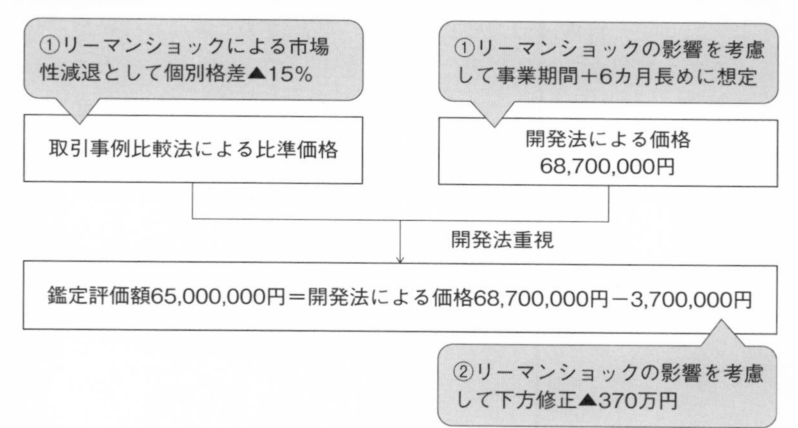

出典：筆者作成

図表B－2を見てのとおり，①各手法の適用過程と②鑑定評価額の決定の過程でリーマンショックという同一の価格形成要因を二重で減価してしまっています。なお，リーマンショックの影響は価格形成要因のうち一般的要因にあたりますので，一般的要因がどのように対象不動産の個別的要因に作用して個別格差▲15%と査定したのか，その査定根拠が鑑定評価書で十分に説明し尽くされていたのか，審判所の指摘にはありませんが個人的には非常に気になります。

また，②鑑定評価額の決定過程でリーマンショックの影響を考慮して下方修正しているのは，単に請求人が主張する売却価額65,000,000円に鑑定評価額を合わせるために恣意的に3,700,000円減額しているようにみてとれます。仮にこの下方修正がなければリーマンショックの影響について二重で減価しているという問題は生じず，鑑定評価額68,700,000円となります。そうすると，先に述べたとおり，売却価額のほうがあるべき鑑定評価額より低いということになり，請求人側に売り急ぎの事情があった可能性が出てきます。実際，原処分庁は請求人側に売り急ぎの事情があったのではないかと主張しています。

以上より，本件鑑定評価書のクオリティは低いと言わざるを得ません。

〈税理士への助言〉

リーマンショック自体は過去の話ですが，たとえば，最近では新型コロナウイルス感染症の影響が一般的要因にあたります。リーマンショックであれ新型コロナウイルス感染症であれ，先例がないため，不動産価格への影響をより高精度に定量化するにはある程度の事例の蓄積や時の経過を要します。もちろん税理士がその査定根拠を検証するのは非常に困難です。ただし，税理士としても，最低限鑑定評価において一般的要因（新型コロナウイルス感染症の影響）について本件のように明らかに二重で減価されていないか等の観点から，鑑定評価書を読んで確認し，疑問点があれば不動産鑑定士に質問確認しておく必要はあるでしょう。

C

相続税申告で納税者が用いた鑑定評価書の開発法の問題点（最有効使用の判定と造成工事費の査定）が指摘された事例

（平成29年6月2日非公開裁決TAINS：F0-3-527）

事例概要

本件は，請求人（納税者）が，被相続人（平成25年相続開始）から相続した雑種地について，通達評価額によらず鑑定評価額で相続税当初申告を行い，その是非が争われた事例です。本件土地は，アスファルト舗装された貸駐車場として利用されていました。

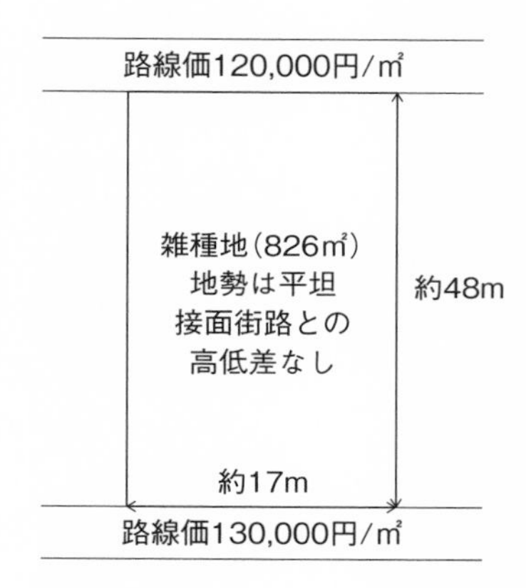

図表C－1　双方が主張する本件土地の評価額

本件土地の評価額	概　　要
原処分庁の通達評価額 97,529,124円	路線価方式により評価
請求人の鑑定評価額 78,700,000円	対象不動産の類型を更地とし，取引事例比較法による比準価格と開発法による価格を試算し，両者の平均値を鑑定評価額として決定。

出典：筆者作成

通達評価額の計算過程は下記のとおりです（TAINS：F０－３－527より）。

1　奥行価格補正後の１㎡当たりの価額（注１）

130,000円×0.91（奥行価格補正率）＝118,300円

2　二方路線影響加算後の１㎡当たりの価額

120,000円×0.91（奥行価格補正率）×0.02（二方路線影響加算率）＝2,184円

118,300円＋2,184円＝120,484円

3　間口狭小補正及び奥行長大補正後の１㎡当たりの価額

120,484円×〔1.00（間口狭小補正率）×0.98（奥行長大補正率）〕＝118,074円

4　本件土地の評価額

118,074円×826㎡＝97,529,124円

（注１）本件土地が住宅地域内に存する駐車場の用に供されている雑種地であり，その地勢は平坦で，周囲が宅地に囲まれていることから，評価通達82《雑種地の評価》に定める「状況が類似する付近の土地」を宅地とし，同通達に定める「付近の土地の評価した１平方メートル当たりの価額」について，評価通達14《路線価》に定める路線価（本件土地が南側で接面する道路に設定されたもの）を基礎としている。

また，請求人の鑑定評価書の概要は下記のとおりです（TAINS：F０-３-527より。ただし，開発法の部分につき下線部筆者）。

（イ）本件土地は，付近の標準的な画地よりも面積が大きな土地（以下「面大地」という。）であり，その最有効使用は，同土地を６区画（１区画当たりの面積は137.67㎡）に区画割りして宅地分譲することである。

（ロ）評価方法は，取引事例比較法及び開発法を採用し，原価法及び収益還元法は採用しない。

（ハ）上記（イ）及び（ロ）を前提に，別紙３の表１の取引事例を基に表２のとおり，取引事例比較法による比準価格を80,100,000円（97,000円/㎡）と試算する。

（ニ）上記（イ）及び（ロ）を前提に，同一需給圏内における類似物件の分譲事例や地元不動産業者へのヒアリング等を基礎とし，分譲想定画地の間口が狭く奥行きが長いことや造成費用等が生じることを考慮した上で，本件土地の開発法による価格を77,200,000円（93,500円/㎡）と試算する。

（ホ）本件土地の公示価格との規準として，本件公示地の平成25年の公示価格（152,000円/㎡。以下「本件公示価格」という。）に，時点修正を施し，さらに，

「地域要因の比較」による減価補正として，本件土地は面大地であることから，需要者は不動産開発業者等が中心となるのに対し，本件公示地の需要者は最終需要者たる個人であり，本件土地は，本件公示地と比べて需要者の数が少なく，取引価格が低下するものと判断し，規模の格差50ポイントの減価補正を施すなどして，本件土地の規準価格を89,200,000円（108,000円/㎡）と算定する（計算式は別紙3の表3のとおり）。

（へ）　上記（ハ）の取引事例比較法による比準価格及び上記（ニ）の開発法による価格を関連付け，本件土地の鑑定評価額を78,700,000円〔上記（ハ）の取引事例比較法による比準価格及び上記（ニ）の開発法による価格の平均値〕と決定した。

審判所の判断

審判所は，以下のとおり，請求人の鑑定評価書の開発法の問題点を指摘しています。結果，請求人の主張は認められませんでした。

さらに，請求人らがその主張の前提とする不動産鑑定評価における開発法は，不動産開発業者等の投資採算性に着目した中間段階の取引を想定した価格を算定するものであるため，造成費用等の有無・額や区画割後の土地の取引価格の低下の有無・程度は，不動産鑑定士ごとに判断が区々になるもので，それらを考慮するか否かも含めて一義的に定まるものではない。しかも，本件土地について具体的にみても，①本件土地は南北で道路に面していること，②本件地域には，本件土地と地積が同程度の共同住宅等の敷地が存すること，③本件地域では事務所，工場等が混在しており，そのような本件土地の近隣環境に照らし，戸建住宅としての居住の快適性が特に優れているとは認められないこと，④本件土地は，宅地分譲に当たり道路の敷設等の特別な造成工事を必要とせず，単純に区画割りをして分譲することが可能な土地であることを併せ考慮すると，本件土地の造成工事の必要性やその額，区画割りの必要性や形状は，いずれも一義的に明らかとはいえない。

筆者コメント

〈鑑定評価書のクオリティ〉

審判所の判断②③の指摘は，対象不動産の最有効使用の判定に関する問題点です。近隣地域は，戸建住宅と共同住宅等が混在する住宅地域であることから，規模の大きな対象不動産（更地）の最有効使用の可能性として，区画割して宅地分譲以外に中層分譲マンションや中層賃貸マンション等の可能性も少なからずあったのではないかと推察されます。だとすれば，区画割して宅地分譲，中層分譲マンション，中層賃貸マンションのシナリオごとに更地価格を概算して，最も高い価格のシナリオを最有効使用と判定する必要があったと考えられます。

また，審判所の判断①④の指摘は，造成工事費の査定根拠に関する問題点です。本件土地の地勢は平坦，接面街路との高低差なし，道路設置による潰れ地なしという状況から，特段多額の造成工事費はかからないものと推察されます。仮に区画割して宅地分譲が最有効使用だとしても，本件土地の造成工事費として請求人鑑定の開発法の査定額（詳細不明）ほどはかからないと判断されたものと推察されます。

審判所の指摘どおり，最有効使用の判定根拠と造成工事費の査定根拠に問題点があり，本件鑑定評価書の開発法のクオリティは低いと考えられます。

〈税理士への助言〉

税理士としても，開発法適用の前提となる対象不動産の最有効使用の判定根拠を確認する必要があります。更地の最有効使用の判定にあたっては，特に近隣地域の標準的使用が有力な手掛かりとなるので，税理士自身も対象不動産の実査の際に周辺地域も観察してどのような土地利用形態（建物用途）が多いのか確認するのが有効です。また，開発法の収支項目の査定根拠を確認する必要があります。特に区画割して宅地分譲の場合，宅地造成費についてその査定根拠（業者見積の有無，工事内容）は確認する必要があるでしょう。

D

鑑定評価の開発法による土地価格からさらに評価通達26（貸家建付地の評価）を適用することの是非が争われた事例

（平成29年1月24日非公開裁決TAINS：F0-3-542）

事例概要

本件は，請求人（納税者）が，被相続人（平成24年相続開始）から相続した貸家建付地について，鑑定評価の開発法による土地価格からさらに評価通達26（貸家建付地の評価）を適用した評価額を主張し，その是非が争われた事例です。

図表D－1　双方が主張する本件土地の評価額

本件土地の評価額	概　　要
原処分庁の通達評価額 22,512,974円	評価通達26（貸家建付地の評価）を適用して評価（図表D－2参照）。
請求人の鑑定評価額 13,823,000円	鑑定評価の開発法による土地価格からさらに評価通達26（貸家建付地の評価）を適用して評価（図表D－3参照）。

出典：筆者作成

図表D－2　通達評価額の計算過程

区　　分		金額等
正面路線価	①	41,000円
奥行価格補正率	②	0.98
①×②	③	40,180円
地積	④	659.18㎡
自用地としての評価額（③×④）	⑤	26,485,852円
借地権割合	⑥	0.5
借家権割合	⑦	0.3
財産評価額（⑤×（１－⑥×⑦）	⑧	22,512,974円

（注）「奥行価格補正率」（②欄）は，正面路線からの奥行距離31.2mに対する補正率である。

出典：TAINS：F０－３－542

図表Ｄ－３　請求人の鑑定評価書概要

原処分庁指摘の問題点①
更地の鑑定評価手法につき，開発法しか適用していない。

4　物件１（本件１土地）

(1)　標準的規模の土地価格の査定
イ　取引事例比較法による比準価格の査定
同一需給圏における取引事例４ 例を採用して，取引価格の分析及び近隣地域の標準的画地との価格形成要因の比較を行い試算された 44,800円/㎡～53,600円/ ㎡の価格をほぼ均等に関連付け，比準価格を 51,000 円 / ㎡と試算した。
ロ　規準地価格からの試算
周辺地域における公示地「■■■■」と近隣地域の標準的画地との価格形成要因の比較を行い，49,600 円 / ㎡を得た。
ハ　試算価格の調整と標準価格の査定
規準価格は比準価格より低位に試算されたが，比準価格との格差はおおむね妥当な範囲にあるものと判断されるため，比準価格である 51,000 円 / ㎡を近隣地域における標準的規模の価格として査定した。
(2)　対象地の価格査定
幅員５ｍの位置指定道路を新設し，４区画に分譲することを想定して査定する。その結果，複利現価収入が 25,848,000 円と査定され，造成費等の費用を考慮すると開発方式による土地価格は 16,263,000 円と求められる。

(3)　貸家建付地の適用
対象地は，賃貸倉庫建物の敷地として利用されており，「貸家建付地」の類型となり借家権価値相当分を控除することができる。
16,263,000 円 × ｛1 －〔0.50（借地権割合）
×0.30（借家権割合）〕｝ =13,823,000 円（切捨て）

原処分庁指摘の問題点②
鑑定評価の開発法による土地価格からさらに評価通達26（貸家建付地の評価）を適用している。

出典：TAINS：Ｆ０－３－542。ただし，「原処分庁指摘の問題点」は筆者加筆

審判所の判断

審判所は，原処分庁指摘の問題点①②について，以下のとおり，同様に問題ありと判断しています。結果，請求人の主張は認められませんでした。

①更地の鑑定評価手法につき，開発法しか適用していない問題点

> ところが，本件各土地鑑定士評価においては，別紙2のとおり，開発法のみにより評価額を決定しており，取引事例比較法等の他の手法から算定された試算価格に基づく価格となっていない。この点について，請求人らは，本件各土地がいずれも面大地であるから，開発法に基づく控除価格が最も信頼のある価格である旨主張する。しかしながら，鑑定評価基準は，開発法について，飽くまでも評価対象地の面積が近隣地域の標準的な土地の面積に比べて大きい場合等において比較考量する評価手法として位置付けているにすぎず，鑑定評価基準が面大地を開発法により評価すべき旨定めているということはできないから，本件各土地鑑定士評価は鑑定評価基準における手法を尽くしていないというべきである。

②開発法による土地価格からさらに評価通達26（貸家建付地の評価）を適用することの問題点

> 本件各土地鑑定士評価は，本件各土地のうち本件1土地，本件3土地及び本件4土地の評価に当たって，貸家の敷地として利用されている部分については，評価通達26を適用して更地として求めた評価額から評価通達に定める借地権割合及び借家権割合を乗じて計算した価額を控除した価額を評価額としているが，不動産鑑定士が不動産鑑定を行う際に従うべき鑑定評価基準においては，評価通達と同様の手法をとるべきことは定められておらず，この点においても本件各土地鑑定士評価は，鑑定評価基準に従っていないこととなる。

筆者コメント

〈鑑定評価書のクオリティ〉

問題点①について，対象不動産の主たる市場参加者である開発業者は賃貸事業の収益性は重視しないため，更地の鑑定評価手法のうち収益還元法（土地残余法）に関しては，平成26年基準改正後であれば，鑑定評価書で十分に説明した上で適用省略できる余地はあるものの，取引事例比較法を適用していない点は問題ありと考えます。

問題点②について，審判所の指摘のとおり，基準には評価通達26（貸家建付地の評価）のような取扱いは定められていませんので，本件鑑定評価手法は基準に則ったものとは言えません。

以上より，本件鑑定評価書のクオリティは低いと言わざるを得ません。

〈税理士への助言〉

本件を踏まえ，貸家建付地の評価にあたっては，鑑定評価の更地価格に評価通達26（貸家建付地の評価）を適用する方法は避けるべきであると考えます。結局，鑑定評価を採用するなら，評価通達の取扱いを混ぜることなく，首尾一貫して最後まで鑑定評価を貫かないといけないということです。鑑定評価で貸家の存在を考慮した土地価格を求めるのであれば，対象不動産の類型を更地ではなく建付地または建物も含めて貸家およびその敷地として評価する必要があります。ただし，基準の建付地や貸家およびその敷地の鑑定評価手法には評価通達26（貸家建付地の評価）や評価通達93（貸家の評価）のような所有者の利用制約に基づく評価減の取扱いは定められていませんので，貸家の存在を考慮すれば評価通達と同様に必ず減価できるわけではありません。

E

借地権の鑑定評価手法に関する各種問題点が指摘された事例

（平成28年12月5日非公開裁決TAINS：F0-3-508）

事例概要

本件は，請求人（納税者）が，被相続人（平成24年相続開始）から相続した借地権について，通達評価額によらず，鑑定評価額で相続税申告を行い，その是非が争われた事例です。

なお，本件借地権の目的となっている土地は，請求人自身が所有する土地であり，相続開始時点において被相続人の所有する居宅（非堅固建物）が建っていました。請求人と被相続人は平成16年３月31日に土地賃貸借契約書（期間20年）を締結しました。本件借地権の存する地域は高度商業地区で相続税路線価の借地権割合は70％です。

図表Ｅ－１　双方が主張する本件借地権の評価額

本件借地権の評価額	概　　要
原処分庁の通達評価額 372,194,841円	評価通達27（借地権の評価）を適用し，自用地価額に借地権割合70％を乗じて評価。
請求人の鑑定評価額 231,830,000円	借地権割合法（借地権割合60％）による価格を標準に，賃料差額還元法による価格および借地権残余法による価格を比較考量して堅固建物所有目的の借地権価格を査定し，当該借地権価格に修正率を乗じて現況の非堅固建物所有目的の借地権価格を決定。

出典：筆者作成

審判所の判断

請求人の鑑定評価書の借地権割合法における借地権割合の査定根拠に関して，請求人と原処分庁で主張が対立しています（請求人は60％，原処分庁は70％）。

この点，審判所は以下のとおり，請求人の主張を退けています。

① 借地権割合60%の査定根拠の問題点

> 請求人らは，本件借地権鑑定評価書において採用した60%の借地権割合は，地元精通者への聴取による借地権割合を基に算定しているもので，合理性がないとはいえない旨主張する。
> しかしながら，地元精通者への聴取による借地権割合を基に算定したとする60%の借地権割合について，本件借地権鑑定評価書には地元精通者から聴取した事績が明らかにされていないところ，請求人らから当審判所に提出された■■■■■の意見書には，地元精通者から聴取した内容が掲げられているが，これらはいずれも本審査請求がされた平成27年12月15日以後に聴取されたものであって，本件借地権鑑定評価書を作成する過程で聴取されたものでないことは明らかであるから，本件借地権鑑定評価書において採用した60%の借地権割合は，地元精通者への聴取による借地権割合を基に算定したと認めることはできない。また，ほかにこれを認めるに足る証拠もない。

また，審判所は，請求人の鑑定評価額の決定過程が基準に則っていない問題点を複数指摘しています。指摘のうち，試算価格の調整から鑑定評価額の決定の過程に関する問題点については以下のとおりです。結果的には，請求人の鑑定評価書の合理性が認められず，その主張は認められませんでした。

② 試算価格の調整から鑑定評価額の決定の過程に関する問題点

> ところで，本件借地権鑑定評価書には，不動産鑑定評価基準に掲げられている試算価格の調整の項目がないところ，不動産鑑定評価基準の定めからすれば，上記aに掲げた①借地権割合による価格，②賃料差額還元法による価格及び③借地権残余法による価格が試算価格であり，これらの価格を比較考量して査定したとする最有効使用を前提とする借地権価格342,000,000円が，鑑定評価額として決定した価額であると認められる。しかしながら，本件借地権鑑定評価書では，当該決定した価額について更に本件修正率による調整を加えているが，

> 不動産鑑定評価基準においては，決定した鑑定評価額について更に調整することを認める定めはない。そうすると，本件借地権鑑定評価額は，不動産鑑定評価基準に定められた方法により算定されたものとは認められない。

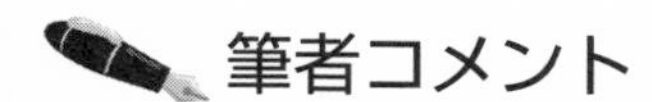

筆者コメント

〈鑑定評価書のクオリティ〉

請求人の鑑定評価額の決定過程および審判所の指摘箇所をあわせて図示すると**図表E－2**のとおりです。

図表E－2　請求人の鑑定評価額の決定過程および審判所の指摘箇所

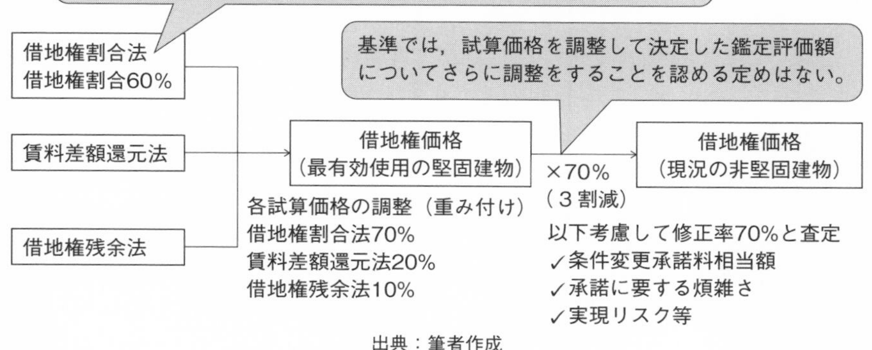

出典：筆者作成

借地権割合に関しては，請求人の鑑定評価書に次のとおり記載されていますが，この程度の記載では，地元精通者にヒアリングした事績が明らかでなく，後出しで意見書を出して主張しても認められないと厳しい判断がなされています。

図表E－3　請求人の鑑定評価書における借地権割合の査定根拠

> ■■国税局の財産評価基準路線価図による近隣地域の借地権割合は70%である。また，周辺地域において借地権取引は慣行化するには至っていないが，地元精通者による近隣地域及び同一需給圏内の類似地域内における堅固建物所有目的の借地権割合は50%～70%程度である。
> 以上を検討し，近隣地域における堅固建物所有目的の標準借地権割合を更地価格の60%と査定した。

出典：TAINS：F0－3－508

また，堅固建物所有目的か非堅固建物所有目的かという借地条件は，基準上，借地権固有の個別的要因とされていますので，非堅固建物所有目的の借地権価格を求めるにあたり，請求人の鑑定評価書のように一旦堅固建物所有目的の借地権価格を査定し，当該借地権価格に条件変更承諾料等を考慮した修正率を乗じて非堅固建物所有目的の借地権価格を求める方法ではなく，各手法の適用過程で非堅固建物所有目的という個別的要因をそれぞれ考慮するのが基準に則った方法であったと思われます。

なお，ここでは触れませんでしたが，審判所は，各手法の試算価格の調整（重み付け）の根拠，非堅固建物への修正率70%（3割減）の査定根拠等についても問題点を指摘しており，これらを総合的に勘案すると，請求人の鑑定評価書のクオリティは低いと考えられます。

〈税理士への助言〉

本件のように，借地権割合法の借地権割合が相続税路線価の借地権割合よりも低く査定されている場合には特にその査定根拠についてより客観的，かつ，具体的な説明が鑑定評価書上求められますので，税理士としても鑑定評価書を読んで確認し，疑問点があれば不動産鑑定士に質問確認すべきでしょう。

本件の試算価格の調整から鑑定評価額の決定に関する問題点については税理士が鑑定評価書を読んでもその問題点に気が付かないでしょうし，依頼者への説明性を考えれば，非堅固建物所有目的という借地条件に基づく契約減価を各手法でそれぞれ考慮するよりも，請求人の鑑定評価書の方法のほうが条件変更後の堅固建物所有目的の借地権価格も明示され，わかりやすいという面も少なからずあると思われます。ただし，相続税申告で通達評価額によらず鑑定評価額を用いる場合には，鑑定評価書のクオリティの判断基準として，特に基準に厳密に則っている点が重視されますので，審判所の指摘は正として受け止める必要があるでしょう。また相続税申告での借地権の鑑定評価において，将来見込まれる一時金として条件変更承諾料相当を減価として考慮するには，特にその発生の蓋然性の高さが求められますので，本件のように減価をどこでどう考慮するか以前にそもそも発生の蓋然性が低いと判断されれば減価できない点にも注意が必要でしょう。

F

底地買取業者への底地売却価額に基づく相続税の更正の請求の是非が争われた事例

（平成24年11月21日非公開裁決TAINS：F0-3-625）

事例概要

本件は，請求人（納税者）が，被相続人（平成22年相続開始）から相続により取得した本件A各底地および本件B各底地について，相続開始後の底地買取業者への売却価額で相続税の更正の請求を行い，その是非が争われた事例です。請求人は，売却価額が時価であることを示すため，鑑定評価書も提出しており，ここではその鑑定評価を中心に見ていこうと思います。

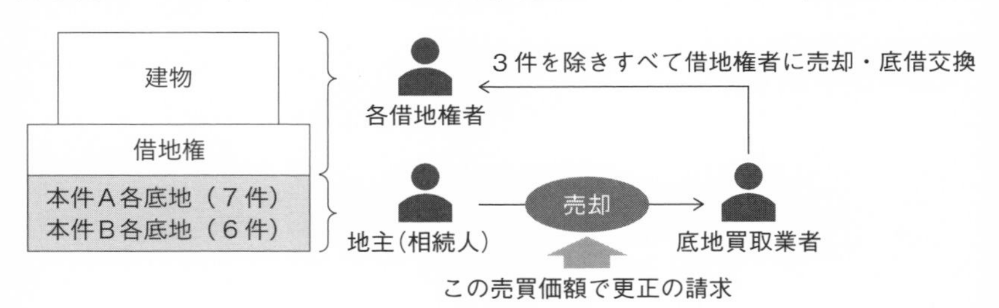

図表F－1　双方が主張する本件底地の評価額

本件底地の評価額	内　容
原処分庁の通達評価額 金額不明	評価通達25（貸宅地の評価）（借地権価額控除方式）により評価。相続税路線価の借地権割合は70%の地域（貸宅地割合は30%）
請求人の売却価額 金額不明	相続開始後の平成22年7月29日に底地買取業者へ売却した（事例概要の図参照）。売却価額は，他社査定価格（25,700,000円～28,000,000円）と以下鑑定評価額と同程度の金額と推定される。
請求人の鑑定評価額 本件A各底地：27,700,000円 本件B各底地：29,800,000円	底地割合法と収益還元法の2手法を適用

出典：筆者作成

請求人の鑑定評価書の概要は下記のとおり（TAINS：Ｆ０－３－625より）。

- 求める価格の種類は正常価格で，対象不動産の主たる需要者は不動産業者を想定（借地人以外の第三者で，いわゆる底地買取業者等）
- 鑑定評価の方針：底地割合法と収益還元法の２手法を適用

〈底地割合法の概要〉（ただし，下線は筆者）

次の（A）ないし（C）の底地の取引事例を収集・分析した上で，本件鑑定評価書における評価は，第三者が取得する場合の価格（正常価格）を求めるものであり，本件A各底地及び本件B各底地のように13物件の底地が市場に流通した場合，１件ごとに考えると個人が取得することも考えられるが，通常は不動産業者が主たる市場参加者になると考えられるから，本件における適正な底地割合（底地取引価格の更地価格に対する割合）は，次の（C）の割合13%を重視し，（B）の割合10%を参考に，12%と査定した（別表２及び別表３の「鑑定評価額」「割合方式による底地価格」欄の各金額は，同欄の各括弧書の金額に当該12%を乗じて算出された金額である。）。

（A）　借地権者が底地を取得した15事例を収集し，分析した結果，底地取引価格の更地価格に対する割合の平均は16%と査定した。

（B）　個人（第三者）が底地を取得した３事例を収集し，分析した結果，底地取引価格の更地価格に対する割合の平均は10%と査定した。

（C）　不動産業者（底地買取業者）が底地を取得した８事例を収集し，分析した結果，底地取引価格の更地価格に対する割合の平均は13%と査定した。

〈収益還元法の概要〉（ただし，下線は筆者）

（本件A各底地及び本件B各底地の各土地の底地としての）収益価格においては，（それぞれの）実際の支払賃料（地代）から必要諸経費（土地の公租公課）を控除して純収益を求め，これを適正な還元利回り５%で資本還元して各底地の収益価格を試算した。

〈試算価格の調整，および鑑定評価額の決定の概要〉

主たる需要者である底地取得者は更地価格に対する底地割合を重視する傾向

にあると判断し，底地割合法による価格をやや重視し，底地割合法による価格×60%＋収益価格×40%で調整し，鑑定評価額を決定。

審判所の判断（下線は筆者）

本件A各底地及び本件B各底地の地域は借地権の取引慣行が成熟している地域であり…，本件A各底地及び本件B各底地の各土地については，…，本件法人による借地権者への売却又は交換によって，おおむね完全所有権とすることが実現している。これらのことからすれば，本件A各底地及び本件B各底地については，…評価基本通達25が底地の価額を借地権価額控除方式により評価することとした趣旨が妥当する場合に当たるというべきである。

（途中略）

結局，本件鑑定評価書による鑑定評価額は，不動産業者である本件法人に対して本件A各底地合計７物件及び本件B各底地合計６物件をまとめて売却するという，請求人らが選択した売却方法における価額を求めたものにすぎない。したがって，本件鑑定評価書に記載された本件A各底地及び本件B各底地の金額が，相続税法第22条に規定する「時価」を証明するものと認めることもできない。

筆者コメント

〈鑑定評価書のクオリティ〉

納税者らの鑑定評価書は，底地割合法の底地割合の査定において実際の第三者間取引の底地割合を収集・分析し，実証的な割合が査定されています。鑑定評価書の全文が開示されていないため，収益還元法の還元利回り５%の査定根拠が読みとれませんが，税務署と審判所ともに還元利回りの査定根拠について問題点を指摘していないため，鑑定評価書において還元利回りの査定根拠も明確に記載されていたものと推察されます。

以上より，鑑定評価書としてのクオリティは高いと推察されます。また，更正の請求に用いた実際の底地買取業者への売却価格はおそらく鑑定評価額・他社査定書と同等の価格であり，納税者らに相続による売り急ぎ等の特別の事情はなかったと推察されます。

〈審判所の判断の疑問点〉

審判所は，請求人が複数の底地買取業者から査定書を入手し，実際に売却した点は相続開始後の事情として考慮しない一方でその後底地買取業者が借地人に底地を売却・底借交換を行って完全所有権が復帰した事情は考慮して，当事者間取引を前提とした借地権価額控除方式は合理的と述べている点には疑義が残ります。

〈税理士への助言〉

本件を踏まえると，鑑定評価書のクオリティだけでなく，底地の価格概念に関して，税務評価の前提である借地権者目線の価格（借地権価額控除方式）を覆すだけの特別の事情（評価通達の合理性欠如）がない限り，第三者目線の底地の正常価格としていくらクオリティの高い鑑定評価書を提出しても納税者が勝てる見込みは低いと考えられます（合理性欠如説）。

なお，底地の価格概念に関して，税務評価の前提である借地権者目線の価格（借地権価額控除方式）を覆すだけの特別の事情（評価通達の合理性欠如）が認められる場合としては，次の借地権付分譲マンションの底地の事例Gが参考になりますので併せてご確認ください。

G

借地権付分譲マンションの底地につき，鑑定評価額による相続税申告の是非が争われた事例

（平成9年12月11日非公開裁決TAINS：F0-3-001）

事例概要

本件は，請求人（納税者）が，被相続人（平成４年１月９日相続開始）から相続した借地権付分譲マンションの底地について，通達評価額によらず，鑑定評価額により相続税申告を行い，その是非が争われた事例です。

分譲マンション（区分所有者84名）
借地権（84名の準共有）
底地（請求人）

- 本件宅地は，商業地域に存する不整形な宅地。
- 本件宅地に係る不動産登記簿によれば，本件宅地には昭和52年２月１日に賃借権が設定され，同月18日に登記されていることおよび当該賃借権の存続期間は昭和52年２月１日から60年間で，譲渡，転貸できる旨が記載されている。
- 本件宅地の上には，鉄骨鉄筋コンクリート造陸屋根，地下１階付10階建の借地権付分譲マンションが昭和52年に建築されており，本件相続開始日現在，84名により区分所有され，本件宅地には，分譲マンションの賃借権敷地権の登記がされている。
- 本件宅地に係る昭和52年２月１日付の土地賃貸借契約書によれば，賃借人は，賃貸人の同意を得ないで本件宅地の全部または一部の賃借権を譲渡・転貸し，他人に使用させることができる旨記載されていること。
- 本件宅地に係る平成４年分の受取地代および諸経費は，次のとおりであること。
- 受取地代　8,400,000円（月額700,000円×12月）
- 諸経費　　6,584,600円（固定資産税等）

図表G－1　双方が主張する本件底地の評価額

本件底地の評価額	概　要
原処分庁の通達評価額 724,944,665円	評価通達25（貸宅地の評価）（借地権価額控除方式）により評価。なお，借地権割合は80%の地域（貸宅地割合は20%）。
請求人の鑑定評価額 200,000,000円	底地割合法と収益還元法を適用。

請求人の鑑定評価書の概要は下記のとおり（TAINS：F０－３-001より）。

- 求める価格の種類は正常価格で，対象不動産の主たる需要者は借地人以外の第三者
- 鑑定評価手法の適用方針：底地割合法と収益還元法の２手法を適用

〈底地割合法の概要〉

近隣地域における更地価格に対する標準的な底地割合は，20パーセント相当と認められるが，本件宅地については，借地権の譲渡，転貸等の賃借人との契約内容等を総合勘案し，対象不動産の底地割合を10パーセントと判断して，更地価格に10パーセントを乗じ，本件宅地の価額を試算。

更地価格		底地割合		底地割合法による価格
4,510,000,000円	×	10%	＝	451,000,000円

〈収益還元法の概要〉

実際支払賃料から必要経費を控除した純収益を還元利回り１%で還元し，本件宅地の価額を試算。

純利益		還元利回り		収益価格
1,815,400円	÷	１%	＝	181,540,000円

〈試算価格の調整，および鑑定評価額の決定の概要〉

底地割合法の底地割合に借地契約の個別性を十分に反映しきれていないと判断した上で，最終的には収益価格を重視し，底地割合法による価格を考量して200,000,000円と決定。

審判所の判断

〈特別の事情の有無〉

審判所は，以下のとおり本件借地権付分譲マンションの底地は評価通達25（貸宅地の評価）によるべきでない特別の事情（評価通達の合理性欠如）有りと判断しています（下線は筆者）。

> 底地と借地権とが併合されて完全所有権が復活する可能性が著しく低く，また，契約更新等に係る一時金の取得の可能性がないなど，底地が，地代徴収権に加えて将来底地と借地権とが併合されて完全所有権となる潜在的価値に着目して価格形成されていると認め難い特別の事情があることにより，借地権価額控除方式によって評価することが著しく不適当と認められる場合には，相続税法第22条の時価を算定するために他の合理的な方式によることも相当と解される。
>
> 本件は借地権の登記及び区分所有建物の敷地としての借地権登記のある借地権付のマンションに対応する底地であり，多数の借地権者が存在するので，借地権と底地とが併合される可能性は著しく低く，また，名義変更料の授受も期待できないこと及び借地権と底地は別個の市場を有していること等から，更地価額から借地権価額を控除した残余の部分が底地価額となるとは限らないこととなる。

〈底地の時価評価方法〉

審判所は，請求人の鑑定評価書の収益還元法が特に低い還元利回り１％を採用している点につき相当でないと判断し，独自に日本不動産研究所に鑑定評価（以下，「審判所鑑定」と略す）を依頼し，鑑定評価額60,000,000円を本件底地の時価と認定しています。結果，請求人の主張する評価額200,000,000円が認められました。

審判所鑑定の概要は下記のとおりです。

- 底地割合法による価格：750,000,000円
- 収益還元方式による収益価格：51,900,000円（※）

（※）純収益（1,815,400円）を当該収益価格で割ると還元利回り約3.5%となる。

- 鑑定評価額：60,000,000円（収益価格重視）

筆者コメント

〈税理士への助言〉

本件と同趣旨で借地権付分譲マンションの底地について，評価通達25（貸宅地の評価）によるべきでない特別の事情が認められた非公開裁決が他に２件あります（**図表Ｇ－２**）。

図表Ｇ－２　他の借地権付分譲マンションの底地の裁決例

項　　目	平成13年２月９日非公開裁決 TAINS：Ｆ０－３-626	平成９年12月10日非公開裁決 TAINS：Ｆ０－３-074
対象不動産	借地権付分譲マンションの底地 （区分所有者は多数）	借地権付分譲マンションの底地 （15名が区分所有）
納税者の鑑定評価額	20,000,000円	ゼロ
税務署の通達評価額	121,352,272円	314,759,811円
審判所の鑑定評価額	30,000,000円	2,000,000円

出典：筆者作成

いずれも通達評価額に比べ鑑定評価額がかなり低位に算出されています。底地の通達評価で用いられる評価通達25（借地権価額控除方式）は，鑑定評価の底地の限定価格を求める方法と同じく，第三者が底地を買い取る場合の底地固有の市場性減価を考慮しない借地権者目線の底地の評価方法です。現実の市場では借地権者が底地を買い取る場合が多いので借地権価額控除方式で問題にならない場合が多いですが，借地権付分譲マンションの底地のように底借併合による完全所有権への復帰を想定することが困難な場合には，借地権者目線の借地権価額控除方式によるべきでない「特別の事情」の要件の１つである評価通達の合理性欠如が認められます。

したがって，このような場合，税理士としては借地権者以外の第三者目線の底地の正常価格を求める鑑定評価による相続税（贈与税）申告を検討すべきです。

〈鑑定評価書のクオリティ〉

本件は，結果だけ見れば，請求人の主張が認められてはいますが，請求人鑑定（200,000,000円）は審判鑑定（60,000,000円）に比べ約3.3倍も大きく，過大評価となっています。この原因は，底地の収益還元法に用いた還元利回りの違い（請求人鑑定１％，審判鑑定3.5％）にあります。請求人鑑定の還元利回り１％の査定根拠は不明ですが，底地割合法の価格が高位に試算されたため，底地割合法の価格と収益価格との開差を小さくしようとして還元利回りを低めに査定したのではないかと推察されます。平成４年当時の10年国債利回りは約５％であり，それと比較しても１％はかなり低い水準です。

鑑定理論的には，各試算価格は１つの価格を指向するはずですが，平成４年はバブル経済最盛期で投機的取引により地価が異常に高騰した時代です。当該市場動向を反映して高位に査定された更地価格に底地割合を乗じた底地割合法の価格も高位に試算されるのはやむを得ず，こうした収益価格との乖離の原因を分析し，説明し尽くされていれば，無理に還元利回りを小さくして収益価格を高くする必要性はなかったのではないかと考えます。現に，審判所鑑定でも底地割合法の価格は収益価格に比べ相当高位（約14倍）に試算されています。

鑑定評価書を利用する税理士として，「鑑定評価書の中身までしっかり読んでいたのか？」，「鑑定評価書の還元利回り１％の低さに疑問を持てたのではないか？」，「セカンドオピニオンとして，もう１件鑑定評価を取って検証することで，審判所鑑定の６千万円に近づけたのではないか？」と思うところがあります。

定期借地権の底地につき鑑定評価額による相続税申告の是非が争われた事例

（平成28年12月5日非公開裁決TAINS：F0-3-508）

事例概要

本件は，請求人（納税者）が，被相続人（平成24年相続開始）から相続した定期借地権の底地について，通達評価額によらず鑑定評価額により相続税申告を行い，その是非が争われた事例です。

筆者も，同族関係者間で事業用定期借地契約を締結しているケースはたまに見かけますが，本件のように定期借地権の底地について鑑定評価額で相続税申告してその是非が争われている事例は非常に珍しいです。

建物（ホテル） 所有者：被相続人の長男が代表取締役の同族会社
定期借地権 所有者：同上の同族会社
定期借地権の底地 所有者：被相続人

契約経緯等

- 建物は地下１階，地上11階建のホテル（平成13年５月新築）
- 平成12年５月18日に期間20年の事業用定期借地契約を締結
- 平成23年10月21日に上記事業用定期借地契約を合意解除し，新たに期間50年の一般定期借地契約（借地借家法22条）を締結し，公正証書作成
- 平成24年被相続人死亡（相続開始）

図表Ｈ－１　双方が主張する本件底地の評価額

本件底地の評価額	内　　容
原処分庁の通達評価額 434,819,791円	評価通達25（貸宅地の評価）(2)のただし書きを適用し，自用地評価額から残存期間15年超の20％を控除して評価。
請求人の鑑定評価額 217,000,000円	割合法による価格と収益還元法による収益価格の２つの試算価格を試算し，最終的に収益価格を重視して，鑑定評価額と決定。

請求人の鑑定評価書の概要は以下のとおり（TAINS：Ｆ０－３－508より）。

⑵　割合法による価格

本件定期借地権は一般定期借地権であり，平成10年８月25日付の国税庁長官通達「一般定期借地権の目的となっている宅地の評価に関する取扱いについて」によると，課税上弊害がない限り，評価通達の定めにかかわらず簡便な方法によることとなっているが，本件においては，賃貸借当事者が「課税上弊害がある」関係人同士であることから，評価通達に準じ，「自用地としての価額」を「本件土地の更地価格」，「課税時期」を「価格時点」として，評価通達の評価方法により評価する。

評価通達27－２の定めに準じて求めた本件定期借地権の価格が，同通達25の⑵に定める本件定期借地権の残存期間に応じた割合である20%を下回った（本件土地の更地価格の0.3%）ので，当該定期借地権割合は20%を採用し，割合法による価格を次のとおり試算した。

（更地価格）　（底地割合）　（割合法による価格）

662,000,000円　×　（100－20）％　≒　530,000,000円

３　収益還元法による収益価格

本件定期借地権設定契約が満了するまで本件土地を賃借人に賃貸することにより得られる純収益の現在価値の合計額と，契約満了後更地として底地所有者に復帰する本件土地の価格（以下，別紙３において「復帰価格」という。）の現在価値を合算して，収益還元法による収益価格を試算する。

⑴　契約満了まで本件土地を賃貸することにより得られる純収益の現在価値の合計額

（年額支払賃料）（敷金の運用益）（経費（公租公課））（複利年金現価率）（純収益の現在価値）

((9,249,360円　＋　92,494円)　－　5,195,700円)　×　23.381　＝　96,941,227円

（注）　複利年金現価率は，割引率3.5%，期間49年７か月の複利年金現価率を採用した。
なお，割引率は，金融市場における一般的な投資利回りを参考に，本件定期借地権設定契約を基に，現行地代水準及び契約期間中における地代変動の可能性等を考慮の上，査定した。

⑵　契約満了後の復帰価格の現在価値

（契約終了時の更地価格）（複利現価率）（復帰価格の現在価値）

662,000,000円　×　0.182　＝　120,484,000円

（注１）　契約終了時の更地価格は，価格時点における本件土地の更地価格を採用した。
（注２）　複利現価率は，割引率3.5%，期間49年７か月の複利現価率を採用した。
なお，割引率は，将来における更地価格の変動リスク等を勘案の上，査定した。

(3)　収益還元法による収益価格（(1)+(2)）

96,941,227円　+　120,484,000円　≒　217,000,000円

審判所の判断

審判所は，以下のとおり，請求人の鑑定評価書の問題点を指摘した上で，鑑定評価書の合理性が認められないと判断しています。

> しかしながら，本件土地鑑定評価書には，試算価格と位置付けた本件割合法価格に反映できなかった本件定期借地権設定契約の個別性の内容や理由が具体的に記載されていない。また，本件割合法価格と本件収益価格との価格の開差を指摘していることからすると，本件割合法価格が採用されなかったのは，当該価格の開差に基因するものとも考えられるが，本件土地鑑定評価書からは，本件収益価格には当該価格の開差が生じた原因がないのかどうかについて，客観的，批判的に再吟味がされたことをうかがうことはできない。
> (途中略)
> 本件土地鑑定評価額は本件収益価格のみをもって決定されたものと認められるところ，本件収益価格の算定には，複利年金現価率の算定の基礎となる割引率及び複利現価率の算定の基礎となる割引率が大きく影響することが認められる。
> しかしながら，本件土地鑑定評価書には，これらの割引率をいずれも3.5%とした旨の記載はあるものの，その算定方法及びその算定の基礎となった資料の説明が記載されていない。

筆者コメント

〈鑑定評価書のクオリティ〉

請求人の鑑定評価書の割合法は，単に評価通達25(2)ただし書きの算式をそのまま採用し，自用地価額（地価公示価格の８割水準）を更地価格（地価公示価格水準）に置き換えているだけです。このような評価通達を準用した手法は，基準に定められておらず，鑑定実務上取引事例比較法の代替法として用いられ

る底地割合法とも異なります。底地割合法であれば市場性減価を考慮しますので，評価通達の貸宅地割合をそのまま採用することはありません。したがって，本件の割合法の価格は，収益価格と同じ試算価格の１つとして鑑定評価額の決定に関わらせるのではなく，あくまでも参考価格の１つとして付記する程度にとどめておく必要があったのではないかと考えます。ただし，そうすると収益価格がそのまま鑑定評価額となってしまい，複数の試算価格の調整という過程がないという弱みがでてきます。

また，収益還元法の割引率3.5%の査定根拠については，積み上げ法を適用した旨記載されていますが，これでは不十分ということです。筆者なりにもう少し割引率の査定根拠を補足するとすれば，10年国債利回り（平成24年だと約0.8%）に本件定期借地権の底地のリスクプレミアム（約2.7%）を加算して割引率3.5%と査定したとなりますが，底地のリスクプレミアム（約2.7%）の根拠は？　という具合に突っ込まれると説明に窮してしまう弱みがでてきます。近年ロードサイド店舗や商業施設等の事業用定期借地権の底地リート物件が増えていますので，対象不動産と類似の事業用定期借地権の底地リート物件があれば，リートの鑑定評価書の割引率から比準して対象不動産の割引率を査定する方法も考えられます。

〈税理士への助言〉

上記のとおり，定期借地権の底地の鑑定評価で実質的に適用可能な鑑定評価手法は収益還元法一本に限られてきますので，取引事例比較法や底地割合法が適用できない理由が丁寧に鑑定評価書に記載されているかどうか，税理士としても鑑定評価書を読んで確認する必要があるでしょう。

また，精度の高い定期借地権の底地の収益価格を求めるには，精度の高い割引率の査定が求められるため，税理士としては鑑定評価書に記載の割引率の査定根拠を重点的に読んで確認し，疑問点があれば不動産鑑定士に質問確認すべきでしょう。

I

空室の多い低収益物件について納税者が通達評価額によらず鑑定評価額で相続税申告を行いその是非が争われた事例

（平成31年2月20日公表裁決）

事例概要

本件は，請求人（納税者）が，被相続人（平成27年12月相続開始）から相続した貸家及びその敷地（一部自用）（**図表Ⅰ－１**）について，通達評価額によらず，鑑定評価額により相続税申告を行い，その是非が争われた事例です。

8F	機械室
7F	機械室
6F	被相続人・請求人の居宅
5F	S60から空室
4F	H18から空室
3F	H18から空室
2F	H18から空室
1F	貸店舗（借家人Ｊ社）
B1	貸店舗（借家人Ｈ）

土地
- 詳細不明

建物
- 昭和45年5月10日新築（旧耐震・相続開始時点で築約46年）
- SRC造地下1階付8階建の店舗・居宅
- 延床面積　1,967.45㎡
- アスベスト，PCBを含み，取壊し時には撤去費用がかかる
- 相続開始日（平成27年12月○日）の稼働状況は図のとおり（網かけ部分が自用ないし空室部分）
- 貸店舗からの月額賃料合計　510,000円

図表Ⅰ－１　双方が主張する貸家及びその敷地の評価額

本件貸家およびその敷地の評価額	概　　要
原処分庁の通達評価額 土地：52,754,619円（注） 建物：金額不明	「本件家屋は，本件相続開始日において，貸店舗や本件被相続人等の居宅として利用され，相応の価額を有していた状況にあって，本件家屋を解体除去することを前提に，その費用を本件土地の価額に反映させるべき事情は見当たらない。」として評価通達に基づき評価。
請求人の鑑定評価額 15,656,000円（注）	建物取壊しが最有効使用と判定し，更地価格85,656,000円から建物取壊費用70,000,000円を控除して，鑑定評価額を15,656,000円と決定。

（注）土地全体の評価額であり，被相続人の土地持分はこのうち2分の1である。

出典：筆者作成

審判所の判断

審判所は，以下のとおり，請求人の鑑定評価書について，対象不動産の最有効使用の判定に合理性が認められないと判断しています。結果，請求人の主張は認められませんでした。

> 本件鑑定評価書においては，本件不動産の最有効使用の判定に当たって，本件家屋は，大改修を行っても収益性回復は困難であり，機能的，経済的観点から市場性が全く認められないため，解体除去が必要であると判断している。
>
> しかしながら，本件家屋の地下1階及び1階部分は貸店舗として，本件家屋の6階部分は本件被相続人及び請求人Bの居宅として利用されていたことからすると，本件相続開始日において，本件家屋の○○以外の部分の多くが現に利用されていたことは明らかであるから，本件家屋のうち少なくとも賃貸用及び居住用に供されている部分については，相応の経済価値があったと認められる。
>
> そうすると，本件鑑定評価書においては，本件不動産の最有効使用のためには本件家屋の解体除去が必要であると判断しているが，不動産鑑定評価基準（平成14年7月3日付国土交通事務次官通知）の総論第6章《地域分析及び個別分析》第2節《個別分析》のⅡ《個別分析の適用》の2《最有効使用の判定上の留意点》の(7)に定めるところの現実の本件家屋の用途等を継続する場合の経済価値と本件家屋を解体除去した場合の解体除去費用等を適切に勘案した経済価値との十分な比較考量がされているとは認め難く，本件不動産の最有効使用は鉄骨造2階建店舗・事務所及びその敷地であるとの判断に至った具体的根拠も示されていない。
>
> したがって，本件鑑定評価書における本件不動産の最有効使用の判定は，直ちに合理性を有するものとは認められないから，本件不動産の最有効使用のためには本件家屋の解体除去が必要であると判断した本件鑑定評価書に合理性があるとは認めるに足りない。

筆者コメント

〈鑑定評価書のクオリティ〉

貸家及びその敷地のような建物及びその敷地の類型の鑑定評価では，①現況建物の利用継続，②用途変更・構造改造等，③建物取壊しのうちいずれが最有効使用かを判定し，当該最有効使用に応じて鑑定評価額を決定する必要があります。

たとえば，商業地域における店舗事務所ビルで周辺の標準的使用も同用途のビルであり，現況満室稼働しているような場合には，最有効使用は①現況建物の利用継続と比較的容易に判定できますが，本件のように築年数がかなり古く，空室部分がかなり多い場合には，現況建物の利用継続だけでなく，現況建物に大規模修繕を実施して耐用年数を延長するシナリオ，または現況建物を取り壊して最有効使用の建物を建築するシナリオが最有効使用となる可能性も検討する必要があると考えます。具体的には，3つのシナリオごとに，物理的・法的な実現可能性を検討し，実現可能性があるシナリオが複数ある場合にはシナリオごとに価格を概算し，最も高い価格が求められるシナリオを最有効使用と判定します。請求人の鑑定評価書においては，建物取壊しが最有効使用と判断した過程が十分に記載されていないことから，その後の更地価格や建物取壊費用の査定根拠について議論されるまでもなく，残念ながら鑑定評価書のクオリティが低いと判断されてしまっています。

なお，更地価格や建物取壊費用の査定根拠について本文より詳細不明ですが，建物解体費用が70,000,000円と高額なのはアスベストおよびPCBの撤去費用が含まれていることによると推察されます。また，地下1階および1階部分の借家人に支払う立退料相当額が更地価格から控除されていない点が気になりますが，本件からは詳細不明です。

〈税理士への助言〉

税理士としては，鑑定評価書の各手法の適用過程（本件では更地価格や建物取壊費用の査定根拠）に目が行きがちですが，本件はその前段階である対象不動産の最有効使用の判定部分もしっかり確認する必要がある点を再確認させられる事例です。

特に本件のように対象不動産の類型が貸家及びその敷地の場合，建物取壊しを想定するには借家人に対して立ち退き交渉を行い立退料を負担する必要があり，その実現性が低いと判断され，現況建物の利用継続が最有効使用と判定される場合が多いです。したがって，貸家及びその敷地で，かつ，現況建物の利用継続以外のシナリオを最有効使用と判定している場合には，実現可能性のあるシナリオごとの価格を比較して最も高い価格のシナリオが最有効使用と判定されているか等，できる限り定量的な判定根拠が鑑定評価書に記載されているかどうかを確認し，疑問点があれば不動産鑑定士に質問確認すべきでしょう。

J

賃貸マンション1棟の積算価格の算定上，土地建物一体の市場性減価を行うことの是非が争われた事例

（平成28年7月15日非公開裁決TAINS：F0-3-494）

事例概要

本件は，請求人（納税者）が，被相続人（平成23年相続開始）から相続した賃貸マンション１棟（一部自用）について，通達評価額によらず，鑑定評価で相続税の当初申告を行い，その是非が争われた事例です。

図表Ｊ－１　双方が主張する本件賃貸マンション１棟の評価額

本件賃貸マンション１棟の評価額	概　　要
原処分庁の通達評価額 472,212,483円	土地の通達評価額（392,344,883円）と建物の通達評価額（79,867,600円）の合計で評価。
請求人の鑑定評価額 358,409,460円	以下２試算価格を求め，ともに重視し，これらの平均値をもって鑑定評価額を決定。 ①　積算価格：360,555,699円（図表Ｊ－２参照） ②　収益価格：356,263,221円

出典：筆者作成

請求人の鑑定評価書の複数の問題点について請求人と原処分庁で争われていますが，ここではそのうちの１つとして，原価法による積算価格の算定上，市場性減価を行うことの是非について争っている部分を取り上げます（**図表Ｊ－２**）。

図表Ｊ－２　請求人の鑑定評価書の原価法（積算価格）イメージ

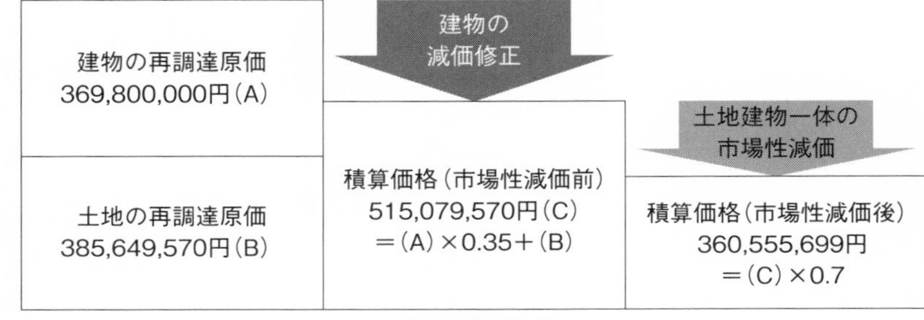

出典：筆者作成

請求人の鑑定評価書の市場性減価の根拠は下記のとおりです。（TAINS：F０-３-494より）。

> 上記ａのとおり積算価格を求めたが，複合不動産の場合，土地価格と建物価格を単純に加算した価格が市場性を持つ価格になるわけではない。
>
> 「中古マンションの売出時と成約時の価格差」を分析した報告書（平成23年10月27日に■■■■■■■■■■■が発表したもの）によれば，■■■の中古マンションで，売出しから12か月で成約できた案件の場合，当初売出価格より19.5%の価格安で成約しているという調査結果がある。すなわち，時価とかけ離れた価格で売り出した場合，12か月の時間をかけて約20%の価格減での売却となる。上記ａで求めた本件■■■不動産の積算価格（515,079,570円）は，収益価格（356,263,221円）と甚だしく価格の開差があり，本件■■■不動産を当該積算価格で売り出した場合，成約に至るまでには１年半が必要であることから，市場性を無視した時価とかけ離れている当該積算価格を購入者が現れる市場性ある価格にするためには，△30%（△20%＋△20%×１／２）の価格修正が必要であるため，本件■■■不動産の積算価格を515,079,570円に0.7を乗じて，360,555,699円と求めた。

審判所の判断

審判所は，請求人の鑑定評価書における土地建物一体の市場性減価について，以下のとおり合理性が認められないと判断しています（①，②は筆者加筆）。結果的には，請求人の主張は認められませんでした。

> しかしながら，①請求人のいう価格修正は，購入者を見付けるまでに1年半を要するという独自の予測に基づくものであって，客観的な根拠に欠けるのであるから，合理性を認めることができない。
>
> そもそも，この修正は市場性を得るために行ったとするが，②本件■■■不動産の価格を求めるに当たってした本件■■■土地の価格の査定では，取引事例比較法を採用しているところ，これにより求めた本件■■■土地の比準価格は，「■■■■■■」及び「■■■■■■」に所在する取引事例の取引価格から求めた価格であり，市場における現実の取引価格から算定したものである。そうすると，当該比準価格は，価格時点（本件相続開始日）における不動産市場の動向等が反映されていると認められることから，更に市場性の減価を行う必要性は認められない。

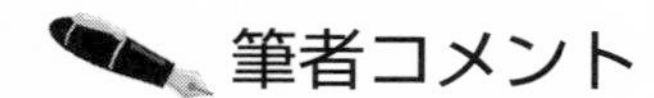

筆者コメント

〈鑑定評価書のクオリティについて〉

審判所の判断①は私も同感です。どのようにして1年半という期間を求めたのかが鑑定評価書からも読み取れなかったのだと思われます。

審判所の判断②は土地の再調達原価の査定において取引事例比較法を適用しているのでここで市場性はすでに反映済みという趣旨ですが，土地の売買市場と賃貸マンション一棟（一部自用）の売買市場は異なりますので，この判断に関しては個人的には違和感があります。本件は平成23年相続開始なので，平成26年の基準改正前の事例です。実は平成26年基準改正で原価法でも市場性を反映する旨が明記される改正が行われ，実務指針によれば原価法でも市場分析の結果を踏まえた市場性増減価修正ができる旨解説されています。また，平成26年基準改正前であっても，鑑定実務では原価法で土地建物一体の市場性に基づく増減価補正をする方法は用いられており，平成26年基準改正はそれを明文化したものですので，個人的には，市場性減価に合理的な査定根拠が伴っていれば問題ないものと思われます。

私自身も本件の市場性減価は合理性がないという見解ですが，その理由は審判所の判断にはない以下の問題点があるためです。

すなわち，市場性減価は対象不動産の主たる需要者（買手）の観点から同種の代替競争関係にある不動産との市場競争力の程度を比較して査定する必要があります。本件賃貸マンション一棟（貸家一部自用）の主たる需要者について請求人の鑑定評価ではだれを想定したのか不明ですが，おそらく不動産賃貸業を行う法人事業者や法人投資家等を想定しているのではないかと思われます。

しかし，請求人が市場性減価の根拠資料として用いたのは中古マンション住戸（専有部分）の売出価格と成約価格の乖離率です。根拠資料がマスキングされていますが，（株）東京カンテイの市況レポートで間違いないでしょう。この資料によれば，相続開始日を含む期間の首都圏の中古マンションの売出事例と取引事例の価格乖離率は売出から販売までの期間12カ月で▲19.52%で，約▲20%なので請求人の主張と一致します。マンションタイプにもよりますが，中古マンション住戸（専有部分）の主たる需要者（買手）は居住目的の個人エンドユーザーか賃貸目的の個人投資家でしょう。すなわち，本来であれば，主たる需要者（不動産賃貸業を行う法人等）の観点から収益物件である賃貸マンション一棟としての市場性減価を代替競争関係にある他の収益物件と比較考量して査定すべきところ，個人エンドユーザーや個人投資家の目線で市場性減価を査定している点に大きな問題があると思われます。

以上，積算価格の土地建物一体の市場性減価の問題点やここでは取り上げていない他の問題点を踏まえると，請求人の鑑定評価書のクオリティは低いと言わざるを得ません。

〈税理士への助言〉

本件のように，積算価格の査定上，土地建物一体の市場性減価を行う派の不動産鑑定士もいれば，積算価格（土地建物一体の市場性減価なし）と収益価格の調整（重み付け）で積算価格の規範性を落とす（重きを置かない）ことで対処する派の不動産鑑定士もいます。

税理士としては，積算価格の土地建物一体の市場性減価が行われている場合には，その査定根拠はどうなっているか，単に積算価格と収益価格の乖離を小さくするために後出しじゃんけん的に市場性減価がされていないか等を確認し，疑問点があれば不動産鑑定士に質問確認すべきでしょう。曖昧な査定根拠では本件と同様の指摘を受けてしまう可能性が高いと思われます。

K

旧耐震基準の外国人向けマンション住戸につき，実際の売却価額をもとに時点修正した価額での相続税の更正の請求の是非が争われた事例

（平成22年9月27日非公開裁決TAINS：F0-3-249）

事例概要

本件は，請求人（納税者）が，被相続人（平成20年３月29日相続開始）から相続した本件マンション住戸について，相続開始後の実際の売却価額で相続税の更正の請求を行い，その是非が争われた事例です。

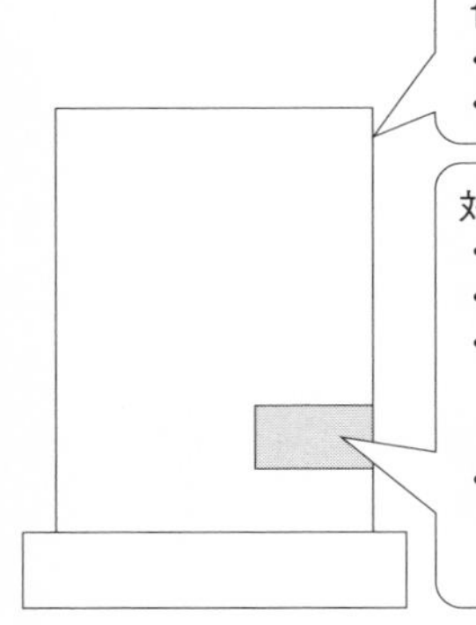

図表Ｋ－１　双方が主張する本件マンション住戸の評価額

本件マンション住戸の評価額	概　　要
原処分庁の通達評価額 43,810,958円	図表Ｋ－２参照。
請求人の売却価額を時点修正した価額 38,957,441円	本件マンション住戸の不動産会社による査定価額は，36,100,000円であった。請求人は，本件マンション住戸を38,000,000円で売却した（平成20年９月27日）。なお，請求人と買主との間に親族関係，知人関係等の特別な関係はなかった。

出典：筆者作成

図表K－2　本件マンション住戸の相続税評価額

相続税評価額	算定根拠
43,810,958円	（正面路線価）860,000円 × （奥行価格補正率）(注) 1.00 ＝ （1㎡当たりの価額）860,000円 （1㎡当たりの価額）860,000円 × （地積）569.43㎡ × （共有持分）7,141/92,696 ＝ （本件敷地権の相続税評価額）37,725,658円 （本件敷地権の相続税評価額）37,725,658円 ＋ （本件建物の固定資産税評価額）6,085,300円 ＝ （本件マンションの相続税評価額）43,810,958円

（注）　本件マンションは，評価基本通達14－2《地区》に定める普通住宅地区に所在する。
評価基本通達15《奥行価格補正》の定めにより，付表1「奥行価格補正率表」に基づき，奥行距離14.0mにつき，奥行価格補正率1.00としている。

出典：TAINS：F0－3－249

審判所の判断

審判所は以下のとおり，納税者が主張する実際の売却価額を基に時点修正する方法を合理的と認めました。ただし，納税者の用いた時点修正率につき審判所が修正を加えたことで，本件マンション住戸の時価は39,748,953円となりました（**図表K－3**下線部筆者）。結果，納税者の主張した評価額よりも若干上振れした時価での更正の請求が認められました。

本件マンションは，種々の固有の事情が認められるところ，A不動産販売による価格の査定，同社との媒介契約の状況及び本件売買契約に至るまでの経緯やその状況等からすれば，本件マンションの売却価額38,000,000円は，これらの事情を十分考慮した上で決定された価額であると認められる。そして，請求人らの売申込により売却したことが，例えばいわゆる売り急ぎに該当し，これを理由としてその売却価額が下落したといえる事情に該当するとも認められず，また，請求人らと本件買受人との間に親族等の特別な関係が認められないことなどの事情から判断すると，その売却価額にし意的な要素が入る余地はなく，本件マンションの売却価額は売却時における本件マンションの適正な時価を反映しているものと認められる。

そうすると，本件マンションの売却価額を基に時点修正を行って本件マンションの相続開始日の時価を算定することには合理性があると認められる。

図表K－3　本件マンション住戸の審判所認定額

裁判所認定額	算定根拠				
39,748,953円	（本件マンションの売却価額）38,000,000円	÷	（時点修正率）(注) （1－0.044）	＝	（本件相続開始日における本件マンションの価額）39,748,953円

（注）本件相続開始日から本件売買契約時までの本件マンションの時価変動率は，国土交通省土地・水資源局が平成21年３月24日付で発表した新宿区の住宅地における「東京圏の市区の対前年変動率」に基づき求めた変動率マイナス4.4%（１年間の変動率マイナス8.8%×６か月／12か月）として算定した。

出典：TAINS：F０－３－249

筆者コメント

〈売却価額による相続税申告について〉

本件マンション住戸の売却価額が通達評価額を下回ったのは，一棟の建物の個別的要因（特に旧耐震基準），および専有部分の個別的要因（土足仕様で床の傷みがひどい等）に基づく減価が固定資産税評価額には反映されない一方で売却価額には適切に反映されていることによります。本件では，納税者は鑑定評価をとっていませんが，鑑定評価でもこうした一棟の建物や専有部分の個別的要因に基づく減価は適切に反映されます。

本件では，以下筆者の考える売却価額による相続税申告が認められるための要件をすべて満たし，評価通達によらないことが正当と是認される特別の事情が認められたと考えます。

①相続開始日から売却日まで約６カ月と短く遡及的時点修正が可能と認められたこと

②時点修正した売却価額39,748,953円＜通達評価額43,810,958円

③実際の売却価額が鑑定評価の正常価格の要件を満たすこと（審判所の判断

下線部）

④一棟の建物の個別的要因や専有部分の個別的要因に基づく減価が固定資産税評価額に反映されておらず評価額通達の合理性欠如要件を満たすこと

〈税理士への助言〉

中古マンション住戸の評価にあたっては，固定資産税評価額に反映されない一棟の建物の個別的要因や専有部分の個別的要因に特に注意する必要があります。たとえば，築年数が古い旧耐震基準の老朽化マンションや，専有部分の維持管理の状態が特に悪い場合には，鑑定評価を検討する必要があると考えます。専有部分の維持管理の状況が特に悪い例としては，本件マンション住戸のように外国人向けで土足仕様のため床の傷みがひどい場合や，ペット屋敷，ゴミ屋敷等があります。税理士としては，専有部分の内覧を含めた現地調査および所有者へのヒアリングを通じて，こうした個別的要因に基づく減価の有無に気が付く必要があるでしょう。

L

建替え計画中の団地型マンション住戸について，鑑定評価額による贈与税申告の是非が争われた事例

（平成25年12月13日東京地裁TAINS：Z263-12354）（上告不受理・確定）

事例概要

本件は，原告（納税者）が，父から贈与により取得した本件マンション住戸について，通達評価額によらず，鑑定評価額で贈与税申告を行い，その是非が争われた事例です。

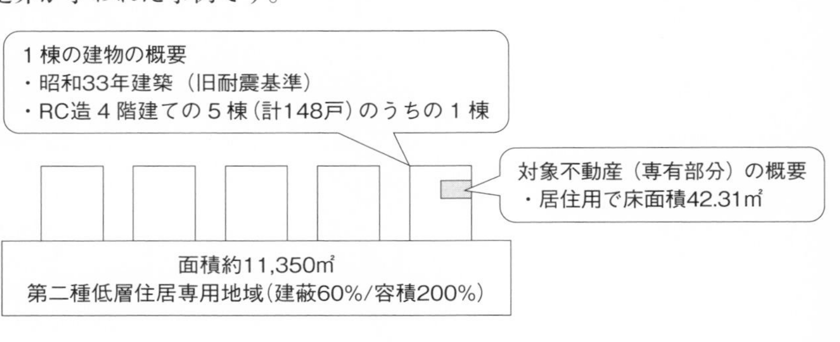

図表Ｌ－１　本件贈与日前後での建替え計画の進捗状況

日　　時	内　　容
平成19年４月22日	臨時総会が開かれ，本件基本計画案を承認する決議につき，区分所有者104名中出席と取り扱われる97名全員が賛成，反対が０名であった。
平成19年７月21日	本件贈与が行われた。
平成19年10月28日	建替え決議集会が開かれ，本件一括建替え決議につき，区分所有者105名中出席と取り扱われる104名全員が賛成，反対が０名であった。

出典：Z263-12354

本件贈与日において，本件マンション住戸を含む５棟のマンションはデベ

ロッパーＦを事業主体とした等価交換方式による建替え計画中でした。本件贈与日前後での建替え計画の進捗状況は図表Ｌ－１のとおりです。

なお，マンション建替えの方法には，区分所有法（円滑化法）による建替え以外に本件のような全員同意による等価交換方式で行われた事例が多くあります。結果的には，従前区分所有者は，その土地持分の評価額に見合う新たなマンション住戸部分を取得することになります。

図表Ｌ－２　等価交換方式（全部譲渡方式）の仕組み

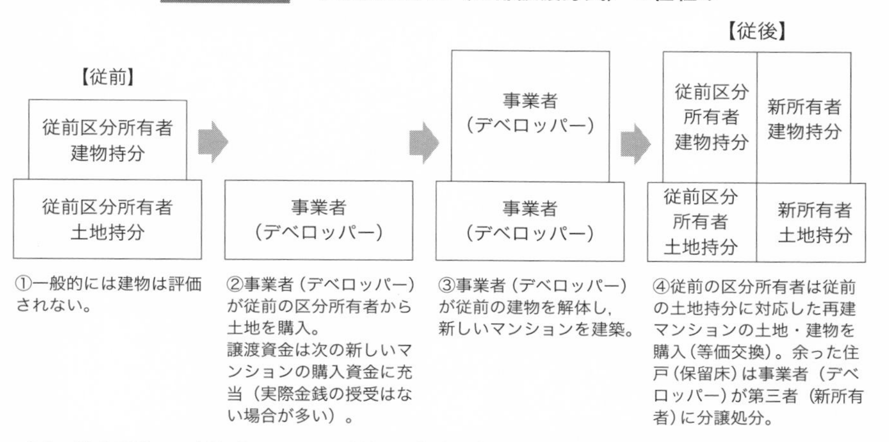

出典：遠山昭雄・田中譲『マンション建替え，敷地売却の実務と登記』（日本加除出版（株），2020年９月，18頁）

図表Ｌ－３　双方が主張する本件マンション住戸の評価額

本件マンション住戸の評価額	概　要
デベロッパーＦの従前資産の評価額 90,000,000円	平成19年４月22日，Ｆより従前資産の評価として住戸別ポイント表が配布されており，これによれば原告が贈与取得した住戸の評価額は，90,000,000円（＝2000P×１P当たりの概算額のうち最小値45,000円）となる。 なお，住戸別ポイント表は，建替え計画を前提とした鑑定評価の開発法による更地価格に各区分所有者の土地持分を乗じた金額に基づき作成されていると考えられる。
被告（国）の通達評価額 72,062,340円（以下内訳） 土地持分71,392,340円 建物部分670,000円	通達評価額の約99％が土地持分の評価額である。

原告の鑑定評価額 23,000,000円	以下3試算価格を求め，市場性を反映した比準価格を重視し，収益価格を関連づけ，積算価格を参考にとどめ，鑑定評価額を23,000,000円と決定。 ①積算価格：110,000,000円 ②比準価格：21,700,000円 ③収益価格：19,700,000円 本件マンションは，敷地が広く，かつ，許容容積未消化ですので，一住戸当たりの土地持分の評価額が大きくなり，土地持分の評価額がダイレクトに反映される積算価格が比準価格や収益価格に比べてかなり高く試算されています。そのうえで，本件不動産鑑定士は，「積算価格に占める土地価格を顕在化するためには，建替え決議を行い，費用と時間をかけて建替えを行う必要があり，現状においては実現性に不透明な部分がある」として積算価格は参考程度にとどめています。

出典：筆者作成

地裁の判断

地裁は，本件贈与日前後での建替え計画の進捗状況，およびデベロッパーFから住戸別ポイント表が配布されていた点などを総合的に勘案し，本件贈与時には建替え計画が実現する蓋然性が相当程度高まっていたと判断し，建替え計画の実現性に不透明な部分があるとして，積算価格を参考程度にとどめた請求人の鑑定評価書は，その前提に問題があったと判断されてしまいました。

筆者コメント

〈鑑定評価書のクオリティ〉

区分所有建物及びその敷地の最有効使用は，通常現況建物の利用継続となることが多いですが，本件のように建替え計画が進行中の場合には，建物取壊しが最有効使用となる可能性もでてきます。本件不動産鑑定士の判断は，建替え計画の実現性が不透明として，現況建物の利用継続が最有効使用と判断し，通常の中古マンション住戸同様に，市場性を重視して鑑定評価額を決定しています。さらに本件関与税理士が渋谷税務署に財産評価の事前相談をした際に担当官から鑑定評価で構わない旨の回答まで得ていますが，事前相談の際に建替え計画の進捗状況についてどこまで税務署に伝わっていたのか気になるところです。個人的には地裁の判断と同様，建替え計画の実現性は相当高く，建物取壊しが最有効使用と判定すべきと考えます。建物取壊しが最有効使用の場合，鑑定評価額は更地価格から建物解体費用を控除して求めますので，更地価格が顕在化し，デベロッパーFの従前資産の評価額と近い金額になると考えられます。

以上，鑑定評価手法適用の前提である最有効使用の判定を誤っていると考えられますので，鑑定評価書のクオリティは低いと考えられます。

〈税理士への助言〉

本件はたまたま建替え計画の実現性が高い事例でしたが，通常マンション建替えは建替え決議等の手続き的な困難性が高く，多くの老朽化マンションで建替えが進んでいないのが現状です。本件が仮に建替え計画の実現性が低い事例であったならば，原告の鑑定評価が認められていた可能性は高いと考えます。税理士としては通達評価額を正しく算出するとともに，本件マンションのように敷地が広く，かつ，許容容積未消化の老朽化マンション住戸の評価にあたっては，建替え計画の有無等を確認した上で，必要に応じて鑑定評価の検討もする価値はあると思われます。

【巻末資料】

巻末資料として，納税者が通達評価額によらず鑑定評価額で相続税申告（または贈与税申告）を行った際に，納税者が税務署に提出した不動産鑑定評価書について，税務署内部で検討・チェックする際に用いられている資料として，東京国税局課税第一部資産課税課および資産評価官作成の「資産税審理研修資料」（平成23年8月作成）（出典TAINS）を参考までに掲載します。資料の作成時点がやや古いため，広大地の話が入っている部分がありますが，そこは読み飛ばしていただいて結構です。

なお，この資料は更地価格の鑑定評価手法である取引事例比較法，土地残余法，および開発法の3手法に関する検討・チェック資料です。対象不動産が更地以外の類型の場合はさらにチェックポイントは増えますが，そこまではカバーされていません。ただし，対象不動産が更地以外の類型でも，鑑定評価手法の適用において必ず一番初めに更地価格を査定しますので，更地価格の査定部分の検討・チェックには有用な資料であると思います。本書応用編では，納税者の鑑定評価書で更地価格以外の査定根拠等が問題視された事例を多数紹介していますので，そちらも合わせてご確認ください。

2　鑑定評価書の検討の進め方

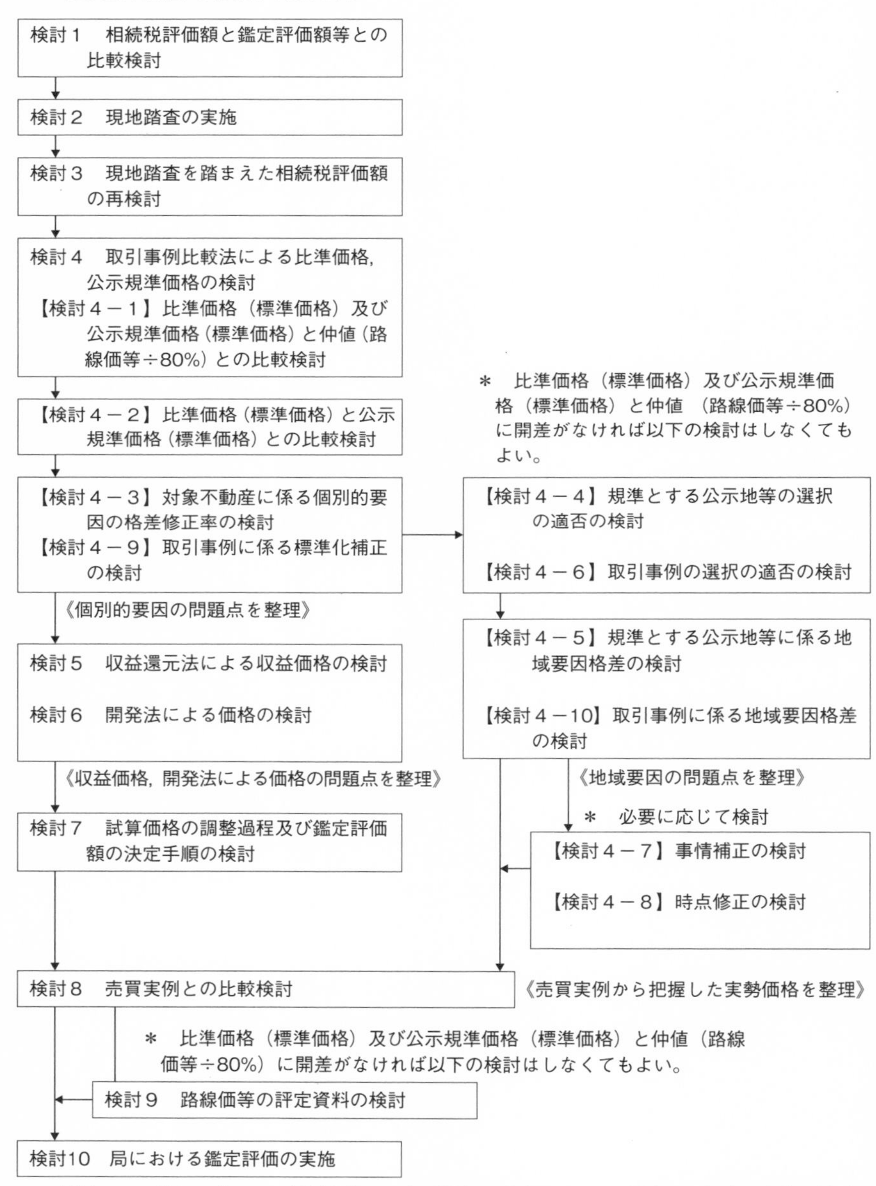

検討１～８（又は９）までの検討を行っても問題点を明確にできない場合に局鑑定の実施を検討。

4　鑑定評価書チェックシート

※　記載に当たっては，該当する項目（□）に✓を付ける。

チ ェ ッ ク ポ イ ン ト	注　意	問題なし
《検討１　相続税評価額と鑑定評価額等との比較検討》		
１　相続税評価額と鑑定評価額等に開差があるか。 ☞　開差がある場合には，「相続税評価額と鑑定評価額等の比較表」（以下「比較表」という。）を作成し，両者の開差が，どの段階でどの程度生じているかを抽出する。 ☞　比較表Ⅰ－２	□はい	□いいえ
２　評価通達に定める評価単位と鑑定評価の評価単位は一致しているか。 ☞　評価通達では評価単位を複数でとらえている土地であっても，鑑定評価書では１評価単位でとらえている場合があるので注意する。双方で異なる場合には総額で検討する。	□いいえ	□はい
３　相続税評価額の算定の際，評価通達上のしんしゃくを正しく適用しているか。	□いいえ	□はい
《検討２　現地踏査の実施》 【検討２－１】対象不動産の周辺の状況の確認		
１　鑑定評価書に記載されている対象不動産の周辺の状況（商業地，住宅地等），都市計画上の用途地域，建ぺい率，容積率，街路状況，環境などが現地の状況と一致しているか。	□いいえ	□はい
２　鑑定評価書に記載されている近隣地域の標準的な土地の使用状況（標準的画地規模，標準的使用）が現地の状況と一致しているか。	□いいえ	□はい
【検討２－２】対象不動産の状況の確認		
１　鑑定評価書に記載されている対象不動産の個別的要因の各項目が現地の状況と一致しているか。 ☞　前面道路の幅員，減価要因の有無等の確認を実施するとともに，写真撮影（撮影方向を住宅地図に明示）を実施する。なお，個別的要因（例えば，「無道路地」等）で，市区町村担当課で確認できるものについては必ず確認する。	□いいえ	□はい
２　対象不動産が売却されているか。 ☞　対象不動産が売却されている場合もあるため，登記事項証明書で確認をする。	□はい	□いいえ
３　対象不動産が造成されているか。 ☞　造成費の実額（単価）が判明することから，開発法を適用している場合の有力な検証手段となる。	□はい	□いいえ

チェックポイント	注　　意	問題なし
《検討３　現地踏査を踏まえた相続税評価額の再検討》 １　現地踏査により新たに把握した個別的要因について，評価通達に基づきしんしゃくできる事項があるか。 ２　相続税評価額の算定の際，傾斜度に応じた宅地造成費を適用しているか。	□はい □いいえ	□いいえ □はい
《検討４　取引事例比較法による比準価格，公示規準価格の検討》 【検討４－１】比準価格（標準価格）及び公示規準価格（標準価格）と仲値（路線価等÷80%）との比較検討 １　取引事例比較法による比準価格（以下「比準価格」という。）で近隣地域の標準的使用における標準的画地規模の価格（以下「標準価格」という。）と仲値（路線価等÷80%）に開差があるか。 ☞　比較表Ⅱ－１ ２　公示価格等を規準とした価格（以下「公示規準価格」という。）と仲値（路線価等÷80%）に開差があるか。 ☞　比較表Ⅱ－２ ☞　標準価格と仲値に開差がなければ，【検討４－４】～【検討４－８】及び【検討４－10】の検討をしなくてもよい。	□はい □はい	□いいえ □いいえ
【検討４－２】比準価格（標準価格）と公示規準価格（標準価格）との比較検討 １　標準価格の決定に当たって，近隣地域内等の公示規準価格との均衡確保の検討を行っているか。 ☞　公示地の所在する地域の正常価格を求める場合には，必ず公示規準価格を求めて，試算価格との均衡確保の検討を行わなければならないが（地価公示法８），近隣地域等から遠隔にある公示地等又は用途地域の異なる公示地等により公示規準価格を求めている場合がある。なお，公示地等から導かれる公示規準価格は，比準価格と並んで重要なものである。 ☞　広大地，雑種地，農地，山林等については，稀に公示規準価格との均衡確保の検討を行っていない場合も認められるので注意が必要である。	□いいえ	□はい
【検討４－３】対象不動産に係る個別的要因の格差修正率の検討 １　対象地の個別的要因の格差修正率は適切か。 ☞　格差修正率が150%程度を超えるもの又は65%程度を下回るものは，標準的画地と比較して個別性の強い土地といえるが，この修正率の合理的な算定根拠を示さずに査定している場合には，評価通達に定める画地調整率及び土地価格比準表により検証する。 ２　同様の個別的要因を重ねて査定しているか。 ☞　広大地補正と市場減価補正等及び不整形地補正と市場減価補正等は同じレベルのものであり重ねて査定することはできない。	□いいえ □はい	□はい □いいえ

チェックポイント	注　意	問題なし
3　個別的要因の格差（画地規模，画地条件（道路との接面状況，形状等））は標準化補正と比較して整合性はとれているか。 ☞　比較表Ⅱ－3 ☞　個別的要因の格差修正率と取引事例地の標準化補正の補正率に整合性がとれていない場合がある。	□いいえ	□はい
【検討4－4】規準とする公示地等の選択の適否の検討 1　近隣地域等から公示地等を選択しているか。 ☞　近隣地域等に公示地等が存するにもかかわらず，遠方の公示地等を採用している場合がある。なお，遠方の公示地等を採用せざるを得ない場合としては，公示地等の数が少ない宅地見込地，市街化調整区域内の山林等が考えられる。	□いいえ	□はい
2　都市計画法上の用途地域及び容積率等の行政的条件は，対象不動産と同一又は類似しているか。	□いいえ	□はい
【検討4－5】規準とする公示地等に係る地域要因格差の検討 1　地域要因の格差補正の査定は適正か。 ☞　地域要因格差が150%程度を超えるもの又は65%程度を下回るものは，類似地域に存する公示地等に該当するかどうか検証を要する（【検討4－6】参照）。	□いいえ	□はい
【検討4－6】取引事倒の選択の適否の検討 1　近隣地域等から取引事例を選択しているか。 ☞　近隣地域等に取引事例が存するにもかかわらず，遠方の取引事例を採用している場合には，売買実例を確認して取引事例の選択の適否を検討する（検討8参照）。	□いいえ	□はい
2　土地の評価に当たり複合不動産（土地及び建物）の取引事例を採用している場合に，土地及び建物の価額の総額から適正に建物価額の控除を行って土地価額を算定しているか。 ☞　複合不動産の価額から控除すべき建物価額を過大評価して土地価額を過小に算定している場合がある。	□いいえ	□はい
3　都市計画法上の用途地域及び容積率等の行政的条件は，対象不動産と同一又は類似しているか。 ☞　地域の特性（標準的使用）又は価格水準が類似する地域の取引事例であるか確認する。	□いいえ	□はい
4　対象地と取引事例地の画地規模等は類似しているか。 ☞　例えば，マンション用地等の大規模画地の評価に際して小規模な更地等の取引事例を採用することは適切でない。	□いいえ	□はい

チェックポイント	注意	問題なし
5　著しく個別格差（画地規模，画地条件（道路との接面状況，形状等））の大きい事例を選択しているか。 ☞　取引事例に係る標準化補正の補正率の査定は，補正率の低い方（類似性が高い方）が客観的である。	□はい	□いいえ
6　取引時点が古く，適切な時点修正をすることができないような取引事例を選択しているか。	□はい	□いいえ
【検討４－７】事情補正の検討		
1　事情補正は適正に行われているか。 ☞　土地取引に特殊な事情があっても，その内容は不明なことが多いから事情補正を行う必要があると認められる取引事例は極力採用しない傾向にある。 ☞　事情補正が不適切な使われ方（例：取引価格を低くするために，事情補正の必要がないにもかかわらず行っているなど。）をしていないか注意する必要がある。	□いいえ	□はい
【検討４－８】時点修正の検討		
1　近隣地域等に所在する公示地等の価格変動率と比較して時点修正率は適切に査定されているか。 ☞　近隣地域等に所在する公示地等によらないで，遠方又は用途地域の異なる公示地等の価格変動率を採用している場合がある。	□いいえ	□はい
【検討４－９】取引事例に係る標準化補正の検討		
1　標準化補正（間口，奥行，形状等）は適正か。 ☞　取引事例地の標準的画地のとり方等について，住宅地図，近隣地域等の公示地等を参考にする。	□いいえ	□はい
2　対象地に係る個別的要因の格差修正率と取引事例地の標準化補正の補正率に整合性はあるか。 ☞　対象地の個別的要因の格差修正率又は取引事例地の標準化補正を故意に歪め，対象地の比準価格を低額に算定する場合があることから，評価通達に定める画地調整率及び土地価格比準表を参考に検証する。	□いいえ	□はい
3　取引事例相互間の標準化補正に整合性はあるか。	□いいえ	□はい
【検討４－10】取引事例に係る地域要因格差の検討		
1　地域要因格差の査定は適正か。 ☞　地域要因格差の修正率が150%程度を超えるもの又65%程度を下回るものは，類似地域に存する取引事例に該当するかどうか検証を要するが，具体的には相続税路線価の格差割合，国定資産税路線価の格差割	□いいえ	□はい

<table>
<tr><th>チェックポイント</th><th>注　意</th><th>問題なし</th></tr>
<tr><td>合，土地価格比準表を参考にする（地域要因格差が70%～130%程度の範囲内の取引事例を採用するのが一般的である。）。

2　取引事例相互間の地域要因格差に整合性はあるか。</td><td>

□いいえ</td><td>

□はい</td></tr>
<tr><td>《検討５　収益還元法による収益価格の検討》
（想定建物）
1　想定する建物の敷地面積，延床面積が対象地の面積，形状，基準容積率等及び周辺の状況からみて適切か。

（収益項目）
2　賃貸用住宅等の賃貸を想定している場合，その賃料は，近隣の賃料と比較して適切に算定されているか。

（還元利回り）
3　還元利回りの査定における割引率，純収益の変動率は，地価公示と比較して，適切に査定しているか。
☞　割引率，純収益の変動率は，地域・用途等により異なるものであるが，最近の地価公示で用いられている割引率（地価公示では基本利率）は，住宅地・商業地とも５%程度，純収益の変動率に関しても0.5%程度である。通常，還元利回りは，純収益の変動率を考慮して，割引率から純収益の変動率を控除して求める。

（費用項目）
4　賃貸住宅用等の賃貸を想定している場合，それに係る経費項目は適切に算定されているか。
☞　総経費率は総収益の25%前後が一般的である（経費内訳は次のとおり。）。
・修繕費：再調達原価の1.0%程度又は総収益の５～７%程度
・維持管理費：年間賃料の３～５%も程度
・公租公課：実額又は見積り
・損害保険料：再調達原価の0.1%程度
・貸倒れ準備費：敷金等で担保されているので原則として計上しない
・空室等損失相当額：総収益の５%程度又は月額賃料の１/２～１か月分程度
・減価償却費：原則として計上しないことに留意〔償却前純収益を使用〕

5　賃貸用住宅等の建築を想定している場合，その再調達原価（建築工事費）は，類似の建築事例や各種統計資料から推定した金額に比して適切に算定されているか。
☞　標準的な建築工事費は，国土交通省の建築統計年報によると，平成21年で鉄骨169.5千円/㎡，SRC（鉄骨鉄筋コンクリート）265.2千円/㎡であり，これに設計監理料として建築工事費の３～５%程度が加算されるのが一般的である。</td><td>

□いいえ

□いいえ

□いいえ

□いいえ

□いいえ</td><td>

□はい

□はい

□はい

□はい

□はい</td></tr>
</table>

チェックポイント	注　意	問題なし
《検討６　開発法による価格の検討》 ※　開発法は対象不動産の面積が近隣地域の標準的な土地の面積に比べて大きい場合等（鑑定士の判断による。）に適用する。		
１　最有効使用の判定（区画分譲用地なのか又はマンション用地なのか。）は適切か。 ☞　過去数年間の住宅地図は，近隣地域の開発状況が明らかになることから，最有効使用の判定に当たり有力な検証材料となる。 ☞　開発法による鑑定評価が必要であるかどうか（評価対象地が標準的な土地の面積に比べて大きいといえるか。）も検討する。	□いいえ	□はい
（有効面積の算定） ２　開発行為を行うとした場合の潰れ地は，市区町村等の開発指導要綱に定められた必要最小限度のものとしているか（課税時期の開発指導要綱を市区町村に確認すること。）。 （例）・　必要以上の道路幅員又は道路延長距離にしている。 ・　小規模開発なのに公園，集会場等の公共施設を設置している。 ・　都市計画公園等の指定を受けていると一体開発できない場合もある。 ・　前面道路の位置関係等から区画分譲又はマンション開発を行うことができない場合もある。	□いいえ	□はい
３　開発想定図は合理的なものと認められるか。 ☞　区画を異常な形状にするなど，無理な開発計画を策定している場合がある。	□いいえ	□はい
（分譲単価） ４　区画分譲を想定している場合，その宅地の１㎡当たりの平均分譲単価は適切か。 ☞　区画の分譲単価の査定に当たって，取引事例比較法，収益還元法を適用している場合には，比準価格及び収益価格のチェックポイントも参考にすること。 　また，近隣地域等の公示価格等及び周辺の分譲地の広告等も検証の際の参考になる。	□いいえ	□はい
５　マンション分譲を想定している場合，１㎡当たりの平均販売単価は適切か。 ☞　町周辺のマンションの広告等が検証の際の参考となる。	□いいえ	□はい
（費用項目） ６　建築工事費は，類似事例や精通者等意見から推定した金額に比して過大となっているか。 ☞　標準的な建築工事費は，国土交通省の建築統計年報によると，平成21年で鉄骨169.5千円/㎡，SRC（鉄骨鉄筋コンクリート）265.2千円/㎡。それに設計監理料として建築工事費の３～５％程度が加算されるのが一般的である。	□はい	□いいえ
７　造成工事費は，類似事例や精通者意見等から推定した金額に比して過大となっているか。 ☞　造成工事費については，業者からとった見積書等を添付している場合もあるが，造成単価が高額となっている場合や不必要な造成工事に係る費用を含めている場合（調整池等）もあるので注意が必要である。	□はい	□いいえ

チェックポイント	注意	問題なし
8　投下資本収益率の査定，販売費及び一般管理費の計上は適切か。 ☞　一般に投下資本収益事は，区画分譲の場合は10%程度，マンション分譲の場合は12%程度，開発の危険率の高いものは15%程度となっている。なお，危険率の高いものとは，造成・建築期間が長期におよぶ，造成工事費がかさむ，開発の難易度，区画分譲・マンション販売にリスクを伴う場合等をいう。 ☞　区画分譲に係る販売費及び一般管理費は，分譲総額の８～10%程度，マンション販売に係る販売費及び一般管理費は，販売総額の10%程度が一般的である。	□いいえ	□はい
9　宅地造成工事は類似の工事期間に比して長いか。 ☞　宅地造成工事は，1,000㎡規模でおよそ９か月位が一般的である。	□はい	□いいえ
《検討７　試算価格の調整過程及び鑑定評価額の決定手順の検討》		
1　一つの試算価格に偏って鑑定評価額を決定しているか。 ☞　比較表Ⅱ－４ ☞　住宅地域の場合，収益性よりも居住の快適性，利便性が重視されることから，重視される価格は，収益価格よりも比準価格や公示規準価格である。 ☞　広大地について，比準価格を算定しないで，開発法による価格だけで鑑定評価額を決定しているものもあるが，これは鑑定基準に沿ったものとはいえないので，画地規模の大きな取引事例から時価の検証を行い，比準価格を試算する必要がある。	□はい	□いいえ
2　各試算価格の間に開差が生じている場合，開差が生じた理由の解明に努めているか。 ☞　単純に試算価格の平均値により鑑定評価額を決定している場合等は合理的と認められない。	□いいえ	□はい
(公示規準価格との均衡確保) ※　鑑定評価額の決定の段階で，公示規準価格との均衡確保を行っている場合には，この項でチェックする（【検討４－２】と同一内容）。		
3　鑑定評価額の決定に当たって，公示規準価格との均衡確保の検討を行っているか。	□いいえ	□はい
《検討８　売買実例との比較検討》		
1　売買実例との検証の結果，取引事例の選択，地域要因の把握は適正か。	□いいえ	□はい
2　売買実例による検証の結果，試算価格の調整に問題があるか。	□はい	□いいえ
3　取引実例のうち，署で収集した売買実例と一致するものがあるか。 ☞　一致するものがあれば，取引事例に係る標準化補正の適否についても具体的に判断することができる。	□はい	□いいえ

チェックポイント	注意	問題なし
《検討９　路線価等の評定資料の検討》 １　路線価等を評定する場合の標準地の鑑定評価額，精通者意見価格等からみて，地域要因の格差等の把握は適正と認められるか。 ☞　標準価格と仲値に開差がある場合など，必要に応じて評価専門官へ標準地の位置，鑑定評価額又は精通者意見価格等を確認する。	□いいえ	□はい
《検討10　局における鑑定評価の実施》 １　局の鑑定評価を要望するに当たり，検討１から検討８（標準価格と仲値（路線価等÷80%）に開差がある場合は検討９を含む。）を的確に行っているか。	□いいえ	□はい

5　相続税評価額と鑑定評価額等の比較表

整理番号	

Ⅰ　対象不動産の状況等

1　評価対象不動産の概要

所在地（住居表示）		地積	公簿：　㎡	課税時期：
			実測：　㎡	価格時点：

2　相続性評価額と鑑定評価額との比較

	①鑑定評価額	②相続税評価額	開差割合（(①−②)／②)	開差額（①−②）	検討の要否
総額	円	円	%	円	
単価（㎡）	円	円	%	円	

3　評価対象不動産の路線価等

路線価方式	正面路線価	倍率方式	固定資産税評価額＊	倍率	倍率を乗じた価格
	円/㎡		円/㎡	倍	円/㎡

＊　固定資産税路線価ベースの評価額を記入。

Ⅱ　検　討

1　比準価格（標準価格）と仲値との比較

③比準価格（標準価格）＊	④路線価等（Ⅰ-3）	⑤仲値（標準価格ベース）（④÷80%）	開差割合（(③−⑤)/⑤）	開差額（③−⑤）	検討の要否
円/㎡	円/㎡	円/㎡	%	円/㎡	

＊　標準価格を求めていない場合には記入不要。なお，標準価格を求めていない場合で，区画分譲を想定した開発法を適用している場合には，分譲価格を求める際の比準価格（標準価格）の内容を記入する。

2　公示規準価格（標準価格）と仲値との比較

公示地等番号	⑥公示規準価格（標準価格）＊	④路線価等（Ⅰ-3）	⑤仲値（標準価格ベース）（④÷80%）	開差割合（(⑥−⑤)/⑤）	開差額（⑥−⑤）	検討の要否
	円/㎡			%	円/㎡	
	円/㎡	円/㎡	円/㎡	%	円/㎡	

＊　標準価格を求めていない場合には，公示規準価格について，個別的要因の格差修正率を乗じる前の価格を記入する。

3　対象不動産に係る個別的要因の格差修正率と評価通達の画地補正率との比較

鑑定評価		相続税評価＊		検討の要否

＊「相続税評価」については，評価通達の画地調整率の増減価率を%で記入する（側方路線価等の考慮は不要）。

4　試算価格等（対象土地ベース）の比較

	⑦試算価格	①鑑定評価額	⑤仲値（対象土地ベース）（②単価÷80%）	鑑定評価額との開差割合（(⑦−①)/①）	仲値との開差割合（(⑦−⑤)/⑤）	検討の要否
イ　比準価格	円/㎡	【検討内容等】＊		%	%	
ロ　収益価格	円/㎡			%	%	
ハ　開発法による価格	円/㎡			%	%	
ニ　公示規準価格	円/㎡	円/㎡	円/㎡	%	%	

＊　鑑定評価書に記載されている鑑定評価額の決定に当たっての検討内容等を簡記する。

〈著者紹介〉

井上 幹康（いのうえ・みきやす）

税理士・不動産鑑定士
1985年生まれ，群馬県沼田市出身。
早稲田大学理工学部応用化学科・同大学院卒，在学中に気象予報士試験合格。
2010年，IT系上場企業入社，経理実務全般を経験。
2012年，税理士法人トーマツ（現デロイトトーマツ税理士法人）高崎事務所に入社，東証一部上場企業を含む法人税務顧問，組織再編，IPO支援，M&Aの税務DD業務，セミナー講師，資産税実務を経験。
2018年，税理士として開業（税理士会浦和支部所属）。
2021年，不動産鑑定士として開業（埼玉県不動産鑑定士協会所属）。
月刊『税務弘報』（中央経済社）や，朝日新聞が運営する「相続会議」への寄稿など多数。
㈱ファルベ，㈱KACHIEL主催の不動産に関するセミナー講師としても活動。

税理士のための不動産鑑定評価の考え方・使い方

2021年11月25日　第1版第1刷発行

著 者　井 上 幹 康
発行者　山 本 継
発行所　㈱ 中 央 経 済 社
発売元　㈱中央経済グループパブリッシング

〒101-0051　東京都千代田区神田神保町1-31-2
電話　03 (3293) 3371（編集代表）
03 (3293) 3381（営業代表）
https://www.chuokeizai.co.jp
印刷／文唱堂印刷㈱
製本／誠 製 本㈱

ISBN978-4-502-40421-4　C3034